LA
PLUS GRANDE ALLEMAGNE

LE RÊVE ALLEMAND !

LA PLUS GRANDE ALLEMAGNE

L'Oeuvre du XXᵉ siècle.

Traduction française du livre de Otto Richard TANNENBERG, *Gross-Deutschland* (publié en 1911).

PRÉFACE DE M. MAURICE MILLIOUD,
professeur de Sociologie à l'Université de Lausanne.

LIBRAIRIE PAYOT & Cⁱᵉ
LAUSANNE | PARIS
10, Rue de Bourg. | 106, Bd. St-Germain.

1916

Tous droits réservés.

PRÉFACE

Commençons par la fin : « La plus grande Allemagne, avec un million cent quarante-huit mille cent soixante-six kilomètres carrés, est le but du peuple allemand au XXe siècle. »

Voilà parler net. Il est bon que nous soyons avertis, et il ne sera pas mauvais que nous méditions le nouvel Évangile.

L'éditeur Payot rend un véritable service au public en mettant cet ouvrage à sa portée. S'il ne devient pas célèbre comme ceux de Chamberlain et du général von Bernhardi, si ces aînés lui font ombrage, ce ne sera point qu'il manque d'originalité, de netteté et, pour tout dire, de brutalité.

Au contraire, c'est l'un des trois ou quatre livres — disons cinq ou six — qu'il est bon de lire, qu'il faut avoir lus pour se faire une idée juste de la prodigieuse floraison littéraire du pangermanisme.

Littérature d'un genre spécial dont le succès, depuis une dizaine d'années, était significatif. J'imagine que nos neveux y verront l'un des phénomènes les plus caractéristiques du XXe siècle allemand. Ils se demanderont comment nous avons pu en méconnaître l'importance ; ils nous accuseront d'ignorance ou d'insouciance ; ils auront tort. Notre erreur a été de ne voir dans les succès de cette sorte d'ouvrages qu'un incident et un accident ; la leur sera de croire que ce qui a eu lieu était inévitable et que nous avons fermé les yeux sur les présages manifestes du cataclysme.

La littérature pangermaniste aurait fort bien pu disparaître comme une mode éphémère, comme la mode du roman policier ou des apocalypses syndicalistes. Il eût suffi pour cela que la guerre ne vînt point et que les esprits fussent détournés vers un autre objet. D'ailleurs Chamberlain, Bernhardi et même Reimer Woltmann et maint autre ne s'adressaient qu'au public cultivé, aux intellectuels, à la bourgeoisie, à la caste militaire. Derrière la classe dirigeante, on apercevait les masses profondes de la « Sozialdemokratie », masses compactes, sans cesse accrues, animées d'un tout autre esprit, démocrates, internationalistes, pacifistes. Comment les supposer accessibles à des sollicitations qui devaient avoir pour effet immédiat le relèvement des impôts et l'aggravation des charges militaires, et pour conséquence plus ou moins éloignée l'incendie universel ?

Je ne prétends point que ceux qui faisaient ce raisonnement aient eu raison de se tromper : on a toujours tort d'avoir tort. Ils jugeaient sur des apparences. Juge-t-on jamais sur autre chose ? Les apparences étaient pour eux. Les pangermanistes se remuaient beaucoup, publiaient, conférenciaient, polémisaient, appuyés sur deux groupements considérables, le Flottenverein et l'Alldeutscher Verband. Mais, encore une fois, ils ne représentaient nullement la nation ; ils n'étaient pas le peuple et ils n'étaient pas non plus le gouvernement. Au-dessus de leurs agitations planait la volonté impériale, et celle-là, tout nous porte à croire qu'elle a été, jusqu'en 1913 ou peu s'en faut, une volonté de paix. On s'inspirait de cette volonté autour du Kaiser. Paix sur la terre, disait le Chancelier ; paix sur la mer, disait le prince Henri de Prusse, qui l'eût peut-être emporté sans les grossières intrigues de Caliban.

Par quelle transformation, par quelle concession, par quelle dépression la volonté de paix s'est-elle changée en une autre, en la volonté d'un autre ? Aux historiens d'éclaircir ce point quand on le leur permettra : je n'en dirai pas davantage.

Le pangermanisme théorique n'est pas la cause de la guerre ; il est la formule de ceux qui la voulaient et qui auraient choisi une autre formule s'ils y avaient trouvé quelque avantage.

Comment savons-nous cela ? Rien de plus simple. Il suffit d'étudier la doctrine pour voir qu'elle est diverse. C'est un drapeau multicolore. Considérez-la sous un certain jour : elle est blanche comme la colombe mystique ; il n'est question que de supériorité morale, de pureté ethnique, de triomphes dans l'œuvre civilisatrice. C'est que Reimer et Chamberlain[1] *sont les Vincent de Nérins ou les saint Anselme de cette mission ; ils s'adressent aux universitaires, ou du moins aux lettrés. Prenez-la chez Bernhardi,*

---

[1] HOUSTON STEWART CHAMBERLAIN, *La Genèse du XIX*ᵉ *siècle*, Payot, édit.

elle se colore d'un rouge violent, c'est qu'on fait appel à la noblesse militaire ; la mission devient une croisade[1]. *Parcourez au contraire l'ouvrage de Tannenberg. A qui est-il destiné ? Le «motif» de la «Kultur» et le «motif» militariste n'y retentissent que comme des rappels de flûte ou de rares sonneries de clairon. Il ne s'agit plus de la grandeur intellectuelle et morale, il n'est plus question de l'Allemagne rédemptrice et civilisatrice ; il n'est plus fait mention de la grandeur politique, de l'honneur et de la puissance. Tout cela, du moins, recule dans le fond, parmi les décors. Ce qui se présente à vous, qu'on vous offre à chaque page, dont on vous obsède jusqu'à satiété, c'est la promesse du butin, c'est la perspective du profit, c'est la vision de la proie pantelante qu'on vous livre à dépecer. On vous la fait saisir en imagination ; vous étendez des mains formidables, vous les refermez sur le meilleur morceau ; à peine si, frissonnante encore, elle se débat dans son agonie ; elle est si faible, vous êtes si forts, si nombreux, si bien préparés ! Quelle honte que de ne pas tenter le coup ! Qu'attendez-vous ? Votre pauvre domaine de cinq cent quarante mille kilomètres carrés, vous allez l'élargir splendidement. Vous le porterez à un million de kilomètres carrés, à un million cent quarante-huit mille et des centaines. Pour qui ? Pour vous, vétérans de 1870, les vieux, qui pouvez au moins prêcher les jeunes ; pour vous, ouvriers de fabrique, qui ferez bien de retourner à l'agriculture et qui n'y manquerez pas, quand l'État vous aura dotés de quelques bons arpents de bonne terre, bien mérités. Mais les habitants ? Expulsés, refoulés, parmi les restes tremblants des vaincus ? Vous aurez le sol nu, avec l'orgueil de posséder et la joie de vous repaître. Tayaut, tayaut ! L'argent pour reconstruire, pour planter, pour semer ? N'y a-t-il pas les douze milliards de marks que les Français ont prêtés à la Russie ? Et l'indemnité de trente-cinq milliards de marks que la France paiera en dix ans, et pour laquelle l'Angleterre devra se porter garante ? Et pour défendre les nouveaux territoires n'y aura-t-il pas, outre vos forces, les corps d'armée que la Hollande, la Belgique, la Suisse, devront fournir à l'Empire de Charlemagne reconstitué et agrandi ?*

Peu de risques, une courte campagne, et après, la vie grasse pour les pères, les enfants et les petits-enfants, la richesse en terres,

---

[1] GÉNÉRAL DE BERNHARDI, *L'Allemagne et la prochaine guerre*, Payot, édit.

la richesse en capitaux, la prospérité de l'industrie, la possession des débouchés. Eblouissante certitude ! Se peut-il plus beau rêve que cette apocalypse de la ripaille ?

Ce pangermanisme-là, c'est le pangermanisme à forme populaire, calculé pour réveiller les instincts violents de la foule, pour stimuler les appétits de ruées brutales et de franches lippées.

Qu'on ne vienne pas demander si tant de revendications reposent sur des droits, tant d'affirmations sur des preuves, tant de prévisions sur des probabilités. Là n'est point la question. Il est plus que superflu de discuter avec ceux qui répètent pour tout refrain : Nous avons la force et cela suffit.

Ce qu'il y a d'intéressant dans une telle doctrine, ce n'est pas la vérité qu'elle contient, c'est l'action qu'elle exerce. Elle est d'un ordre spécial ; elle se range parmi les conceptions qu'on appelle, en sociologie, des mythes. Le mythe a des propriétés particulières qui dérivent de sa nature. M. Georges Sorel, qui, le premier, je crois, a pris ce mot dans le sens qu'il a gardé depuis, l'employait pour désigner la théorie syndicaliste de la révolution sociale. Cette idée, disait-il, n'est peut-être pas vraie ; il n'est pas indispensable, en tous cas, qu'elle le soit. La révolution sociale ne sera probablement pas telle qu'on nous la décrit. Qu'importe ? Même si elle ne se fait pas du tout, le mythe « catastrophique » conserve sa vérité propre qui est quelque chose comme la vérité d'un coup de clairon. La doctrine de la révolution sociale sert à exprimer, sous forme de tableau, de récit, de prophétie, non ce qui sera, mais ce qui est la volonté ardente de la classe ouvrière, ses aspirations, à définir le but commun, à rendre visible et concrète la fin connue, à maintenir l'unanimité de l'effort.

M. Georges Sorel créait, sans peut-être s'en douter, une nouvelle logique. Et c'est, si l'on veut, la logique de la foi. La notion dite mythique n'aura pas les propriétés de nos notions ordinaires de chose ou de convention. Elle sera vraie dans la mesure où et pour aussi longtemps que son action s'exercera sur les esprits. Que les ouvriers cessent de se grouper entre eux, de se constituer en une chose sociale qui s'oppose à la bourgeoisie ou à d'autres classes dans la société, et le « mythe catastrophique » de la révolution sociale aura perdu toute sa vérité, puisqu'il n'enflammera plus les prolétaires. Que les ouvriers continuent à se syndiquer pour lutter contre leurs patrons, mais sans attendre le « grand soir », sans espérer la dépossession violente des capitalistes, le mythe catastrophique restera vrai, puisque les sentiments qu'il incarne subsistent.

S'il n'y avait eu dans la théorie de M. Sorel qu'une thèse paradoxale et curieuse, nous ne l'aurions pas retenue. Mais elle nous permet de nous expliquer quantité de formules, de conceptions, d'imaginations qui semblaient purement chimériques ou grossièrement fausses et qui ont joué dans l'histoire un rôle considérable. Sachons ne pas voir partout des mythes, mais sachons aussi les reconnaître où ils sont. Ordinairement, ils s'ajustent au temps, au lieu et au milieu. Ils prenaient au moyen âge la forme religieuse ; dans notre époque ils ont revêtu de plus en plus la forme philosophique ou la forme scientifique. Ils sont rarement l'œuvre d'un seul homme, encore qu'il y ait un commencement à toute chose et que, ce qu'un homme poursuit, il faut bien qu'un autre homme l'ait fait débuter. Le mythe demeure parfois enclos dans un groupe restreint, dans une secte, dans une région, parmi les hommes d'une profession ; parfois il séduit et saisit une foule, un pays entier, une race.

Toute la vérité est dans son action, et ceux qui le vérifient avec gravité, par les méthodes de preuves usitées dans les sciences, y dépensent un temps et un talent qui pourraient être plus utilement employés.

La doctrine pangermaniste, manifestement, est un mythe. Chose curieuse, notre époque aura été, dans l'histoire, l'une des plus fécondes en productions de ce genre. Sans parler de ses mythes sociaux — révolutionnaires ou humanitaires — elle a produit un grand mythe pseudo-scientifique : la religion de la science, et le mythe féministe et le mythe vertuiste que M. Pareto a si curieusement décrit. Surtout, elle a produit quantité de mythes politiques d'une importance considérable. Etudiez le panaméricanisme, le panslavisme, le dogme de « la plus grande Bretagne », le nationalisme italien. Dans la plupart des grandes puissances, vous apercevez, en formation ou en pleine évolution, quelque mythe analogue à celui du pangermanisme. On ne peut s'empêcher de faire un rapprochement entre un phénomène littéraire si général et le phénomène, si général aussi, qui s'est produit dans un autre ordre de l'activité humaine : l'accroissement prodigieux de la prospérité économique et des forces d'expansion. Si bien qu'on serait amené à cette conclusion : le mythe est, en apparence, l'expression que revêtent des aspirations communes ; il semble tourné vers l'avenir ; mais il n'est, en réalité, que la transfiguration de la réalité présente.

Peut-être serait-ce prendre les choses trop simplement. Il y a plusieurs sortes de mythes ; nous ne les avons pas encore classées. Et puis, telle formule, pour être une interprétation du présent, n'en est pas moins une anticipation de l'avenir. Le nationalisme italien n'apparaît qu'au moment où l'Italie, libérée de ses embarras financiers, reconstituée, politiquement et administrativement, en possession d'une armée et d'une flotte de guerre puissantes, devient à son tour une puissance industrielle et commerciale. Dira-t-on, cependant, que le nationalisme n'ait été pour rien dans l'entreprise de Lybie et dans le rôle que l'Italie assume aujourd'hui ?

De même, il faut bien admettre que le mythe pangermaniste, propagé d'année en année avec une ardeur croissante, a dû contribuer à réveiller et à entretenir en Allemagne l'appétit de la curée.

C'est par là qu'il conviendrait de le juger si le plus pressant et le plus utile n'était de poursuivre notre enquête. On peut faire confiance au bon sens et à l'honnêteté du public. Qu'on lui mette en mains le dossier, qu'on lui en produise les éléments, qu'on les lui éclaircisse, qu'on dénonce et qu'on dissipe les équivoques, qu'on ne s'accommode point du silence sur ce qui s'est fait ni sur ce qui se fait, afin de prévenir ce qui va peut-être se faire. Faisons la lumière. Quels que soient les hontes et les désastres qu'elle doit éclairer, ce n'est pas elle qui en est la cause.

M. Maurice Muret vient de démontrer que l'ambition conquérante, bien pis, le désir de dominer et d'opprimer avait gagné le peuple allemand dans son ensemble[1]. *En effet, cette guerre a débuté par une ruée frénétique. A peu de chose près, il y a eu, en Allemagne, unanimité. S'il y a des gens qui trouvent cela tout simple, j'avoue, pour ma part, n'être pas arrivé encore à le comprendre. Le peuple allemand est un des plus instruits ; il n'y en a guère qui lise, discute, réfléchisse davantage, qui s'informe avec*

---

[1] MAURICE MURET, *L'Orgueil allemand*, Payot, éditeur.

plus de soin. Ce n'est pas seulement l'homme d'État, le professeur, le bourgeois qui se documentent et se piquent d'esprit critique, c'est l'artisan, c'est l'ouvrier, et même le paysan.

Le principal intérêt du présent ouvrage est, je crois, de nous faire voir quels instincts on a sollicités dans le peuple, à quelles aspirations, à quels mobiles on a fait appel. A cet égard, le livre de Tannenberg est un document de premier ordre. Il résume et illustre les prédications que la propagande pangermaniste faisait entendre aux masses populaires.

Or, le raisonnement très simple qui en forme la substance se ramène à deux ou trois énoncés dignes de la plus exacte attention :

1º **Quoi que nous entreprenions, nous pouvons nous passer du droit, puisque nous avons la force.**

2º **Tout ce que nous ferons nous est permis, parce que d'autres l'ont déjà fait.**

Et l'on rappelle toutes les abominations de l'histoire, non pour les réprouver, mais pour s'en autoriser.

3º **Les risques sont minimes.** *Nos adversaires seront divisés. Nous nous entendrons avec l'Angleterre. L'Anglais est avant tout un marchand. Nous marchanderons. Il ne va pas s'exposer à la baisse de ses Consolidés pour les beaux yeux des petits peuples continentaux.*

4º **Les gains sont énormes.** *De la terre, tant que nous en voudrons. Il se fera de gigantesques répartitions. Ce sera bien mieux ordonné qu'au temps des grandes invasions. Chacun aura son lot, son capital, ses instruments de travail. Chacun aura le devoir de croître et de multiplier. L'Asie antérieure sera tout entière allemande ; il y aura une Afrique allemande ; une Sud-Amérique allemande. Quand il nous faudra davantage, nous étendrons la main.*

5º **Pour les âmes sensibles.** *Qu'on ne s'apitoie pas sur les vaincus. Les petits États, la Suisse, la Belgique, la Hollande, seront tout heureux de se laisser englober dans l'immense empire. Eux qui ne comptent pas, tant qu'ils sont des corps autonomes, s'exalteront dans le bonheur de la puissance, dès qu'ils ne seront plus qu'une cellule de notre prodigieux organisme.*

Malgré tout, je ne puis concevoir que ces considérations, à elles seules, l'aient emporté. Il me paraît indispensable, pour comprendre l'attitude du peuple allemand, de remonter au passé et de reconstituer le système de l'éducation qu'il a reçue au cours des siècles, non seulement dans ses écoles, mais par la volonté de ses chefs, par l'action de ses hiérarchies militaires et sociales, par l'effet de ses institutions.

La docilité du peuple allemand au mythe pangermaniste est un acte d'obéissance. Il a cru et voulu comme il l'a toujours fait depuis le moyen âge quand l'ordre lui est venu de croire et de vouloir.

Quoi qu'il en soit, il a voulu et il veut. Ce qu'il a voulu, avec ses chefs, nous le voyons dans ces pages pittoresques à souhait, claires au delà de ce qu'on eût désiré et d'une franchise que les intéressés, c'est-à-dire non seulement les Français, les Anglais et les Russes, mais les Suisses, les Belges, les Hollandais, les Polonais, les Américains du Nord et ceux du Sud, qualifieront peut-être de candide.

Après cela, qu'on épilogue à perte d'haleine sur les incidents politiques qui ont précédé la déclaration de guerre : voilà ce qui se préparait, voilà l'entreprise pour laquelle on armait sans trêve, et dont on travaillait à faire l'obsession commune de soixante-dix millions d'âmes[1].

Lisez et demandez-vous si, oui ou non, c'est en ce moment le sort de la civilisation, c'est-à-dire de la liberté, du droit, de la

---

[1] Contradictions ! les chefs suprêmes voulaient la paix ; d'autre part, ils armaient sans trêve ; le peuple lit, réfléchit, discute ; d'autre part il n'a eu qu'un cri, qu'un geste, il a bondi sur la proie désignée ; le pangermanisme n'était pas populaire ; d'autre part il traduit manifestement les impulsions confuses et violentes dont l'Allemagne tout entière frémissait au début de la guerre.

Eh oui ! contradictions, mais dans les faits. Prenez-vous l'homme pour un animal logique ? Il ne faut pas se représenter l'équilibre d'une nation comme un système de points fixes. C'est un jeu de forces avec des liaisons, des tensions et par suite des déplacements. Les forces momentanément refoulées ne disparaissent pas pour cela. La « Sozialdemokratie » voulait la paix, mais n'en était pas moins résolue à obéir si l'ordre venait de marcher ; outre le dogme de l'obéissance, les vieux instincts de violence, et même le goût de la violence pour la violence reposaient toujours au fond de l'âme allemande. Le culte de la force vient de là. Encore est-ce probablement l'esprit d'obéissance qui a été le facteur principal. Vraiment, ceux qui s'y sont mépris n'ont point d'excuse. Quiconque avait vu l'Allemagne savait que le peuple jusqu'au dernier homme *obéirait*.

démocratie et de la souveraineté du peuple qui se joue sous nos yeux.

Moi-même, en écrivant ces lignes, j'ai peine encore à me rendre à une si effrayante évidence. Mais c'est peut-être parce que les faits sont aveuglants qu'il nous est difficile de les voir tels qu'ils sont.

MAURICE MILLIOUD.

L'empereur voulait la paix, pourvu qu'elle servît ses desseins d'hégémonie. Il n'a jamais exclu l'éventualité de la guerre. Mais il a pensé longtemps que le spectacle de ses forces militaires sans cesse accrues suffirait. L'armée était un moyen d'intimidation incomparable. Son rêve a toujours été celui de la conquête. Mais il n'a cédé qu'assez tard à ceux qui se riaient d'une entreprise de conquête sans guerre. C'est peut-être l'affaire du Maroc qui l'a amené à leur donner raison. Elle avait été assez profitable, mais combien peu glorieuse ! Combien peu décisive !

En un mot, l'unanimité du peuple allemand est comparable à ce qu'on appelle en mécanique *une résultante*. C'est par des avenues fort différentes que les diverses classes de la population sont arrivées à leur point de rencontre. Et c'est aussi, en chacune d'elles, par le triomphe de certains instincts momentanément assoupis.

Le pangermanisme n'a pas créé ces instincts, mais il a contribué à ce triomphe. Et il en est la formule désormais indélébile. C'est là ce qui lui donne tant d'importance.

Thor stand am Mitternachtsende der Welt,
Die Streitaxt warf er, die schwere:
« Soweit der sausende Hammer fällt,
Sind mein das Land und die Meere! »
Und es flog der Hammer aus seiner Hand,
Flog über die ganze Erde,
Fiel nieder am fernsten Südens Rand,
Dass Alles sein eigen werde.
Seitdem ist es freudig Germanenrecht
Mit dem Hammer Land zu erwerben.
Wir sind des Hammergottes Geschlecht
Und wollen sein Weltreich erobern [1].

[1] Thor se trouvait aux confins du monde septentrional. Il jeta sa hache, sa lourde hache de bataille : « Aussi loin que tombera la masse sifflante, à moi sont la terre et les mers ! » Et la masse vola hors de sa main, vola par-dessus toute la terre, et tomba sur les bords les plus lointains du Sud, pour que tout fût à lui. Depuis lors, c'est le droit intrépide des Germains de gagner des terres avec le glaive. Nous sommes la race du dieu de la hache, et nous voulons conquérir son Empire universel.

CHAPITRE PREMIER

Le Droit à l'Unité [1].

Nous voyons aujourd'hui se manifester chez les peuples civilisés de la terre une tendance générale à réunir en un seul Etat tous les hommes qui parlent la même langue. Aussi est-il du plus haut intérêt, pour un peuple comme le peuple allemand, d'examiner comment les Etats de l'ouest et du sud de l'Europe sont parvenus à leur forte unité d'aujourd'hui, afin que nous, Allemands, puissions prendre exemple sur eux.

Les habitants aborigènes celtibériques de l'Espagne et du Portugal furent soumis par Carthage, puis romanisés par les Romains ; et cela même à tel point que, des siècles durant, l'Espagne fut le principal soutien de la puissance romaine, et qu'un Espagnol devint empereur de la cité qui dominait le monde. Puis vinrent les Alains, les Vandales, les Suèves et les Visigoths ; ils anéantirent la puissance des Romains et mirent le pouvoir entre les mains d'une noblesse militaire germanique, qui prit possession du sol. Si les conquérants germains étaient restés attachés à leurs mœurs simples d'autrefois ; s'ils n'avaient pas abandonné la conception arienne du christianisme pour passer à la conception athanasienne qui les séparait des vaincus, l'évolution du monde germa-

---

[1] Ce chapitre forme, dans l'original, le début du chapitre II.

nique eût été différente. C'est à cause de cela qu'ils furent dépossédés par la ruée de l'islam. Cependant celui-ci non plus ne put se maintenir à la longue. Sous l'empire de la nécessité, ceux qui avaient été soumis et opprimés oublièrent leurs anciennes dissensions. Il en résulta une fusion des diverses couches dont le peuple était formé. Les musulmans furent chassés pour autant qu'ils restaient fidèles à la foi du Prophète. Beaucoup passèrent au christianisme — par force, il est vrai — et il se produisit un nouveau mélange. De ces nombreuses nationalités, Celtibères, Romans, Germains et Sémites, on vit sortir, à l'heure du danger, un peuple unique. Cela ne nous étonne, du reste, pas du tout.

En France, nous voyons se produire un phénomène analogue : Gaulois, Romains, Visigoths, Francs, Alamans, Burgondes et Normands. Les Français d'aujourd'hui sont pour 70 % Gaulois, pour 20 % Germains et pour 10 % Romains. Pour le linguiste, la forte contribution fournie par la langue allemande au français est facile à reconnaître. Seulement, le Français a si bien su adapter les mots d'emprunt allemand au caractère de la langue courante générale qu'il en est résulté un tout uniforme.

En Italie, il y a eu un mélange encore plus accentué. Déjà dans l'antiquité, Latins, Etrusques et habitants de la Grande-Grèce se disputaient la domination, et ce n'est que peu à peu que se forma la puissance romaine. Puis vint l'invasion des Gaulois victorieux. Puis la guerre avec les Sémites carthaginois. Au temps des empereurs, tous les peuples du monde alors connu confluaient en Italie. Dans sa *Genèse du dix-neuvième siècle*, Chamberlain attribue la chute de l'empire romain principalement à cet apport de sang sémitique et chamitique. L'apport du sang germanique fut le salut de l'Italie. Les Cimbres et les Teutons engagèrent la lutte. Visigoths, Vandales, Ostrogoths et Lombards se succédèrent au pouvoir, et chacun de ces peuples laissa après lui des traces de sa présence. Même les expéditions du grand empereur des Francs, Charlemagne, et de ses successeurs, les empereurs allemands, exercèrent leur influence. En Sicile dominèrent les Arabes, dans l'Italie méridionale les Normands. Aujourd'hui encore, dans l'Italie méridionale, soixante-quinze mille hommes parlent l'albanais et témoignent d'une immigration albanaise. Et pourtant l'Italie actuelle forme un État un, et nous trouvons tout naturel que tous ces fragments de peuples se soient réunis dans une langue commune.

Nous voyons donc que l'unité des peuples romans est loin d'avoir été originaire ; tout au contraire, il a fallu pour la réaliser des siècles de luttes.

Quant aux Anglais, ils sont un peuple de souche purement germanique. Sans doute, les habitants primitifs du pays étaient des Celtes ; mais lors de la conquête du pays par les Angles et les Saxons, les vaincus furent refoulés dans les parties montagneuses de l'ouest et du nord, et leur mélange avec les nouveaux maîtres du sol fut insignifiant. Les invasions, et finalement la conquête de l'île par les Danois, ne modifièrent pas la composition de la population, parce que eux aussi étaient des Germains, quoique appartenant à un autre rameau et faisant usage d'un autre dialecte. Vint la conquête normande ; les Normands étaient des Germains scandinaves, Germains du Nord comme les Danois, mais ils avaient adopté dans la France septentrionale, après l'avoir conquise, la langue des vaincus, soit le vieux français. Il ne se produisit, à la vérité, en Angleterre, aucun mélange de races, mais bien une importante modification du langage, qui devait aboutir à la langue anglaise actuelle. Il y a là un processus du plus haut intérêt : les Normands du nord de la France étaient un petit peuple pour ce qui est du nombre, mais ils étaient supérieurs aux vaincus quant à la vaillance ; leur nombre suffit tout juste à fournir au pays une nouvelle noblesse, et ils n'en réussirent pas moins à imposer leur langue au peuple ! Quand nous, Allemands, cherchons à imposer notre langue aux débris des peuples slaves de l'ouest et du sud, personne ne crie plus fort que les Anglais, qui ont fait la même chose. Nous constatons que c'est à la violence que le peuple anglais et la langue anglaise doivent leur existence. C'est la même violence qui a permis de nos jours à la langue anglaise et au peuple anglais de se répandre comme ils l'ont fait en dehors de l'Europe et d'y acquérir une si grande puissance. L'Inde, avec les pays limitrophes, est anglaise ! Sur les bords du Nil, du Niger, du Zambèze, dans l'Afrique du Sud, de nouveaux empires coloniaux anglais sont en train de se former. L'Amérique du Nord est anglaise, bien que divisée — pour le moment — en deux Etats. L'Australie est anglaise. Dans cette Angleterre agrandie, la langue anglaise n'est pas non plus originaire.

Ainsi donc, la puissante unité actuelle des peuples de l'Europe occidentale et méridionale ne doit son existence qu'à la violence, à des siècles de luttes et de combats. Les peuplades faibles en nombre ont été absorbées par les grands peuples et ont accepté la langue des vainqueurs ; ou bien, inversément, ceux-ci ont adopté la langue des vaincus, parce que ceux-ci, moins aptes à se défendre, étaient supérieurs en nombre. C'est là le cours naturel des choses, et les peuples étrangers qui se trouvent dans la sphère d'influence du peuple allemand, si puissant par sa masse, ne pourront — étant donnée leur faiblesse numérique — se soustraire à cette nécessité qui les broie. Les Polonais, Tchèques et Slovènes qui vivent sur le sol germanique ne peuvent échapper à cette loi inexorable ; il leur faudrait pour cela abandonner le pays.

L'unification à l'intérieur des frontières ethniques allemandes, voilà la tâche du vingtième siècle.

Consciemment, parfois aussi inconsciemment, tous les efforts de la haute politique depuis quelque cent ans ont tendu à empêcher le peuple allemand de faire ce qu'ont fait tous les autres grands peuples civilisés : réunir en un même Etat les hommes de même nationalité, tout en s'assimilant les petits peuples qui s'y trouvent fortuitement mélangés.

Depuis la paix de Francfort, qui a mis fin à la guerre franco-allemande, près de quatre décades se sont écoulées sans guerre pour l'Europe centrale, et bien des gens à vues courtes commencent à considérer les limites des grands Etats comme chose primordiale et destinée à durer éternellement. Les changements de frontières survenus dans la péninsule des Balkans ont à peine touché les peuples civilisés de l'Occident. Quarante années de paix, c'est une longue période pour nous autres individus. Les Etats et les peuples, eux, sont habitués à compter avec d'autres chiffres. Cette période de paix, qui paraît si longue au vivant, fait facilement oublier que, dans ce cas, immobilisme et recul sont synonymes. Car nous donnons aux Etats le temps de travailler sur leur territoire à absorber dans le peuple dominant tous les ressortissants des pays dont les frontières ethniques débordent

	Allemagne	Hollande	Belgique	Suisse	Autriche	Suède	Norvège	Danemark	Angleterre	France	Espagne
Allemands	62,0	5,1	3,8	2,5	12,0						
Suédois						5,0					
Norvégiens							2,0				
Danois	0,1							2,6			
Anglais									38,0		
Français	0,1		3,1	0,75						37,9	
Espagnols											17,9
Portugais											
Italiens				0,25	0,7					0,25	
Roumains					2,8						
Grands-Russiens											
Blancs-Russiens											
Petits-Russiens					3,5						
Polonais	3,0				3,7						
Tchèques					8,2						
Serbes					3,3						
Croates					3,3						
Slovènes					1,3						
Bulgares											
Albanais											
Arméniens											
Grecs											
Lithuaniens									•		
Irlandais									3,0		
Gallois									1,0		
Bretons										1,0	
Finnois											
Magyars					8,5						
Basques										0,1	0,5
Turcs											
Tartares											
Kirghises											
Kalmoucks											
Caucasiens											
Tsiganes											
Juifs											
	65,2	5,1	6,9	3,3	47,3	5,0	2,0	2,6	42,0	39,25	18,4

Portugal	Italie	Roumanie	Grèce	Russie	Serbie	Monté-negro	Bulgarie	Turquie		
				2,0					87,2	Allemands
				0,2					5,2	Suédois
									2,0	Norvégiens
									2,7	Danois
									38,0	Anglais
	0,12								41,97	Français
									17,9	Espagnols
5,4									5,4	Portugais
	32,0								32,2	Italiens
		6,0		0,2	0,15				9,0	Roumains
				50,8					50,8	Grands-Russiens
				7,0					7,0	Blancs-Russiens
				23,0					26,0	Petits-Russiens
				6,5					13,2	Polonais
									8,2	Tchèques
				2,2	0,22				5,72	Serbes
									3,3	Croates
									1,3	Slovènes
						3,4	1,10		4,4	Bulgares
0,08							1,5		1,58	Albanais
				0,7					0,7	Arméniens
			2,63					1,3	3,95	Grecs
				3,9					3,9	Lithuaniens
									3,0	Irlandais
									1,0	Gallois
									1,0	Bretons
				6,0					6,0	Finnois
									8,5	Magyars
									0,6	Basques
							0,6	1,5	2,1	Turcs
				3,0					3,0	Tartares
				0,5					0,5	Kirghises
				0,6					0,6	Kalmoucks
				4,3					4,3	Caucasiens
									0,1	Tsiganes
				4,6					4,6	Juifs
5,4	32,2	6,0	2,63	113,3	2,35	0,22	4,0	5,3	407,92	

les frontières politiques. Pour ces peuples, le temps de paix est un temps de travail, et il leur faut nécessairement mettre en œuvre tous les moyens possibles pour maintenir la paix. Jetons un coup d'œil sur une carte de l'Europe indiquant — comme le fait tout grand atlas moderne — les limites des peuples ; nous verrons que, s'il y a un Etat pour qui la paix soit chose particulièrement désirable, c'est la Russie ; en effet, sa portion européenne, sur 113 millions d'habitants, ne compte pas moins de 32,5 millions d'étrangers. La Russie serait donc entièrement occupée pendant une longue série d'années rien qu'à russifier cette population. Ses voisins lui en donneront-ils le loisir ? C'est une autre question. On peut surtout se la poser en songeant aux chers Japonais, qui sont tout aussi avides d'expansion que nous.

Un simple examen du tableau des pages 6 et 7 suffit pour nous montrer l'écart existant en Europe entre les limites politiques et les limites ethniques ; ce tableau indique le nombre d'habitants des Etats européens, les différentes nationalités ou fractions de nationalités constituant chacune de ces populations, et entre quels Etats les diverses nationalités se répartissent.

Mieux encore que ce tableau, les deux graphiques des pages 10 et 11 nous font comprendre ces rapports. Celui de la p. 10 représente les pays européens avec le chiffre de leur population, mais sans tenir compte des éléments qui la composent Celui de la p. 11, au contraire, nous renseigne sur les nationalités constitutives des différents peuples. Dans les deux figures il a été tenu compte — autant que faire se pouvait — des rapports des Etats et des nationalités les uns avec les autres.

Ainsi représentée schématiquement, la forte unité des

États européens de l'ouest et du sud ressort d'autant mieux.

L'unité du Portugal est parfaite.

L'Espagne compte, sur ses 18,4 millions d'habitants, un demi-million de Basques, soit seulement 3 pour cent d'étrangers.

La France a 39,25 millions d'âmes ; là-dessus un demi-million de Bretons, 250 000 Italiens à Nice et en Corse, et 100 000 Basques dans les Pyrénées ; en tout seulement 3,4 pour cent d'hommes parlant une langue étrangère. La proportion est encore très favorable. Hors de France, il y a en Belgique 2,5 millions de Wallons parlant le français et dans la Suisse occidentale 700 000 Burgondes romanisés. En outre, 100 000 en Lorraine. Au total 9,8 pour cent à l'étranger.

L'Italie a une population de 32,2 millions d'âmes. Abstraction faite de quelques colonies insignifiantes d'Albanais et de Grecs dans le sud du pays, et d'Allemands habitant en deux groupes une vingtaine de communes au nord de Vérone, l'Italie est une de langue et de population. Il y a en revanche environ 250 000 Italiens en France, 700 000 en Autriche et 200 000 en Suisse, soit le 3,3 pour cent en dehors des frontières politiques italiennes.

Dans ses 42 millions d'habitants, l'Angleterre compte trois millions d'Irlandais et un million de Gallois, donc une proportion de 9,5 pour cent d'étrangers.

La Suède, la Norvège et le Danemark présentent la même grande unité. Les Lapons de la Suède septentrionale et de la Norvège, qui sont en partie sédentaires, en partie nomades, sont en petit nombre. Mentionnons comme vivant en dehors des frontières du Danemark 100 000 Danois dans le nord du Schleswig, pas même le 4 pour cent. Si l'on songe au vacarme

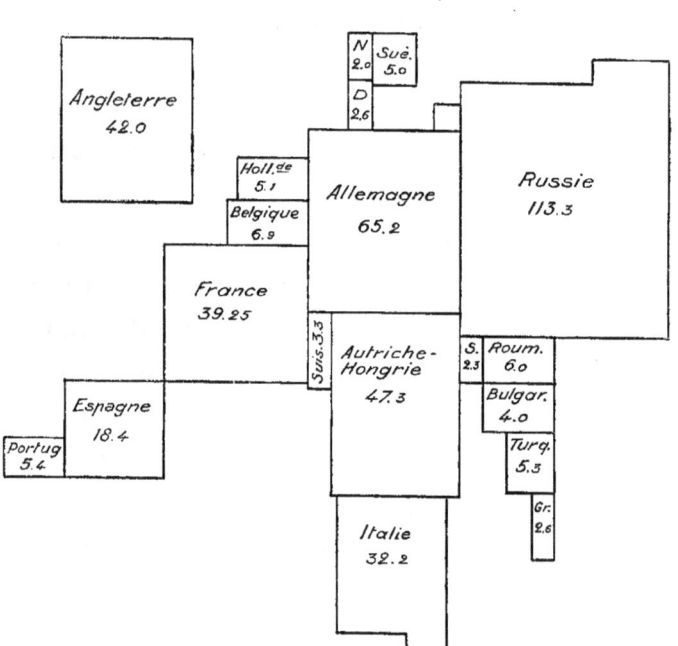

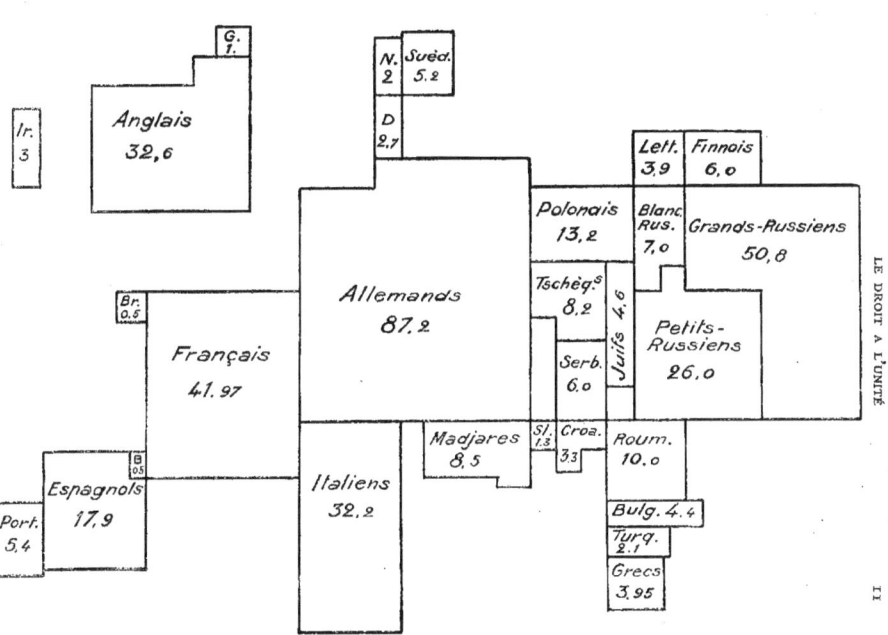

que font ces 100 000 Danois, on ne peut que souhaiter voir les 25 millions d'Allemands vivant hors d'Allemagne en faire deux cent cinquante fois autant !

L'attitude des Italiens a pour nous, Allemands, le même intérêt. 3,3 pour cent vivent hors d'Italie et exhalent des plaintes lugubres sur leur malheur. Les Italiens réussiront-ils jamais à rattacher à leur pays leurs compatriotes à l'étranger ? C'est douteux. Il faudrait pour cela des circonstances favorables qu'on ne peut prévoir pour le moment. La France ne céderait Nice et la Corse que contrainte par les armes. Ce serait certainement un bien pour nous autres pangermanistes que les relations politiques entre ces deux voisins se gâtassent sérieusement. Le Tessin nous intéresse peu également, et nous l'accordons aux Italiens. Cependant, il est infiniment plus avantageux à ses habitants de ne pas être séparés du territoire allemand par une barrière douanière, vu que les villes qui bordent le lac Majeur et celui de Lugano ne vivent que grâce à leurs hôtes du Nord, les Allemands. Il en va de même pour le Trentin et Riva sur le lac de Garde. Le Tyrol méridional se laisserait peut-être germaniser ; en tous cas ses habitants italiens aimeraient mieux devenir Allemands que de renoncer volontairement au gain que leur procure l'industrie des étrangers. Nous, Allemands, trouvons dans les îles de la côte de Dalmatie un domaine bien plus beau, auquel il ne manque jusqu'à maintenant que les institutions en rapport avec la civilisation, et que nous pouvons réclamer à bon droit.

Le cas des Wallons habitant hors de France est assez particulier : ils représentent la nationalité dominante en Belgique. Cependant, nous, pangermanistes, ne nous opposerions pas à ce que, d'une façon ou de l'autre, ils en viennent à se rattacher à la France. Un fait pourrait provoquer ce mouvement : ce serait que les pays flamands-allemands voulussent un jour secouer la domination wallonne et demander leur union avec le grand peuple allemand. Livrés à eux-mêmes, les trois millions de Flamands ne sont pas capables de former, dans l'Europe occidentale, un État indépendant avec barrières douanières. La France saisira avec empressement l'occasion d'arrondir le chiffre de sa population, pourvu que nous, Allemands, y consentions. Il lui serait moins facile d'absorber les 700 000 Suisses romands. Elle en est en effet séparée par la différence de religion, car ils appartiennent presque exclusivement à l'Église réformée. Pour le clergé catholique français, si puissant, il pourrait même y avoir un intérêt capital à s'opposer à cette fusion, car celle-ci risquerait de donner un centre au mouvement qui se poursuit dans leur pays et qui tend à s'affranchir de Rome. Si nous comparons la situation avantageuse des États romans, de la Scandinavie et de l'Angleterre avec la nôtre, nous constatons que nous n'avons pas atteint, nous Allemands, cette unité à laquelle nous aussi avons droit.

Quelle situation pitoyable que la nôtre, si l'on considère que pas moins de 25 millions d'Allemands, c'est-à-dire 28 pour cent de la race, vivent au delà des limites de l'empire allemand ! C'est là un chiffre colossal, et un fait pareil ne saurait se produire dans un autre État quelconque sans susciter la plus vive indignation de tous les citoyens et l'effort le plus passionné pour remédier au mal sans plus attendre. La situation de l'Allemagne pourrait tout au plus se comparer à celle que la France eut à endurer au temps des guerres des Valois, quand la moitié du pays tomba, après la bataille d'Azincourt, aux mains des Anglais. Les Italianissimi, on le sait, ne cessent de pousser les hauts cris à l'endroit du Trentin et de Trieste ; et vraiment c'est un miracle que, parmi les 97 millions d'Allemands, il y en ait encore un qui ne soit pas saisi de rage en voyant la violence inouïe faite à la nation allemande et qui ne consacre vie et biens à la bonne cause qui réunirait les 87 millions d'Allemands de l'Europe centrale en un seul empire. Qui pourrait empêcher 87 millions d'hommes de former un empire, s'ils en faisaient le serment ?

Nous, Allemands, nous comptons avec de plus grands chiffres que les peuples romans.

L'empire allemand actuel abrite 62 millions d'hommes, la Hollande et la Belgique 8,9 millions de Néerlandais et de Flamands, la Suisse 2,3 millions d'Alamans et de Burgondes, l'Autriche 10 millions de Bajuvares et de Thuringiens : cela nous donne un total de 83,2 millions d'Allemands unis par un fort lien. Ajoutons-y 2,1 millions en Hongrie et 2 autres en Russie, en partie disséminés dans le pays entier, mais plus spécialement sur les bords de la Volga et dans les provinces baltiques. Il y a donc ainsi 87 millions d'Allemands en Europe. Il y en a bien encore une dizaine de millions dans l'Amérique du Nord ; malheureusement, ils sont sans doute perdus à jamais pour notre peuple.

Les frontières des anciennes tribus ont généralement disparu. On peut discuter sur ces questions, mais il est difficile d'arriver à un résultat précis. La branche la plus représentée est celle des Bas-Saxons. Le territoire qu'elle occupe va de Dunkerque et Amsterdam jusqu'à Riga et Réval ; elle compte 40 millions de représentants.

La branche franconienne orientale, avec environ 11,5 millions, occupe les bords du Rhin et de la Moselle, la Hesse, le Palatinat, la Lorraine et la Franconie bavaroise. Ses villes sont : Cologne, Aix, Luxembourg, Metz, Heidelberg, Bamberg, Cobourg et Cassel.

La Thuringe, le royaume de Saxe, la Lusace, la Silésie, la Posnanie méridionale, le nord de la Bohême et de la Moravie sont habités par la tribu thuringienne, avec 10,5 millions.

Les 9 millions d'Alamans se sont répandus sur le Wurtemberg, l'ouest de la Bavière, la Suisse, l'Alsace et le grand-duché de Bade.

La branche bajuvare, qui compte une douzaine de millions, peuple l'ancienne Bavière, la Bohême méridionale, l'Autriche et les régions alpestres.

De nombreuses et considérables tribus allemandes ont disparu au temps des invasions germaines : les Cimbres, les Teutons, les Vandales, les Alains, les Suèves, les Ostrogoths et les Visigoths, les Lombards et les Francs de l'Ouest. Leurs noms, leur langue allemande sont perdus. Ils ont grossi le nombre de nos ennemis, et infusé aux peuples romans qui se mouraient un sang nouveau qui leur a permis de jouer pendant encore un millier d'années un rôle dans l'histoire du monde. La noblesse militaire et la noblesse terrienne allemande ont donné aux peuples romans une nouvelle consistance intérieure, mais les violents bouleversements de la fin du dix-huitième siècle et du milieu du dix-neuvième ont fait déchoir cette noblesse de son rôle de dirigeante et l'ont presque réduite à néant. Le principe de force des peuples romans n'est plus. Le simple particulier ne sait pas subordonner son « moi » au bien de la communauté.

Si, au temps des migrations des peuples, un homme puissant par l'esprit et par l'épée se fût levé pour grouper la masse formidable, innombrée et innombrable, du peuple germain et lui donner une volonté une, une pensée une, en politique ou en religion, cette force admirable — peut-être la plus grande qui ait jamais existé — n'eût pas été gaspillée par un individualisme insensé. Le mouvement aurait uni à la force de l'Islam la ténacité germaine. Il n'y aurait plus ni Romans ni Slaves, si toutes les tribus allemandes existaient aujourd'hui et avaient la force des Bas-Saxons. Les frontières de l'Europe seraient les frontières de l'Allemagne en Europe. La culture serait purement allemande, et avec elle le monde entier. Mais le vieux temps est loin et l'époque nouvelle nous assigne une tâche nouvelle. Nous sommes 87 millions de représentants de la nationalité germaine dans notre continent. Notre pays est le plus peuplé, le mieux organisé. Le temps nouveau commence. Nous combattrons et nous vaincrons.

CHAPITRE II

La colonisation allemande dans la Prusse occidentale et dans la province de Posen.

Depuis l'année 1888, que la Commission de colonisation est en activité dans les provinces de Prusse occidentale et de Posen, elle a fait de bon ouvrage, et nous pouvons parler d'emblée d'un résultat réjouissant. Pacifiquement, on ne peut obtenir davantage. Vingt-trois ans constituent sans doute une longue période. Longue pour celui qui tient à voir le résultat de son travail. Courte pour l'Etat, qui a le temps d'attendre et peut consacrer un siècle, si c'est nécessaire, pour arriver au résultat désiré : la germanisation de deux provinces.

Dans la province de Posen, les Allemands habitent surtout les cercles frontières du Brandebourg et quelques-uns de ceux qui touchent la Silésie, ainsi qu'au nord, dans la région de la Netze, district de Bromberg. C'est là que la colonisation allemande a atteint ses meilleurs résultats. En 1888, on comptait 524 villages allemands et 766 villages polonais. De 1888 à 1911, 278 nouveaux villages ont été fondés, ce qui change totalement les rapports. Aujourd'hui on compte 802 villages allemands contre 488 villages polonais. Si ce travail de colonisation continue dans les mêmes proportions, on comptera dans vingt ans 1080 villages allemands et 218 villages polonais seulement.

Cette colonisation s'est développée surtout dans le district de Bromberg, dans les districts méridionaux et dans les cantons du district de Marienwerder qui touchent à la Vistule. Ce n'est pas sans raison que ces contrées ont été préférées, le succès le prouve. De tout temps il y a eu beaucoup d'Allemands établis sur les bords de la Netze, de la Vistule et de la Drewenz, et ainsi les nouveaux colons ont trouvé des attaches au point de vue politique et religieux. Une autre cause peut avoir été le fait que dans ces régions-là le sol est particulièrement fertile. Le froment et la betterave à sucre y sont cultivés de préférence. Un grand nombre de raffineries témoignent de la richesse de l'agriculture. Une troisième cause, encore, peut avoir été déterminante : il existe une sorte de pont entre l'ouest allemand du Brandebourg et de la Poméranie et l'est allemand de la Prusse orientale, de sorte que l'élément polonais est partagé en deux parties : au nord, sur les bords de la Brahe, de la Schwarzwasser, de la Ferse et de la Radaune, les « Kaschuben » parlant polonais, et au sud, dans le district de Posen, les Polonais proprement dits. On a donc fait là ce qui pouvait être considéré comme le meilleur et le plus sage pour nous.

Le district de Posen a 17 514 km. carrés, tandis que Bromberg n'en a que 11 455 ; la différence de superficie est donc importante. Ici, les conditions sont tout autres. Si Bromberg compte approximativement 1290 villages, Posen en a 2135, dont 674 étaient allemands en 1888, au début du travail de colonisation, et 1461 polonais. Ce sont des chiffres très modestes pour nous. Pendant ces vingt-deux années, 297 villages d'immigrants ont été créés, presque autant que dans les autres districts de cette province, de sorte qu'il y a maintenant 971 villages allemands contre 1164 villages polonais. — En réalité, les choses se présentent sous un jour beaucoup moins favorable du fait que les Allemands établis sur les bords de la Wartha ne sont pas répartis comme sur les bords de la Netze.

Au point de vue ethnique, le district se divise en quatre parties.

La partie septentrionale de Posen comprend les cercles d'Obronik, de Samter, de Birnbaum et de Schwerin avec 217 villages allemands et 128 villages polonais.

La partie méridionale et occidentale de Posen, avec les cercles de Lissa, Frauenstadt, Bomst, Neutomichel et Rawitch, dont 416 villages sont allemands et 143 polonais, est allemande aux deux tiers, de même que la région septentrionale de Posen. Des 633 villages allemands de ces deux cantons, 532 sont anciens et 101 seulement nouveaux.

La partie centrale de la province de Posen se compose des cercles de Gostyn, Kosten, Schmiegel et Grätz. Là se trouvent 68 villages allemands contre une majorité de 219 villages polonais.

La partie orientale de Posen compte 14 cercles, avec 270 villages allemands et 674 villages polonais. Ainsi un peu plus du quart seulement des habitants des deux cantons est de nationalité allemande ; c'est plus que modeste. La moitié des villages allemands consiste en colonies nouvelles. Il est très difficile d'obtenir des chiffres précis à ce sujet. Ceux que nous donnons sont cependant approximativement exacts. Ce qui importe d'ailleurs, ce ne sont pas les chiffres, mais le rapport de ces chiffres entre eux. Et puis mes chiffres sont destinés à renseigner sur le sujet de la colonisation allemande les Allemands de l'ouest et du sud de l'Empire, et non ceux de l'est.

Pour permettre d'embrasser ces chiffres d'un coup d'œil, je les résume dans le tableau suivant :

BROMBERG ET POSEN	Villages allemands 1888	Colonisations 1888 à 1911	Allemandes 1911	Polonaises 1888	Polonaises 1911
Bromberg	524	278	802	766	488
Posnanie orientale	110 ⎫	160 ⎫	270 ⎫	834 ⎫	674 ⎫
» centrale	32 ⎬ 674	36 ⎬ 297	68 ⎬ 971	255 ⎬ 1461	219 ⎬ 1164
» occid. et mér.	362 ⎨	54 ⎨	416 ⎨	197 ⎨	143 ⎨
» septentr.	170 ⎭	47 ⎭	217 ⎭	175 ⎭	128 ⎭
	1198	575	1773	2227	1652

Si dans le district de Bromberg on continue à travailler comme jusqu'ici, en 1930 le 80 % de la population sera allemand. Cela suffirait. Si on travaille avec la même persévérance dans les autres districts, ce ne sera qu'en 1950 que le 80 % de la population sera allemand. Mais l'État peut attendre.

Dans la Prusse occidentale, les rapports sont les suivants :

Dans le district de Marienwerder, nous distinguons quatre cantons soumis à des régimes différents. A Stuhm, Marienwerder et Rosenberg, on a peu fait jusqu'à présent, car ces villages se trouvent en dehors de la lutte actuelle et sont principalement peuplés d'Allemands.

Dans le second canton, dans les cercles frontières de Löbau, Strasbourg, Briesen et Thorn, et, plus loin, dans les districts de la Vistule, à Kulm, Graudenz et Schwetz, et enfin dans le cercle de Tuchel, il n'y avait en 1888 que 280 villages allemands à côté de 486 villages polonais ; dès lors, 189 colonisations se sont ajoutées, de sorte que les villages polonais sont descendus à 279. Les Allemands ont une majorité de 469 villages. En continuant à travailler pendant vingt ans avec la même ardeur, on aura en 1930 658 villages allemands contre 108 villages polonais, et ainsi l'élément germanique disposera d'une majorité de 85 %.

Au nord-ouest du district, l'Etat possède une immense forêt qui ne mesure pas moins de 403 000 hectares[1]. Marienwerder a 42 intendances forestières, qui sont presque toutes dans les cercles de Schwetz, Tuchel, Konitz et Schlochau. Ces cercles sont très grands, deux ou trois fois plus grands que ceux du district de Posen, et occupent une superficie de plus de 6000 kilomètres carrés, ce qui équivaut à l'étendue du grand-duché de Mecklembourg-Strelitz. Certaines parties des cercles de Schwetz et de Tuchel font encore partie de la zone de colonisation, mais la plus grande partie est boisée. Cette région forestière s'étend au sud jusqu'à Bromberg et au nord jusqu'à la Baltique, en s'éclaircissant peu à peu.

Les villages de cette région forestière sont polonais et s'étendent d'une manière romantique le long des lacs ou des cours d'eau, mais ils n'ont que peu de terrain, et ce terrain n'est qu'un sable de la pire espèce. En été, les « Kaschuben » vont chercher du travail dans l'Allemagne centrale ou occidentale ; en hiver, ils reviennent chez eux, travaillent dans la forêt et votent pour les Polonais. Il n'y a que peu de domaines ; le sol est presque en entier morcelé. Le fonds des forêts achète les parties désertes et les prend sous sa garde. En soi,

[1] Pour plus de renseignements sur cette contrée, voyez Mühlradt, *Die Tuchler Heide*, 1 et 2

la chose est louable, mais elle ne profite guère au germanisme. De 1890 à 1900, le fonds des forêts a acheté 50 000 hectares de terrain pour les boiser. Mais, ici encore, il existe un moyen qui conduit au but et qui rend le pays plus allemand qu'il ne l'est. Dans ce pays de forêts fabuleuses, il y a environ 100 arrondissements forestiers, et chacun occupe bon an mal an de cinq à dix ouvriers. Au printemps, lors des travaux de plantation, on occupe même une centaine de femmes et de jeunes filles. Dans l'un de ces arrondissements, les arbres sont de haute taille; dans tel autre, ce ne sont que des plantations nouvelles. Les moyens de germaniser ne manquent pas. Supposons que pour chaque couple d'arrondissements on fonde en un endroit approprié, pas trop éloigné d'un chemin de fer ou d'une route, d'une église ou d'une école, un village où puissent trouver du travail dix à vingt ouvriers, ayant chacun sa maison et sa ferme avec dix arpents de terrain cultivable et deux arpents de pré, la « Tuchler Heide » prendrait tout de suite un air allemand. Comptons cinquante villages à quinze familles de huit personnes chacune, cela ferait 6000 âmes.

Le quatrième canton du district de Marienwerder comprend les cercles allemands de Deutsch-Krone et de Flotow et la partie méridionale de Schlochau et de Konitz. Là, la colonisation n'a acheté que par-ci par-là un domaine.

Le district de Marienwerder occupe 17 577 kilomètres carrés. Danzig est plus petit et n'en a que 7956.

Ici, nous pouvons distinguer deux régions distinctes. La partie allemande se compose des cercles de Danziger Niederungen, Danziger Höhe, Marienbourg, Elbing et des villes allemandes de Danzig et d'Elbing. Le germanisme s'étend aussi aux parties avoisinant ce district, c'est-à-dire aux cercles de Berent, Karthaus, Stargard, Dirschau, Neustadt et Putzig. Par contre, la région élevée est polonaise.

Le sol de la dépression de la Vistule est excellent et parmi les meilleurs de toute la patrie allemande. Les villages s'y touchent, et la population est très à son aise. On s'en aperçoit déjà à l'exiguïté des paroisses : les églises sont très rapprochées. Il n'y a pas de travail en ce point pour la colonisation. Cette région constitue un second pont allemand entre la Poméranie allemande à l'ouest et la Prusse orientale allemande à l'est.

Il en est tout autrement sur les hauts de la Vistule que dans la dépression. Berent et Neustadt comptent le 55 % de Polonais, Putzig en a 67 % et Stargard en a même 73 %. Le comité de colonisation n'a fait ici que peu d'acquisitions en comparaison de celles qu'il a faites dans les districts qui constituent son champ de travail proprement dit. Il est vrai qu'il y a peu à faire, vu que le sol y est surtout entre les mains de petits agriculteurs. De domaines, il n'y en a guère. On y trouve aussi des forêts, mais beaucoup moins que dans la Tuchler Heide. Quelques parties de la Kaschubei offrent de beaux paysages, particulièrement Karthaus et ses environs immédiats. De grands lacs alternent avec des collines boisées. Le Turmberg a 331 m. d'altitude. La germanisation de cette contrée doit être réservée pour plus tard. Dans vingt ans, quand le sud de la province sera allemand au 85 %, on pourra s'occuper de la colonisation de quelques parties des cercles de Marienwerder, de Dirschau et de Stargard qui ont un sol convenable. En 1930, la germanisation de la partie méridionale de la Prusse occidentale et de la région septentrionale de Posen sera achevée. De 1930 à 1950, l'activité de la colonisation devrait se consacrer aux régions orientales du district de Posen. Ici encore, et surtout le long de la Wartha, le sol est excellent. La propriété foncière est peu morcelée, de même qu'à Kujawien avant l'entrée en activité de la colonisation allemande. Le grand-duc de Saxe et le prince de Thurn und Taxis y possèdent de grands domaines. Ces grands seigneurs pourraient morceler leur sol eux-mêmes et le louer à des fermiers allemands. Ainsi, tout en sauvegardant leurs propriétés, ils contribueraient à la germanisation de la contrée.

Jusqu'ici, nous n'avons parlé des rapports entre Allemands et Polonais qu'au point de vue de la possession du sol sans nous occuper des chiffres de population en eux-mêmes. La province de Posen a approximativement deux millions d'habitants dont le 40 % est allemand et le 60 % polonais. Par la colonisation, 100 000 Allemands s'y sont établis, et l'émigration, très forte autrefois, des Allemands vers l'ouest a cessé. La ville de Bromberg est en majorité allemande ; Posen l'est à moitié. La majorité des petites villes est allemande, même lorsque la campagne environnante est polonaise. Il y a aussi des bourgs polonais. Nombre de petites villes allemandes forment comme un îlot dans le pays polonais, par exemple Hohensalza. Par suite de la colonisation allemande, beaucoup de Polonais sont rejetés de la campagne à la ville. D'autres s'expatrient vers l'ouest. Mais la première halte est la petite ville voisine. Il en résulte que les Polonais augmentent en ville et que les Allemands augmentent dans les campagnes. Quelques-unes des villes autrefois polonaises sont entourées d'un cercle de colons allemands à un tel point que des villes, jadis entièrement slaves, comme Gnesen, ont pris un cachet tout différent. A côté de la cité polonaise se forme une nouvelle cité allemande. Il n'y a que peu d'industrie, et là où elle existe, ce n'est que pour satisfaire aux besoins de l'agriculture : fabrication de machines agricoles ou transformation des produits du sol : raffineries, distilleries, briqueteries.

Quand on pense que la province de Posen compte le 40 % d'Allemands, et qu'en 1848, au Reichstag de Francfort, il s'est trouvé des députés, élus d'un peuple allemand libéral, pour demander bénévolement au roi de Prusse de renoncer à la province de Posen en faveur d'un royaume de Pologne à créér, le peuple allemand actuel se demande comment il fut possible d'envoyer de tels ânes au Reichstag [1]. Cela fit du bruit en 1848, et toute la population de la dépression allemande de la Netze s'assembla pour protester contre cette énorme sottise. Aujourd'hui, nous sommes pourtant plus avancés à cet égard, et la situation dans l'est allemand est mieux connue à l'ouest et au sud. Aujourd'hui il n'y a que ceux qui s'obstinent à ne pas voir qui restent aveugles.

Parmi les Allemands de la province de Posen, il y a 150 000 catholiques. Là où ils ont leurs paroisses à eux, comme c'est le cas dans quelques cercles contigus au Brandebourg, ils sont Allemands de cœur et d'âme et votent pour des Allemands. Mais là où ils sont disséminés dans la population polonaise, ils succombent facilement à l'influence et à la pression des prêtres polonais et sont polonisés à la deuxième ou à la troisième génération. Le prévôt polonais procure au jeune ouvrier allemand une femme choisie parmi les jeunes filles polonaises aisées, et l'éducation ecclésiastique polonaise parfait la polonisation des enfants, si tant est que la mère n'y ait pas déjà pourvu elle-même. Il est facile de se rendre compte comment les choses se passent en voyant ce que sont devenus des Allemands de Bamberg qu'un archevêque de Posen a autrefois établis dans cette ville. Aujourd'hui les « Bambergkis » sont des Polonais à tout crin, et ils

---

[1] On trouvera plus de détails à ce sujet dans le livre *Der Polenaufstand von 1848*, de Paul Fischer, rédacteur du *Geselliger*, à Graudenz.

ne savent pas un mot d'allemand. Il y a des milliers d'hommes dans la province qui véritablement ne savent pas ce qu'ils sont ; ils parlent l'allemand aussi couramment que le polonais, pensent malheureusement de même, et sont bien embarrassés quand ils doivent se décider pour les uns ou les autres lors des votations. Si le gouvernement ou la collectivité des Allemands qui habitent ces endroits-là s'affirmaient plus énergiquement, on verrait plus d'un de ces « Daiczkatolicki » redevenir Allemand.

La Prusse orientale a 1 600 000 habitants, dont le 65 %, soit les deux tiers, sont Allemands et le 35 % ou le tiers Polonais. Parmi les Allemands, il y a 260 000 catholiques. Ils vivent en groupes fermés à et près de Danzig, entre Dirschau et Marienbourg, près de Tolkemit au bord du Haff, entre Konitz et Tuchel et dans le cercle de Deutsch-Krone. La nationalité des catholiques ne court aucun risque lorsqu'ils vivent parmi des Allemands, mais il en est autrement pour ceux qui vivent parmi les Polonais.

La province de Posen et la Prusse orientale, prises ensemble, sont allemandes en majorité : il y a 100 000 Allemands de plus. C'est un fait intéressant à constater, et qui devrait être porté à la connaissance de tous les habitants de l'Empire, que dans ces deux provinces, objets de leurs revendications, les Polonais ne disposent même pas de la majorité. Mais ceux-ci ont bien d'autres prétentions : sur les cartes éditées par eux, la Prusse orientale, la Silésie, certaines parties de la Poméranie, ainsi que les villes de Königsberg, d'Allenstein, de Bütow et de Breslau sont polonaises. Les Polonais sont donc très grands dans leurs exigences.

Examinons maintenant le revers de notre développement dans l'Allemagne orientale Que deviennent les Polonais refoulés de leurs propriétés foncières ? Ces gros propriétaires fonciers s'en vont à Posen, à Bromberg ou à Danzig, grossir les colonies, déjà nombreuses, des émigrés polonais. Ces seigneurs ne parlent pas un mot d'allemand, ne font leurs achats que chez des Polonais et ne frayent qu'entre eux. Dans les magasins, ils veulent être servis en langue polonaise ; ils n'entrent que dans des maisons de commerce dont l'enseigne est en polonais et n'expédient leurs lettres qu'avec l'adresse en polonais. Tout le monde doit se régler sur eux, même les autorités : en tribunal, ces gens ne se servent que de la langue polonaise. Ils enveniment les choses les plus innocentes dès qu'elles ont quelque rapport avec l'Etat allemand ou la langue allemande. Si quelqu'un vient à pécher contre l'une quelconque de ces lois non écrites, malheur à lui : il est cloué au pilori dans le journal polonais, mis au ban, frappé d'une double et triple excommunication. Ils peuvent d'ailleurs se permettre cela, car ils vivent de leurs revenus — quelquefois même de leur capital — ce qui ne les chagrine pas beaucoup, étant persuadés que le royaume de Pologne, « leur royaume », la Vierge de Czentoschau ou St-Adalbert de Gnesen leur rembourseront leurs dépenses au double ou au triple. Ils sacrifient tout à leurs espérances et à leurs ambitions. Nous ne pouvons qu'admirer ces gens et les prendre pour modèles.

L'histoire de la Pologne nous montre que ses habitants se font de la propriété une idée bien différente de la nôtre. Selon eux, le sol appartenait en entier à l'Etat, non seulement où des Polonais ont de tout temps demeuré, mais encore où ils se sont établis en conquérants : Prusse occidentale, Lithuanie, Russie-Blanche et Petite Russie. Ces territoires sont quatre fois plus grands que la Pologne primitive. Rien n'est au-dessus d'une bonne loi! Mais ce serait une infamie qu'une loi faite contre les étrangers fût appliquée maintenant contre le législateur. Le sol tout entier appartient à l'Etat! La république royale de Pologne octroyait des terres seigneuriales, des forêts, des moulins et des fermes. Fonctionnaires de l'Etat, officiers, soldats recevaient tantôt plus, tantôt moins, selon l'humeur et le caprice du donateur et parfois selon leur mérite. Les porteurs de noms d'antique noblesse étaient favorisés et obtenaient des acomptes en échange des services qu'ils avaient rendus autrefois à la famille régnante, ou de ceux qu'on attendait d'eux. Les ennemis étaient réduits au silence. Voilà le tableau qu'offrait en réalité le monde polonais dont Sienkiewicz fait une peinture si idéale dans ses *Chevaliers de la Croix*.

Lorsque, dans la fatale bataille de Tannenberg, les Chevaliers de l'Ordre Teutonique, ordre fondé et protégé par le pape pour combattre les infidèles, furent battus par l'armée altérée de vengeance des Lithuaniens superficiellement convertis, des Russes et des Tartares païens, parmi lesquels se trouvait aussi une minorité de Polonais, le 20 % peut-être, et que par la paix de Thorn, il fallut céder à la Pologne la Prusse occidentale, celle-ci était entièrement entre les mains de propriétaires allemands. La couronne polonaise ne s'embarrassa pas pour si peu; au lieu d'instituer une commission de colonisation, lourde machine, et de dépenser des milliards pour racheter le terrain à des propriétaires mal intentionnés, qui, sans ce secours, eussent peut-être fait banqueroute à brève échéance, elle se contenta de faire valoir sa vieille maxime d'Etat qu'en Pologne seul un Polonais peut être propriétaire.

La conséquence fut que toutes les nobles familles allemandes propriétaires d'une seigneurie se hâtèrent de traduire leur nom en polonais, ou d'y ajouter un appendice à consonance polonaise qui, dans la suite, resta seul en usage. Je ne citerai comme exemple que le nom de Sass-Jaworski. C'est ainsi que de certaines familles de la noblesse allemande sont nées des branches polonaises, qui existent encore en partie aujourd'hui, et dont l'origine peut encore être établie. Ne serait-ce pourtant pas bien beau que cette loi fût en vigueur aussi chez nous ! Nous serions débarrassés d'un coup de tous les « Französlinge » d'Alsace, de tous les grands propriétaires fonciers polonais et danois. Les excellents services que cette loi polonaise a rendus à la Pologne se voient encore de nos jours : partout où la Pologne a régné, ne fût-ce que temporairement, dans la Lithuanie septentrionale et lettone, dans la Lithuanie méridionale où habitent les Blancs-Russiens, sur les bords du Dniéper où règnent les Petits-Russiens, dans la Galicie orientale et ruthène, partout le grand propriétaire polonais catholique-romain règne en maître sur des sujets appartenant à une autre langue ou à une autre religion, la religion catholique grecque. De nos jours encore, on ne peut méconnaître l'influence polonaise à Kiew, capitale de la Petite-Russie, bien que, depuis 150 ans, les Polonais n'y aient plus rien à dire. Il est vrai que le gouvernement russe se montre moins timoré que le prusso-allemand quand il s'agit de s'affirmer vis-à-vis de sujets récalcitrants. Ce parallèle entre la manière de coloniser des Allemands et des Polonais est vraiment instructif. Nous pouvons en conclure ce que nous avons à faire.

La densité de la population dans les districts de colonisation est faible, à Posen 67 habitants par km. carré, à Bromberg 57, à Marienwerder 50 ; à Danzig elle atteint 78, ce qui provient de la densité assez forte de la dépression, tandis qu'elle est d'autant plus faible dans la région élevée. La densité moyenne de l'Empire est de 120 habitants par kilomètre carré, ce qui est le double des chiffres précédents. Mais si nous considérons une région purement germanique, comme le Mecklembourg, nous constatons que l'agriculture ne peut nourrir que 50 à 60 habitants par km. carré. Si donc, dans la province de Posen et dans la Prusse occidentale, la population polonaise agricole est remplacée par une population germanique, les Polonais devront se tourner du côté de l'industrie, car il faut qu'ils vivent. Les journaliers n'ont pu acquérir une fortune en travaillant aux champs, et sans travail les voilà sans pain. Leurs anciens maîtres ne peuvent rien leur donner non plus. Les ouvriers âgés ne peuvent plus apprendre un autre métier, il faut absolument qu'ils se trouvent une situation chez l'Allemand, que celui-ci soit grand propriétaire, donneur à bail de domaines, paysan ou colon. Comme il n'y a pas d'ouvriers allemands, il est facile de trouver de l'ouvrage. Si la commission de colonisation donne au domaine du colon allemand une étendue de 80 à 100 arpents, il prendra un ou deux habitants polonais à son service pour assurer son exploitation. Et si tout le monde fait ainsi, les deux tiers du village seront polonais et il n'y aura que le nom de changé. Les domaines ne doivent donc pas être faits plus grands que ce n'est nécessaire ; il faut que le colon puisse exploiter le sol presque sans aucun secours de main-d'œuvre étrangère. Pour bien aller, il devrait lui être interdit carrément d'occuper des Polonais et de se servir chez des négociants polonais. Cette disposition serait aussi justifiée que celle qui défend à un colon de vendre son fonds à un Polonais.

Au début, la commission de colonisation n'achetait que des Polonais. De cette manière, on a perdu beaucoup de domaines offerts par des propriétaires allemands. La banque de colonisation polonaise s'en rendait propriétaire et ne les partageait qu'entre des colons polonais. Maintenant on achète aussi d'Allemands. Comme le 40 et même le 80 % de la région à coloniser appartient à de grands propriétaires fonciers, on n'avait pas à craindre de si tôt le manque d'occasions d'achat. Toutefois plusieurs centaines de millions ont été versés en mains polonaises. Une grande partie de cet argent était due. Les banques polonaises l'ont reçu en entier et s'en sont servies comme capital d'exploitation. Chaque grand village a sa banque polonaise, qui fait un chiffre incroyable d'affaires. Le crédit personnel est organisé au mieux, et nous pourrions en prendre exemple. Tout Polonais qui a économisé quelques centaines de marcs obtient à la Banque polonaise le crédit d'une somme décuple; il s'achète une propriété, emprunte à la Caisse d'épargne allemande, sur hypothèque, une somme aussi élevée que possible, et la banque polonaise parfait la somme dont il a besoin et qu'il ne pourrait se procurer autrement. La banque allemande est à couvert, car elle ne prête qu'en dessous de la valeur réelle de l'immeuble; la banque polonaise paie avec plaisir pour la valeur idéale de la certitude que le preneur du fonds et de l'hypothèque est un vrai Polonais. Comme elle connaît son monde, elle se trompe rarement; et au besoin, elle rachète elle-même. Elle ne garde d'ailleurs le fonds que peu de temps. Comme il n'y a pas de banques allemandes — les caisses d'épargne ne comptent pas et il n'y a que très peu d'associations allemandes qui fassent le service de prêt — beaucoup d'Allemands s'oublient au point d'entrer en relations d'affaires avec les banques polonaises, qu'on trouve toujours à proximité et qui sont toujours très arrangeantes en cas pareil. Les banques polonaises sont des sociétés à responsabilité illimitée. La sécurité semble donc parfaite Les pour cent qu'elles donnent sont élevés, généralement c'est du 6. Quant à ce qu'elles prennent, cela échappe à la connaissance du public. Ce qu'il y a de sûr, c'est qu'elles gagnent beaucoup. Où trouver en Allemagne des banques qui donnent le 6 % et dont la responsabilité soit illimitée ? A leur tête se trouvent des ecclésiastiques, des propriétaires de terres nobles, des médecins et des avocats. L'argent afflue, et les directeurs s'en vantent, surtout des régions catholiques de l'ouest et du sud de l'Allemagne. Voilà le fruit du travail de la *Gazeta Bachemski*, de Cologne, la ville sainte des bords du Rhin.

Ce qu'il y a de malheureux dans cette affaire, c'est que ces banques ne sont tenues de donner aucun renseignement sur la provenance de l'argent qu'on place chez elles. C'est aussi une de ces lois, faites il y a cinquante ans, autour d'un tapis vert, et dont on ne pouvait prévoir la portée. Si les banques polonaises devaient tout à coup produire leurs livres, il y aurait aussi « panama » pour l'épargne allemande. Si la loi devait entrer en vigueur une année seulement après sa promulgation, les banques polonaises recevraient tant de demandes de retrait, qu'elles se dissoudraient purement et simplement. Foin donc de cette loi. Elle a été faite jadis pour stimuler l'épargne. Pour les gens honnêtes, elle est autant dire abrogée, puisque le contribuable établit lui-même sa déclaration de fortune mobilière. Donc, foin de cette malencontreuse loi.

Nos autorités répondent de façons diverses aux sollicitations des Polonais en quête d'une situation. On trouve très rarement un nom polonais parmi les fonctionnaires forestiers, ou, si c'est le cas, ce sera celui d'un « Masur » évangélique de mentalité foncièrement germanique ; on trouve parfois des catholiques allemands de la Silésie ou des bords du Rhin. Il en est de même dans les chemins de fer. Les solliciteurs polonais sont envoyés dans des régions allemandes pures. C'est un principe connu partout de l'administration prussienne de ne jamais nommer un fonctionnaire dans sa province natale. Ce serait une injustice de faire exception à cette règle en faveur des Polonais. Pour les places d'ouvriers aux chemins de fer, on emploie qui se présente, en ayant soin toutefois de ne pas tolérer l'immixtion d'agitateurs politiques en faveur du mouvement polonais. Les fonctionnaires postaux sont tous Allemands ; parmi les subalternes, il s'en trouve beaucoup dans les contrées polonaises qui portent un nom polonais, ce qui ne serait pas absolument nécessaire.

Il est décidément fâcheux qu'on trouve tant de noms polonais dans le monde où l'on s'y attendrait le moins, nous voulons dire celui des instituteurs. La pénurie des instituteurs était grande jusqu'ici. Aussi les circonstances leur sont-elles favorables. L'influence du maître est si importante ; d'autre part, les frais d'études sont relativement si minimes en regard de ceux d'autres professions libérales, que l'enseignement public, bien que peu rétribué jusqu'ici, exerce une grande attraction. Le jeune instituteur entre en fonctions à dix-neuf ou vingt ans, c'est-à-dire à l'âge même où un élève du gymnase fait son bachot et commence à coûter à ses parents. Pendant les années de séminaire, le jeune homme d'origine polonaise passe ses vacances à la maison et, pendant la période si importante de son développement, il n'échappe pas à l'influence de sa parenté polonaise. Ses parents reçoivent un journal polonais de la plus stricte orthodoxie, et celui qui le lit devra un jour, quand il sera entré en fonctions et dignités, faire de ses élèves de bons Allemands. Il ne faut pas demander aux hommes l'impossible. La pénurie d'instituteurs est grande ; il en faut de 100 à 150 dans chaque cercle. Les maîtres protestants en Prusse occidentale et dans la province de Posen sont toujours Allemands. Mais à l'école catholique il faut aussi un maître catholique. Or il est absolument impossible de recruter parmi les 400 000 catholiques allemands les maîtres nécessaires pour les deux millions de catholiques, en chiffres ronds, des provinces que l'on colonise. Dans les autres professions, la religion n'entre pas en ligne de compte. Un catholique peut, même s'il porte un nom polonais, être un bon fonctionnaire dans l'Allemagne septentionale protestante, pourvu qu'il ait de la bonne volonté. Il y a des milliers de Polonais qui sont contents de se soustraire à l'influence étroite de leur milieu et à l'esprit sectaire des journaux de leur pays ; des gens pour qui les convictions religieuses sont si élevées, qu'ils souffrent de voir la religion subordonnée à la politique.

Dans le monde des instituteurs, ces permutations sont impossibles. On ne peut envoyer un maître catholique chez des protestants, et inversement. Pour la province de Posen, on ne pourrait avoir recours qu'à sa voisine, la Silésie, et pour la Prusse occidentale qu'au nord du pays d'Erm, de la Prusse orientale. La Silésie a besoin de ses maîtres d'école catholiques dans sa partie supérieure. On a essayé d'y faire venir de jeunes instituteurs de la région catholique de l'ouest, des bords du Rhin et de la Westphalie, mais l'Allemagne occidentale produit peu d'instituteurs, parce que l'industrie paie trop bien. L'Allemand de l'ouest est d'ailleurs moins porté à se faire fonctionnaire que l'Allemand de l'est. On pourrait, à titre d'encouragement, accorder à chaque instituteur de l'ouest, en plus du supplément de traitement payé à ceux qui enseignent dans les marches orientales, un billet de transport gratuit jusqu'au chef-lieu de district le plus rapproché de sa patrie locale.

Tant que les traitements ont été minimes, l'Etat devait être content de trouver des élèves pour ses Ecoles normales, et chaque année il manquait des centaines d'instituteurs par district. Maintenant que les instituteurs âgés touchent un traitement de 4000 marcs, et que beaucoup arrivent à 6000 par des ressources accessoires, on peut formuler d'autres exigences. L'enseignement donné dans les établissements de perfectionnement est bien payé. Les occasions de gagner ne manquent pas. Je me défends expressément de généraliser. Pour qu'on comprenne, comme je le désire, ce que j'écris, je rappellerai que Kulerski, le plus bruyant gueulard du journalisme polonais, était fils d'instituteur et qu'il a été instituteur lui-même. Quiconque désire devenir fonctionnaire prussien doit, s'il est d'origine polonaise, germaniser son nom. Cette mesure effraie ceux dont les intentions sont louches, et est pour les autres une garantie contre tout retour en arrière, car le changement de nom est irrévocable. Celui qui germanise son nom reconnaît par là qu'il est et restera Allemand. Cette mesure fera pousser des cris de paon, mais cela prouve précisément que cette exigence est fondée. Est-ce que les Polonais n'ont pas agi de même quand ils avaient la puissance ? D'où viendraient donc des noms tels que *Szumann, Wollzlegier, Erdmanski, Sturzmowski, Furmancik, Lehmancic, Sczulz, Frankowski, Langowski, Smitkowski, Lorenczewski?* On pourrait remplir des pages de noms semblables, noms allemands que des prêtres ont affublés d'une livrée polonaise. Des milliers d'autres se sont donné plus de mal et ont transformé leur nom allemand de telle façon qu'un philologue seul peut reconnaître la parenté. D'autres, par milliers, les ont tout bonnement traduits : de *Falke*, l'un a fait *Falkowski*, l'autre *Sokol* et le troisième *Sokolowski*. On a constaté, quand on a institué l'état civil, que des frères et sœurs, enfants du même père et de la même mère, avaient reçu à leur baptême des noms de famille différents. Une jeune fille polonaise travaillant au dehors ramène en son pays un jeune homme protestant ; le couple est béni par l'Eglise catholique et les enfants deviennent catholiques. Le grand-père s'appelait *Schröter*, le petit-fils s'appelle *Szreda*, et est un agitateur polonais de première classe. Ce qu'il y a de plus fâcheux, c'est que ce sont ces nombreux transfuges allemands qui ont fondé la bourgeoisie polonaise, tchèque et slovène. Ces faits sont expliqués tout au long dans l'ouvrage de Trampe, *Ostdeutscher Kulturkampf*. Les Polonais, au temps où ils étaient tout-puissants, nous ont donné un bon exemple. Allons, suivons-le et germanisons !

Il faudrait aussi exiger de quiconque se prépare à entrer dans une profession libérale, qu'il s'engage à rembourser ses frais d'études s'il passe au camp ennemi. Un gymnasien coûte à l'Etat 500 marcs par année, en raison de ce que l'Etat paie pour le traitement des professeurs, le matériel d'enseignement et le bâtiment. Chaque étudiant lui coûte même 2000 marcs. N'est-il pas absurde de former aux frais des contribuables allemands des agitateurs polonais ? Il y a dans la province de Posen et dans la Prusse occidentale 29 gymnases, 7 progymnases, 3 gymnases scientifiques *(Realgymnasien)* et un établissement scientifique supérieur *(Ober-Realschule)*, soit au total 40 établissements supérieurs. Comptons 250 élèves par établissement, cela fait 10 000 élèves en tout. Dans ce nombre se trouvent 4000 Polonais, fils de gens dont le désir le plus ardent est la désagrégation de l'empire allemand et la ruine de la Prusse. Ces 4000 jeunes gens sont aimables et d'un commerce facile ; ils n'ont pas l'air très dangereux tant qu'ils sont dans les classes inférieures, mais dès qu'ils arrivent dans les classes supérieures, en première ou en seconde, ils font bande à part et fondent des sociétés secrètes, dans lesquelles ils étudient l'histoire de la Pologne à leur manière Lorsque ces sociétés secrètes sont découvertes, leurs membres sont chassés de l'établissement. Dans l'ouvrage de Buss, *Le Gymnase de Lengow*, la vie de l'école polonaise est très bien décrite. Dans la province de Posen et dans la Prusse occidentale, 200 élèves polonais passent chaque année l'examen final, ce qui représente pour l'avenir 200 chefs du mouvement polonais. Les 4000 gymnasiens polonais nous coûtent annuellement 2 millions de marcs. Il faut en moyenne quatre ans à l'étudiant pour se préparer à l'examen d'Etat, ce qui fait 800 étudiants polonais, qui nous coûtent 800 fois 2000 marcs ou 1 600 000 marcs, qu'il faut prendre dans la poche des contribuables. Au total, c'est une somme de 3 600 000 marcs que nous dépensons pour fournir des armes à l'ennemi de notre peuple.

La conséquence à tirer de ces faits est qu'on ne devrait admettre aucun fils de parents polonais dans une école allemande de l'Empire tant que ceux-ci n'ont pas préalablement changé de nom et fait devant les autorités une déclaration en due forme de leur option, de manière à pouvoir plus tard, en cas de défection, se récupérer des frais d'études perdus sur la fortune des parents, ou, cas échéant, sur le traitement du délinquant. En dernière analyse, on devrait même expulser ce dernier de l'Empire allemand. Je me contente de rappeler le cas des instituteurs de Kattowitz, qui votaient pour des Polonais. Nous n'avons pas besoin de juges, d'avocats, de médecins ou d'ecclésiastiques polonais. Nous n'avons pas besoin de fonctionnaires votant pour des Polonais. Il y a même des juristes attachés au service de l'Etat dont les sympathies sont polonaises. Aussi longtemps que cela paraît nécessaire, ces sympathies ne s'exercent qu'en secret. Mais il peut arriver qu'on sorte de son rôle et qu'on soit obligé de donner sa démission ou qu'on la reçoive malgré soi. Il suffit de rappeler le cas de M. de Chmisewski, autrefois juge à Schlochau, dans la Prusse occidentale, et maintenant un des principaux leaders du mouvement polonais dans toute la région de l'est. Ne serait-ce pas juste de faire rembourser à ces messieurs la somme de 12 500 marcs qu'ils ont coûtée au peuple allemand pour les frais de neuf années de gymnase à 500 marcs et de quatre années sur les bancs de l'université à 2000 marcs ? En le faisant, nous nous débarrasserions de toute la bande, et nous aurions bientôt rétabli la tranquillité dans le pays. Si cette mesure avait eu force de loi dans l'est depuis un siècle, il n'existerait pas de question polonaise. La province de Posen, la Prusse occidentale et la Haute-

Silésie seraient aussi allemandes que la Poméranie et le Brandebourg. Une armée sans chef est aisée à vaincre.

C'est au moment de la fondation de l'Empire allemand qu'il eût été opportun d'établir cette loi. On pourrait peut-être rattraper le temps perdu afin de donner plus d'éclat à l'avenir aux fêtes anniversaires de la bataille de Tannenberg (15 juillet 1410 *Trad.*). En tête de notre constitution on devrait dire : « L'Empire allemand est là pour le peuple allemand. »

Il y a un second moyen de rétablir l'ordre dans la Prusse orientale. Qu'est-ce qui est préférable, d'ôter au peuple polonais ses officiers, ou de priver les chefs de leurs soldats? Il y a 3 millions de Polonais en Allemagne. Au début du travail de colonisation, 280 000 personnes quittaient chaque année la patrie allemande. Il y a donc moyen d'en expédier chaque année autant de l'autre côté de l'Atlantique. Par les nouveaux traités de commerce et par l'élargissement des lois protectionnistes en faveur de l'agriculture, on est arrivé à abaisser cet exode au 10 pour cent et à réduire à 20 ou 30 000, le nombre de ceux qui s'expatrient. Si, au lieu de consacrer un milliard à faire de la colonisation allemande, on l'avait employé à faciliter l'émigration de familles polonaises, on aurait obtenu un plus grand résultat. Nous avons chez nous 3 millions de Polonais ; en comptant six personnes par famille, cela nous fait 500 000 familles ; sur ce nombre, 400 000 pères de famille sont occupés, en Prusse occidentale et dans la province de Posen, à cultiver le sol ou à soigner les forêts, et, dans la Haute-Silésie, à travailler dans les fabriques ou dans les mines. Fixons à 1000 marcs la prime d'encouragement accordée à chaque famille arrivée dans sa nouvelle patrie — à condition qu'elle ne revienne jamais au pays

— cela ne coûterait que 400 millions en espèces, et, si nous y ajoutons les frais de traversée, un demi-milliard Le désir le plus ardent, toute l'ambition du journalier polonais est de posséder un lopin de terre, de préférence, naturellement, dans le pays natal, ou, à défaut, en Amérique. Depuis 1888, nous avons dépensé un milliard, donc le double, et nous avons plus de Polonais qu'avant. Il faudrait, naturellement, fermer la frontière russe et galicienne à l'immigration slave. Par suite du travail de colonisation, le prix du sol a doublé. Il eût baissé, au contraire, par suite de l'émigration. Il faudrait donc commencer par provoquer l'émigration et après seulement, quand le prix du terrain aurait baissé, entreprendre la colonisation. De 1800 à 1900, 5 millions d'Allemands sont allés aux Etats-Unis de l'Amérique du Nord contre le gré de l'Etat ; pourquoi ne serait-il pas possible de procurer, moyennant subside officiel, une nouvelle patrie à 2 ou 3 millions de Polonais ? Il n'est pas absolument nécessaire d'ailleurs que le flot des émigrants se déverse dans les Etats-Unis, ce tombeau des peuples. Le Canada occidental est vide d'hommes, et l'on ne saurait trouver une meilleure défense contre l'invasion redoutée de ce riche pays par les Japonais. On peut aussi songer aux républiques sud-américaines, assez vastes pour absorber tous les Polonais de l'Europe.

Allemands et Polonais ne peuvent pas vivre côte à côte dans le même pays et jouir des mêmes droits. Des savants de cabinet habitant une contrée complètement allemande à l'ouest ou au sud de l'Empire viendront peut-être soutenir le contraire par des motifs entachés de cléricalisme ! Il faut en prendre son parti. On ne pourra pas changer les lecteurs de la *Gazeta bachemska*, dont les articles sont pour eux paroles d'évangile. Je serai mieux compris là où il m'importe de l'être, en Bohême, où les Allemands, luttant contre les Tchèques, ont appris à leurs dépens ce que les Slaves appellent le droit et la loi, en Styrie, en Carniole et en Carinthie, enfin dans le Tyrol méridional où les Allemands luttent contre les Slaves et les Italiens pour leur sol, leur prospérité et leur patrie.

Je n'ai pas besoin d'avancer d'autres arguments pour ceux qui soutiennent la lutte des races en Bohême et à la frontière méridionale de notre pays. Ils savent tous que le fer peut seul nous tirer d'affaire ; que les discussions timorées et les vains discours sont inutiles et nous font perdre un temps précieux, et permettent à l'adversaire de rassembler ses forces contre nous.

Le temps de la préparation a duré assez longtemps (de 1871 à 1911), soit quarante ans de travail sur terre et sur mer, le but constamment devant les yeux. Il s'agit maintenant de livrer l'ardent combat, de vaincre et de conquérir. Gagner des terres nouvelles, des terres de colonisation pour les paysans allemands, pères de futurs guerriers, et pour les conquêtes futures.

La *paix* est un mot détestable ; la paix entre Allemands et Slaves est comme un traité, fait sur papier, entre l'eau et le feu.

Les détails de la lutte séculaire qui se livre dans nos marches orientales, dans la province de Posen et en Prusse occidentale, rempliraient des volumes. Puisque nous avons la force, nous n'avons pas de raisons à chercher, pas plus que les Anglais ne s'en sont donné la peine pour prendre l'Afrique méridionale.

Nous avons dans le nord-est quelques très bons journaux qui rapportent fidèlement toute violence, toute injustice et toute insolence commise par les Polonais. Ces nouvelles paraissent en partie dans la presse nationale de Berlin et de Vienne, de l'ouest et du sud de l'Allemagne avec d'autant plus de choix que le théâtre des événements est plus éloigné. Les *Danziger Neuesle Nachrichten*, le *Gesellige* de Graudenz, la *Ostdeutsche Rundschau* de Bromberg, et la *Ostdeutsche Warte* de Posen sont des journaux extrêmement bien dirigés, et qui méritent la vive reconnaissance de tout Allemand. Lire un de ces journaux attentivement pendant dix ans, vingt ans, découper chaque article intéressant, puis relire ces coupures de temps à autre, et l'on a la matière d'un gros volume.

CHAPITRE III

Le peuple allemand et la maison de Habsbourg.

Les guerres du moyen âge conduisirent les Germains au sud et à l'ouest contre les Welches. Mais c'étaient des luttes stériles, insensées, qui épuisèrent la sève nationale de plusieurs siècles. L'enjeu de ces luttes n'avait pas de valeur réelle et matérielle : il ne s'agissait pas de conquérir des territoires que les masses pussent coloniser, il ne s'agissait pas d'accroissement durable. Les anciens empereurs ne guerroyaient le plus souvent qu'en vue d'augmenter la puissance de leur maison ; quant au bien-être de leur propre peuple, ils le méconnaissaient ouvertement et en faisaient fi. Le conflit dix fois séculaire auquel donnèrent lieu les territoires obtenus par le traité de Mersen et le lopin d'Alsace-Lorraine méritait-il de maintenir les peuples rivaux constamment en éveil et sur le pied de guerre ? La lutte éternelle pour les conquêtes italiennes fut une pure folie. Supposez qu'aucun roi allemand n'ait jamais été à Rome, à Naples ou en Sicile ; qu'aucune armée allemande n'ait jamais vu l'Italie centrale et méridionale ; qu'aucun Hohenstaufen n'ait jamais aspiré à la couronne impériale, et que, par contre, la Vénétie fût un pays agricole allemand, que Vérone s'appelât encore Bern et Udine Weiden ; que Venise fût une ville allemande et un port de guerre et de commerce allemand : cela ne vaudrait-il pas infiniment mieux pour le peuple allemand d'aujourd'hui ? Si cette force avait été dirigée dans sa vraie voie, on parlerait aujourd'hui l'allemand dans l'Est entier, dans tout le territoire du Danube, du Dnièstr, du Don, du Dnièpr, de la Duna, du Niémen et de la Vistule. Si les Hohenstaufen avaient seulement uni leurs forces avec celles d'Henri le Lion, alors les branches thuringienne et bajuware pourraient rivaliser avec celle des Bas-Saxons.

Parmi les Allemands vivant en dehors de l'empire, les Néerlandais ont, en Hollande, la situation la plus privilégiée : ils ont promu leur dialecte à la dignité de langue littéraire, et ils jouent dans la politique extérieure le rôle de l'autruche. Ils vivent grassement à nos dépens ; ils savent fort bien que le peuple allemand ne saurait tolérer à l'embouchure d'un de ses plus grands fleuves la domination d'un peuple étranger, Anglais ou Français. Les points faibles pour eux sont dans le domaine économique et dans leur impuissance en matière de politique étrangère. On pourrait écrire un livre entier sur ces questions ! En Suisse, même situation. Les petits pays comme la Hollande et la Suisse, qui ont le malheur d'être resserrés entre de grands Etats, sont toujours dépendants de l'amabilité de ces derniers, qu'ils ne peuvent acheter qu'au prix de leur dignité nationale ; trop petits pour former des touts économiques, ils doivent, pour ce qui est des douanes, s'en remettre au bon plaisir de leurs puissants voisins. La Hollande et la Suisse se sont détachées de l'empire allemand alors qu'en celui-ci la pensée allemande avait succombé. Les Hollandais se révoltèrent lorsque, à la succession de Charles-Quint, les Habsbourg cédèrent leur pays à l'Espagne catholique, et que celle-ci s'efforça d'assujettir les Néerlandais tant économiquement que spirituellement. Les Suisses cessèrent de faire partie de l'empire lorsque les mêmes Habsbourg tentèrent d'introduire dans les montagnes habituées à la liberté le régime de contrainte des chevaliers et des prêtres des pays autrichiens, régime qui a été par la suite, et jusqu'à ce jour, une malédiction pour l'Autriche allemande.

Les Flamands et les Allemands d'Autriche sont dans une situation analogue à celle d'il y a 350 ans, quand les Habsbourg étaient aussi maîtres de la Bourgogne. Les uns comme les autres ont le malheur d'être réunis à un Etat dont la majorité parlementaire est de nationalité étrangère. Chez les uns comme chez les autres, la pensée pangermaniste a acquis une telle force que leur union avec l'empire allemand, d'une manière ou d'une autre, ne saurait être qu'une question de temps.

En pays flamand, c'est l'influence de l'Eglise romaine qui fait obstacle à l'union. En Autriche, c'est la même puissance. Dans ce dernier pays, l'Eglise a su agir sur la noblesse — qui exerce une grande influence au point de vue économique — en instruisant la jeunesse dans les collèges des jésuites, et elle lui a inculqué une parfaite indifférence à l'égard des postulats ethniques du peuple allemand en lui inspirant une haine féroce contre les protestants de l'Allemagne du Nord. Et même une forte fraction de la noblesse germano-autrichienne, par des mariages fréquents avec des compatriotes de langue tchèque, slovène, croate, serbe, polonaise, ruthène, italienne ou magyare, a ouvertement tendu la main aux ennemis directs de l'idée germaine. Nous trouvons des hommes portant des noms allemands des plus authentiques, et qui rappellent des souvenirs glorieux des temps médiévaux, parmi les porte-bannière de ces peuples nains, dont ils ne rougissent pas de représenter la cause à la Chambre des députés. Entre ces forces toujours en conflit, le gouvernement autrichien reste vacillant. Le mouvement « Los von Rom » l'a effrayé à tel point qu'il ne sait plus distinguer le noir du blanc. Le noir-blanc l'effraye encore davantage : il pourrait se transformer en « noir-blanc-rouge ». Le cléricalisme est, en Autriche, le but pour lequel on met tout en jeu.

Une seule chose, le respect du vieil empereur, pousse les peuples de l'Autriche à retarder la dissolution définitive de l'Etat. Le prince héritier est par son origine un Autrichien-Este de ligne italianisée ; tant du côté de son père que de celui de sa mère, il est Bourbon ; en outre, il a épousé une comtesse tchèque. A quelle nationalité pouvons-nous rattacher les enfants issus d'un tel mariage ?

Il semble presque qu'on cherche à rendre facile aux Allemands d'Autriche la séparation d'avec la maison de Habsbourg.

Chez les Allemands de Hongrie, nous trouvons un état de choses pire encore que chez les Flamands et les Allemands d'Autriche, qui, au moins, défendent leurs droits ouvertement et avec courage. Les Allemands évangéliques de Transylvanie opposent une vigoureuse résistance à leurs oppresseurs magyars, mais les Souabes catholiques du Banat, de la Hongrie occidentale et de la région de Stuhlweissenbourg, de Cinq-églises et d'Ofen, supportent patiemment le joug de leurs maîtres magyars. Les Allemands de Chemnitz et de Schemnitz, dans la Hongrie septentrionale, ont encore plus à souffrir.

Dans le « soi-disant » royaume de Hongrie, les Magyars règnent en maîtres, bien que ne constituant que le 42 pour cent de la population. En face d'eux se dressent les non-Magyars, avec 58 pour cent. Comme ils ne parviennent pas à s'unir, les Magyars, grâce à la corruption, à la ruse et à la violence, disposent habilement des élections et ils ont toujours réussi jusqu'à présent à conserver la majorité parlementaire. Il ne se fait pas d'élection dans la libérale Hongrie qui ne soit accompagnée d'effusion de sang. Les Magyars vont même jusqu'à se déchirer entre eux à cette occasion.

Les Juifs, qui sont nombreux en Hongrie, ont contribué pour une bonne part à amener la situation actuelle. Avant la réorganisation de l'Etat sur une base magyare, ils appuyaient la fraction allemande et parlaient allemand. Survinrent les événements de 1866 ; devinant, avec leur flair habituel, de quel côté se trouvait pour eux l'avantage à l'avenir, ils se rapprochèrent des Magyars, qui les accueillirent avec reconnaissance à cause de leurs ressources et de la puissance qu'ils représentent par leur presse. Les succès apparents remportés par le peuple magyar, dont il est si fier et qu'il ne se lasse pas de crier au monde entier, doivent être attribués pour la plus grande partie au fait que les Juifs ont sacrifié cinquante sous pour la magyarisation de leurs noms Anciens-Testamentaires, afin de se hisser jusqu'à la crèche magyare et bien remplie de l'Etat. Ce mélange hébraïque d'environ dix pour cent a imprimé aux Magyars un fort cachet juif et, avec la modestie qui leur est propre, ils méconnaissent absolument que dans le monde des peuples de haute culture, qui comptent 75 millions de nationaux, un peuple minuscule de 8 millions d'âmes, ne peut, par sa mégalomanie charlatanesque, que prêter au ridicule et être pris en pitié.

La Hongrie offre, au point de vue des confessions, le même bariolage qu'au point de vue linguistique.

Allemands	2,106,298	12,1 %	Catholiques romains	8,820,740
Magyars	7,431,063	42,7 %	Catholiques grecs	1,670,682
Tchèques	1,937,517	11,1 %	Grecs orthodoxes	2,632,332
Ruthènes	383,328	2,2 %	Évangéliques	1,204,040
Croates et Serbes	2,604,176	15,0 %	Réformés	2,225,126
Slovènes	94,425	0,5 %	Unitaires	61,645
Roumains	2,591,947	14,7 %	Juifs	725,222
Italiens	20,865	0,1 %	Autres confessions	9,581
Tsiganes	95,157	0,5 %		

Tels sont les chiffres officiels. Les recensements n'ont lieu que tous les dix ans, et puis ils sont fortement truqués, suivant les désirs et les besoins des maîtres du pays, les Judéo-Magyars. Les gens compétents affirment que les Allemands ne sont pas 2,1 mais bien 2,5 millions, et les Magyars espèrent atteindre 8,5 millions au prochain dénombrement.

Afin que personne ne me reproche de ne pas prouver comment s'explique l'augmentation rapide des Magyars en Hongrie, qu'il me soit permis de consigner ici certains détails pour qu'on s'en souvienne à jamais. Au dire des Serbes, Kossuth l'aîné est un Serbe ; le grand-maître du mouvement magyar, Simon Telkes, s'appelait autrefois Rubin ; le député Geza Polonyi était un vulgaire Polacre. Le député Soma Visontai a dépouillé son nom de Weinberger ; le député Morzsanyi s'appelait dans sa jeunesse Brezlinka, le journaliste Mezei est né Grünfeld, le gouverneur Sigmund Ormos avait hérité de son père le nom de Spitzer, le député Heltai celui de Hofer. Le président du parti de Kossuth, Daniel Iranyi, s'appelait une fois Halbschuh ; le député Lukas Enyedi a sacrifié le nom de Eisenstätter. Le peintre Arpad Feszty, beau-fils de Jokai, était un Rehrenbeck. Les députés Geza et Oedön Gajari vinrent an monde sous le vocable de Bettelheim. Le vice-bourgmestre de Budapest, Rozsavölgyn portait le nom infiniment moins magyar de Rosenfeld. Et qui aurait cru que le membre distingué du parti Ugron, le député Szederkenyi, ait dans un beau geste de patriotisme, répudié son nom de Schönnagel ? L'héroïne du grand théâtre de Budapest, Szerena Fai, ci-devant Jaiteles ; l'actrice Laura Helvey, ci-devant Schweitzer ; le professeur universitaire Koranyi, ci-devant Kornfeld ; le peintre Michel Munkacsky, ci-devant Lieb ; le peintre Laszlo, ci-devant Laub ; le directeur de théâtre Ditroi, ci-devant Himmelstein ; l'historien Marczali, ci-devant Morgenstern ; la cantatrice Ilka Palmai, ci-devant Petras ; l'artiste peintre Vilma Perlagi, ci-devant Brachfeld ; l'acteur Ujhazy, ci-devant Neuhauser ; Armin Vambery, ci-devant Bamberger ; le sculpteur Zala, ci-devant Mayer, et le fabricant de champagne Törley, ci-devant Schmierl.

Voilà ce que sont en réalité les gens qui proclament à l'univers la gloire de la culture magyare ; voilà les gens qui, dans les journaux américains, anglais, français et italiens, poussent le « bluff » jusqu'à déclarer à leurs lecteurs émerveillés l'égalité des cultures magyare et allemande. La réalité, elle, est moins brillante, comme le reconnaît un article du journal *Magyar Szo* « En Hongrie, nous dit-il, il y a autant de plagiaires dans les domaines littéraire et scientifique que de moustiques en été. Tout l'esprit de la littérature magyare n'est qu'un calque des langues étrangères. Ce que l'on dérobe, ce ne sont pas seulement des personnages et des scènes, non, mais les idées mêmes, les tendances : de littérature magyare proprement dite, il n'y en a pas. » C'est le cas du « poète

Bokor » qui avait provoqué l'aveu en question : il avait reçu un prix pour un drame en qui, finalement, fut démasquée l'imitation d'une obscure pièce allemande. Là-dessus, grand émoi dans la presse magyare ; mais le *Magyar Szo* défendit M. Bokor en alléguant que toute la science et la littérature magyares n'étaient, avec plus ou moins d'insolence, que des copies faites en toute tranquillité de conscience et sans cassement de tête.

Il vaut également la peine de lire les souvenirs publiés par le fameux chef de bandes Georges Klapka, où ce célèbre général magyar raconte innocemment n'avoir parlé que l'allemand jusqu'à sa treizième année, moment où il apprit le magyar. Un tiers des gens qui ont fait, en 1848 et en 1849, la révolte hongroise contre l'Autriche, portaient des noms allemands et ne savaient — beaucoup d'entre eux, du moins — pas un mot de magyar.

Aujourd'hui, les journaux magyars se plaignent que les classes moyennes ne peuvent se passer de la langue allemande.

La langue magyare n'a de relations avec aucune des langues de haute culture de l'Europe ; elle appartient au groupe ethnique ougrois de la famille de peuples ouralo-altaïque. Les plus proches parents des Magyars sont les Ostyaks de Tomsk et de Tobolsk, dans la Sibérie occidentale, et les Wagules, qui habitent entre l'Ob, l'Irtisch et la Kama. Voilà qui montre la valeur culturelle de la langue magyare, et nous, Allemands, considérons avec étonnement les transformations par lesquelles ont passé d'anciens noms allemands de villes hongroises pour être magyarisés jusqu'à en devenir tout à fait méconnaissables.

Loin de son étroite patrie, le Magyar doit se résoudre à rester incompris, à moins qu'il ne préfère se servir de la langue allemande, que presque tous connaissent. A plus d'une reprise déjà, des télégrammes en magyar ont causé les complications les plus singulières dans les pays à culture supérieure. C'est ainsi qu'un escroc magyar, qui était sous le coup d'un mandat d'arrêt, fut appelé à le traduire, personne à part lui, dans la ville, ne le comprenant. Il sut, naturellement, tirer parti de la circonstance.

« O toi, mon Autriche, riche en gloire et en honneur! » Ainsi chantait le peuple allemand dans les anciens temps. Malheureusement, les temps ont changé. L'Autriche-Hongrie joue bien encore un rôle... dans les feuilles illustrées humoristiques, à cause de la bigarrure qu'elle offre à tous égards! L'Etat décadent, en sa qualité d'acteur, trouve la représentation bien réussie.

L'Autriche-Hongrie se divise en deux parties : la monarchie historique parlementaire et la Bosnie-Herzégovine. La première partie comprend à son tour deux subdivisions : les royaumes et pays représentés au Conseil d'empire et les pays de la couronne de Saint-Etienne. Cette première subdivision comprend elle-même le territoire appelé, dans le programme de Linz, l'Autriche allemande, et les terres polonaises, auxquelles il faut réserver une place à part, et qui se composent à leur tour de la Galicie et de la Lodomérie. Les pays de la couronne d'Etienne (deuxième subdivision) sont formés, eux aussi, de deux portions : la Hongrie proprement dite et Fiume, en d'autres termes le *separatum sanctæ regis coronæ adnexum corpus*. La Hongrie proprement dite renferme la vraie Hongrie et le royaume slave sur la Drave et la Save.

Ce dernier se subdivise en Croatie et Dalmatie ; la première lui appartient, mais la seconde appartient à l'Autriche. Dans la vraie Hongrie, nous distinguons de nouveau deux parties : la Hongrie primitive avec la Transylvanie ; la seconde n'existe au fond plus. Une portion de territoire annexé au sud, soit Novibazar, a été rendue aux Turcs ; l'autre, c'est la Bosnie et l'Herzégovine.

Telle est l'histoire de l'empire qui va s'effritant.

Toute la domination des Habsbourg, depuis leur établissement dans l'Autriche des Babenberg, a été une lutte perpétuelle pour l'agrandissement et la consolidation de leur pouvoir en Italie, en Bohême et en Hongrie. Comme résultat final, divers rameaux de cette race allemande sont devenus aujourd'hui italiens, slaves et magyars. Mais une famille régnante qui perd le contact avec son peuple marche à sa perte. Les tribus slaves et les Magyars finnois-tartares restent fidèles aux Habsbourg aussi longtemps que ceux-ci foulent aux pieds pour eux les droits du peuple allemand, soit en abandonnant les minorités allemandes aux petites populations qui vont leur chemin avec une parfaite conscience de leur but, soit en fournissant à celles-ci — qui n'ont pas de fortune nationale acquise par héritage et travaillent pourtant au développement intérieur de l'Etat — les ressources nécessaires prises sur la fortune générale de l'Empire ; soit enfin en combinant les lois d'une façon si adroite, que ce sont toujours les Allemands qui ont à payer les forts impôts, tandis que les Slaves continuent à vivre à la *crèche de l'Etat*.

Jamais encore, dans aucun pays civilisé, on n'a constaté un mélange de nationalités pareil à celui de l'Etat des Habsbourg. Aux chiffres mentionnés plus haut pour la partie hongroise de la monarchie, j'ajoute maintenant ceux relatifs aux autres royaumes et terres représentés au Conseil d'empire.

Allemands	9 167 898	=	35,7 %
Tchèques	5 959 825	=	23,1 %
Polonais	4 260 961	=	16,6 %
Ruthènes	3 343 323	=	13,2 %
Slovènes	1 192 750	=	4,7 %
Italiens	727 084	=	2,8 %
Serbes et Croates	711 439	=	2,8 %
Roumains	230 962	=	0,9 %
Magyars	9 512		
Étrangers	546 845		

Les données datent, il est vrai, d'il y a quelques années, mais leurs rapports sont sans doute restés les mêmes.

La proportion des Allemands est donc seulement de 35,7 pour cent ; celle des Slaves, de 60 pour cent. Polonais, Ruthènes, Tchèques, Slovaques, Croates, Slovènes, Serbes n'ont d'unité que celle qu'ils dirigent contre le peuple allemand. Par bonheur, leurs langages respectifs sont si différents qu'ils ne se comprennent pas les uns les autres et que, dans les assemblées slaves, ils doivent recourir à la langue allemande, sous peine de ne pas pouvoir discuter du tout. Le cas s'est présenté bien des fois. La langue allemande, objet de leur haine, est cependant la seule que tous comprennent. La supériorité slave est absolument arbitraire et artificielle.

La Galicie, avec ses 7,8 millions de Polonais et de Ruthènes, ne touche au reste du pays que sur une très petite étendue — environ 50 kilomètres — dans la Silésie autrichienne, tandis que sa frontière hongroise a plus de 600 kilomètres de longueur. Malgré cela, les Polonais, qui dominent en Galicie, ne veulent pas entendre parler d'une séparation qui leur procurerait pourtant une indépendance presque entière, car ils sont parfaitement satisfaits de leur condition actuelle. Les petits gentilshommes polonais règnent sans conteste dans le pays de

Scandalicie ; bien qu'ils dépassent à peine les Ruthènes en nombre et en force nationale, l'administration n'existe que pour eux. Les élections ont lieu d'après l'habile formule magyare, qui a fait ses preuves. Réduite à ses seules forces, jamais la Galicie n'aurait pu, en si peu de temps, mettre à exécution comme elle l'a fait tant d'œuvres de haute culture. Le fleuve d'or qui découle des provinces allemandes ne paie-t-il pas la peine que prennent les nobles polonais de parer les bals des Habsbourg, au Palais Impérial de Vienne, de leurs costumes nationaux si harmonieux et calculés pour produire une impression scénique ? Là, plus nécessaire de parler allemand, car, à la cour, le français aussi a sa place. On n'a jamais encore vu un peuple de quatre millions, fixé en dehors de la frontière proprement dite, diriger tout seul, dans son propre intérêt s'entend, la politique intérieure et extérieure d'une grande puissance. La Galicie et la Hongrie sont, à ce que l'on prétend, des Etats constitutionnels ; elles le croient tout au moins, et cela leur suffit pleinement. C'est affaire d'appréciation ! L'issue de tel procès en Scandalicie permet tout au moins d'en venir à cette conclusion.

La domination des Polonais en Galicie et des Magyars en Hongrie nous donne beaucoup à réfléchir. Ces deux peuples n'ont comme nationaux guère plus que le 50 pour cent des habitants de leurs pays. Les deux peuples ont un gouvernement parlementaire, et cependant ils exercent un pouvoir absolu, plus absolu que les Allemands de l'Empire allemand créé en 1871, qui disposent de plus du 94 pour cent. En suivant l'exemple des Polonais et des Magyars, nous devrions, dans notre Plus Grande Allemagne, avec ses 87 millions de nationaux, gouverner un empire de 160 millions ; il faudrait pour cela que les limites de la Plus Grande Allemagne englobassent tous les Français, Italiens, Tchèques et Magyars.

Si le lien contre nature qui unit la Galicie avec la moitié occidentale de l'Autriche était dissous, la majorité slave du Reichstag de Vienne disparaîtrait aussitôt. Cela ne dépend donc que d'un peu de bonne volonté de la part des gouvernants ou d'un petit coup de main venant du dehors.

Sur les 26 150 600 habitants de la Galicie et de la Bukowine, 7 835 246 sont Polonais, Ruthènes et Roumains. Faites disparaître leur représentation à Vienne, et en face des 9 millions d'Allemands il ne reste plus que 7,8 millions de Tchèques, Slovènes et Serbocroates. Le calcul est si absolument simple que ce serait mauvaise volonté pure que de se refuser à l'admettre.

Quand, après la paix de Prague en 1866, on procéda à la réorganisation de l'empire, la première chose à faire était de réunir la Galicie et la Bukowine à la Hongrie. Mais la fidélité des Magyars était alors très vacillante ; ils venaient de reléguer dans leur grenier historique leur fameuse devise *moriamur pro rege nostro*, et pourtant c'est par condescendance pour eux, condescendance forcée il est vrai, que la division de l'empire en deux eut lieu. Ils ne voulaient pas de la Galicie ; ils avaient du reste pour cela des raisons très sérieuses. En effet, les Magyars, dont le nombre s'élevait peut-être à ce moment-là à 6 millions, auraient trouvé en face d'eux 10 millions de Slaves. La volonté des Magyars n'était toutefois pas une raison pour imposer ces chers Scandaliciens aux Allemands de l'ouest. Une partie de la Galicie est située plus à l'est que la Hongrie ; la Bukowine se trouve au nord-est de la Transylvanie, par laquelle la Hongrie se termine à l'orient. Les Polonais se promettaient fort peu de chose d'une union avec ce dernier pays, d'où l'on ne pouvait guère attendre d'argent. Presque un demi-siècle s'est écoulé depuis 1866 et la patience du peuple allemand est à bout.

Comme preuve de l'arrogance qui caractérise les Polonais en Autriche et de l'asservissement de celle-ci aux Polonais, citons deux faits : les tribunaux autrichiens de Galicie se considèrent comme tribunaux de la République royale de Pologne, et le ministère public autrichien en Galicie confisque des journaux ruthènes coupables d'avoir offensé la mémoire du roi polonais Jagellon qui régnait au quatorzième siècle, non pas en Autriche, mais en Pologne, et n'avait même aucun lien de parenté avec les Habsbourg. La feuille ruthène *Swobodda* fit éclater son indignation parce qu'on avait érigé un monument à Jagellon dans une ville ruthène plutôt que dans une ville polonaise, et se divertit fort de ce que le bourreau polonais des Ruthènes n'avait pas pu apprendre à écrire. La conséquence fut une condamnation pour lèse-majesté.

Les Tchèques de Bohême et de Moravie sont entourés de tous côtés de pays allemands et ne sont reliés avec les autres Slaves que par une longue langue de terre à l'est. De tous les Slaves, les Tchèques sont ceux qui se sont le plus pénétrés de la culture allemande. Un monde les sépare des Russes ; des Allemands, la langue seule. Bien caractéristiques à cet égard sont les paroles prononcées par le président du Saint Synode qui fut un jour tout-puissant en Russie et chef du mouvement panslaviste, Pobiedonotsew. La Russie, dit-il, « ne s'intéresse pas le moins du monde aux Tchèques, qui ont adopté la culture occidentale. »

Jamais l'Allemagne ne laissera tomber aux mains d'une

puissance étrangère le pays compris entre la Silésie, la Saxe, la Bavière et l'Autriche ; elle ne permettra pas non plus qu'il s'y forme un petit état tchèque. La possession de la région des Sudètes est pour le peuple allemand une question vitale. Quiconque est d'avis contraire doit être considéré comme ennemi et repoussé — le cas échéant — les armes à la main.

Voici les chiffres de population de la région des Sudètes :

	ALLEMANDS	TCHÈQUES	POLONAIS
Bohême.	2 337 013	3 930 093	—
Moravie.	675 492	1 727 270	—
Silésie autrichienne.	296 571	146 265	220 472
Région des Sudètes	3 309 076 35,5 %	5 803 528 62 %	220 472 2,4 %

Ces 3,3 millions d'Allemands sont condamnés à être privés de droits, parce qu'ils se trouvent représentés à la même diète que 5,8 milllions de Tchèques ! Le grand-duché de Bade et la Hesse ont ensemble tout autant d'habitants. Supposons que ces deux États envoient leurs députés à Lisbonne, au parlement portugais ; les Portugais — avec leurs 5,4 millions — pourraient avec le même droit les réduire au silence.

Quant au nombre, les Tchèques ne le cèdent que de peu aux Magyars et sont presque le double des Polonais en Galicie. S'appuyant sur cette supériorité, ils s'efforcent d'atteindre le même but que ceux-ci ont atteint plus ou moins par hasard. Ici encore l'élément juif, fortement représenté, n'a pas peu contribué à leurs succès apparents. Les Tchèques sont les adversaires les plus acharnés des Allemands, et ils emploient la force et la ruse contre le simple particulier qui a le malheur de devoir vivre avec eux. Prague, autrefois capitale du peuple allemand parce que c'était la résidence favorite de Charles IV et siège de la première université allemande, a aujourd'hui une population tchèque si bornée qu'il est dangereux de parler allemand dans la rue. Les Tchèques sont si fanatiques, qu'ils ne craignent pas de se livrer, le sachant et le voulant, à des faux scientifiques ; c'est ainsi qu'ils ont fabriqué le manuscrit de Königinhof simplement pour prouver aux Allemands qu'ils avaient des droits égaux au titre de peuple civilisé. La patience du peuple allemand en Bohême est complétement épuisée.

Les Tchèques poussent la condescendance jusqu'à accorder à la langue allemande les mêmes droits qu'à la leur ! Voici comment cette égalité se traduit: quand on a mis au concours le billet de banque tchèque, sur quinze langues différentes, l'allemand a obtenu la septième place.

Les Tchèques rivalisent en tout avec les Magyars ; ils prétendent qu'il leur faut une seconde université tchèque en Moravie. Ils accueillirent avec des hurlements de rage le conseil que leur donnaient les Allemands de commencer par faire de leur université de Prague une institution quelque peu sérieuse. Car la haute école tchèque de Prague n'est qu'une caricature, ainsi que l'a mis en belle lumière la controverse de deux de ses professeurs tchèques. Le professeur de physiologie Maresch avait apprécié comme suit le manuel de zoologie générale de son collègue universitaire Vejdovsky : « Il est rempli d'erreurs et d'inexactitudes physiologiques ; je puis ajouter que quelques sections de cet ouvrage sont copiées de l'allemand, ce qui ne constituerait pas précisément un grave défaut, si au moins elles étaient bien copiées ». Le professeur Vejdovsky répondit au jugement flatteur de son cher collègue dans une « contribution à l'histoire de la littérature biologique tchèque » par cette critique caractéristique : « Une grande partie des reproches de M. Maresch proviennent de sa grossière ignorance non seulement de la littérature moderne, mais aussi de l'ancienne. Il ignore, en outre, beaucoup de choses pratiquement importantes. Ce n'est pas tout : il condamne des choses du domaine de la zoologie qu'il a écrites dans sa *Physiologie générale*, oubliant, il est vrai, d'où il les tenait. » Ces deux piliers de la science tchèque s'accusent réciproquement de manque de conscience ; ils concèdent — pour nous, Allemands, c'est parfait — que pour maintenir la science tchèque, ce que ses flambeaux ont de mieux à faire est de s'appliquer à des reproductions de l'allemand, en se faisant toujours un point d'honneur de le copier correctement. Ainsi en est-il de la science tchèque !

Qui veut se faire une idée des Magyars, doit lire les journaux ou des livres serbes ou roumains. Qui veut étudier la civilisation tchèque n'a qu'à s'adresser aux Polonais. Le *Glos ludu slasgiego* écrit au sujet des Tchèques : « Cette racaille européenne a l'effronterie de nous reprocher de ne pas combattre la germanisation. Ces vipères enroulées autour du corps de l'Autriche, ces Judas du tsar et ces usuriers veulent donner aux Polonais des leçons de solidarité slave ! Avec quoi les Tchèques songent-ils à nous en imposer ? Avec les quelques fabriques qu'ils possèdent ? Ils n'ont rien d'autre ! Leurs écrits sont des emprunts — rien que des traductions de langues étrangères. La mélodie du *Kde domov muy* vient des Germano-Autrichiens ; *Hej Slovane* a été volé aux Polonais, comme aussi la mélodie du chant de *Hus* et celle du chant des travailleurs, « le Drapeau rouge », *Rudy prapor*,

C'est le Polonais Chopin qui a fourni le motif de *Prodana nevesta*, « la Fiancée vendue », de Smetana. Les peintres tchèques prennent des Polonais comme modèles. La langue tchèque est dure, archaïque, l'accent en est désagréable, il n'a rien de slave. Le caractère du peuple : ruse, bas égoïsme, intolérance ! Les Tchèques ont-ils peut-être fait quelque chose d'ahurissant en politique ? Qui ont-ils en ce domaine ? Kramarsch, Masaryk, Ortina, quelques médiocres personnages, et les autres — un ramassis d'avortons, remplis d'eux-mêmes, de trompe-l'œil, racaille, quoi ! Les députés tchèques ont une peur bleue de la rue lorsqu'un héros de la phrase entraîne les masses par son caquet. Ils se chamaillent pour des fauteuils ministériels. Tous les ministres tchèques ont été des zéros. Les concessions nationales que les Tchèques obtiennent, ils les doivent uniquement au ministre polonais. Eux — les Slaves patentés — sont contre la réforme électorale de la commune et de la diète ; leur politique d'écoliers fait échouer tous les travaux du Parlement, multiplie les cartels entre les partis. Bref, ils sont cause de la juridiction partiale, du renchérissement de la vie, de la banqueroute de l'État ! Ne sont-ce pas des morveux politiques ? Le peuple polonais n'a qu'une prescription pour ces imbéciles de Slaves : qu'on les chasse de Cracovie ! »

Voilà le jugement porté sur les Tchèques par l'organe du député polonais Hapinski. Il est dans le vrai, et nous, pangermanistes, nous ne pouvons que faire chorus avec ce Polonais si vigoureux dans l'insulte.

Mais les Tchèques ne restent pas en arrière dans leurs appréciations sur les Polonais. Ils se donnent l'air de ne pas pouvoir comprendre pourquoi les Polonais de Russie ne se trouvent pas très heureux sous le knout du tsar blanc. Ils leur reprochent de ne pas se laisser bénévolement russifier dans le grand-duché de Varsovie. Les Tchèques aiment beaucoup les Russes, parce qu'ils ne connaissent pas les Slaves orientaux ; leurs politiciens vont en pèlerinage à Moscou et célèbrent, à leur retour, la puissance du grand frère ; ils parlent du vœu qu'il forme de voir un jour les Tchèques passer de l'Eglise catholique romaine, hors laquelle il n'est point de salut, à l'Eglise russe orthodoxe, la seule dont la doctrine soit vraie. Ces écarts des Tchèques inspirent à l'Eglise romaine une telle angoisse qu'elle fait tout pour les retenir.

L'industrie de la Bohême est essentiellement allemande, bien que les Tchèques aient une majorité de 1,6 million.

Tel le travail, tel le salaire. C'est la loi de justice, loi d'airain de l'univers entier. Seule la population allemande de la région des Sudètes se voit appliquer une autre mesure. L'Etat ne lui donne pas ce qui lui revient, étant données les fortes contributions qu'elle paie. Humiliations et manque d'égards, voilà ce que manifeste à nos yeux chacun des actes du gouvernement impartial de Prague. Le gouvernement féodal tchèque est le haïsseur et l'oppresseur le plus acharné de tout ce qui est allemand. Dans les sombres salles du palais du gouvernement, à la Fünf-Kirchenplatz, à Prague, on n'entend que paroles de haine et d'envie ; on y a toujours les regards dirigés sur le prétendu droit public tchèque, sous l'angle duquel toutes les questions sont traitées, et qui n'est que pourriture et tissu de mensonges. La *Deutsche Volkszeitung* de Reichenberg donne, dans une série d'articles, abondance de détails sur ces questions. Comme c'est sur la situation de l'élément allemand en Bohême que se règle celle de tout le germanisme en Autriche, je veux y prêter toute mon attention. Les chiffres ci-dessous sont connus des Allemands-Autrichiens, mais ce n'est pas pour eux que j'écris ce chapitre ; il ne s'adresse qu'aux Allemands de l'Empire.

L'écart présenté par ces chiffres est vraiment surprenant :

		NOMBRE D'ÉTABLISSEMENTS	VALEUR DE LA PRODUCTION
Entreprises industrielles	Allemands :	5159	1 904 400 000
	Tchèques :	1234	183 300 000

L'industrie allemande occupe 186 700 ouvriers tchèques ; si l'on compte avec eux leurs familles, cela fait 800 000 Tchèques — soit un cinquième de leur nombre total — qui vivent directement de l'industrie allemande.

Les 2,3 millions de Bohêmes allemands possèdent 5159 établissements industriels = 81 pour cent.

Les 3,9 millions de Tchèques en ont 1234 = 19 pour cent.

Et pourtant le Tchèque est maître du pays et l'enfant gâté du gouvernement de fonctionnaires impartiaux de Prague.

Il y a en Bohême 111 caisses d'épargne allemandes contre 82 tchèques.

	ALLEMANDES	TCHÈQUES
Dépôts	594 406 558	268 078 180
Fonds de réserve.	43 622 768	14 672 858
Prêts sur hypothèque . . .	397 550 810	202 491 006
Autre avoir.	270 617 848	70 829 816
Encaisse	6 985 586	3 489 372
Intérêts capitalisés	19 214 502	9 363 352
Dépenses pour œuvres d'intérêt public	2 481 024	807 228
Nombre des déposants . . .	475 826	183 626

Ces chiffres disent autant que des volumes. Nous autres, Allemands du Nord, au sujet de Prague, nous n'entendons parler que de haine et de persécutions, que du danger qu'il y a à parler allemand dans la rue ; et cependant la caisse d'épargne tchèque de la ville n'a que 118 millions de couronnes de dépôts et la caisse allemande 270 millions.

L'actif des banques allemandes de Bohême s'élève à 586 millions ; celui des banques tchèques à 154. L'actif des banques allemandes est donc quatre fois plus élevé que celui des tchèques.

Au point de vue du crédit, l'Allemand de Bohême nous apparaît donc comme le géant qui s'avance fièrement, tandis que le petit nain — le Tchèque — le suit péniblement, cahin-caha. Et pourtant, s'il faut écouter les pèlerins qui reviennent de Moscou, Kramarsch et Fressel, c'est le géant qui doit baiser les mains du petit nain !

Les offices postaux allemands de Bohême encaissent 8,6 millions de recettes ; les postes tchèques seulement 4,1 millions.

Les chemins de fer offrent le même contraste. La Bohême allemande est inondée d'employés tchèques ; cela ressort du fait que sur 28 000 employés de chemins de fer, 18 000 seulement sont tchèques ! Voilà encore 90 000 Tchèques qui gagnent leur pain dans la Bohême allemande.

La Bohême a une superficie totale de 5 194 810 hectares : 2 020 559 dans la partie qui parle l'allemand, et 3 174 251 dans celle qui parle le tchèque ; dans la première, les 7,75 pour cent (162 397 hectares) sont aux mains des grands propriétaires tchèques, Allemands d'origine, il est vrai, mais devenus aujourd'hui tout à fait Tchèques de sentiments ; à eux seuls, les transfuges Schwarzenberg, Schönborn, Harrach et Matzmann en détiennent plus de la moitié (82,696).

Dans la partie qui parle le tchèque, les grands propriétaires allemands possèdent 596 414 hectares ; c'est une étendue considérable, représentant une valeur de 3 milliards de couronnes. En Tchécovie, 103 967 hectares appartiennent à la maison de Habsbourg et aux grands dignitaires ecclésiastiques. La propriété neutre, dans la partie allemande, est peu de chose, 16 256 hectares. Les renégats allemands, les princes Schwarzenberg, Paar, les comtes Harrach, Schönborn, Buquoy, Deym, Palffy, Sternberg, Sylva, Taafe, Brandis, Lützow, Aichelburg, Thun-Hohenstein et Mensdorf, ont encore 225 259 hectares de terrain dans la Bohême tchèque. Les Allemands, les renégats et la maison de Habsbourg possèdent presque le tiers du territoire tchèque.

Des nobles renégats, on en trouve partout. Quand il y a un gain réel ou supposé à réaliser, ils s'enthousiasment pour une cause, tant que cela ne coûte rien. Ils prennent le grand Etat de Wenceslas à témoin; mais si la situation subit un changement, s'il se créait — disons-le tout innocemment — une banque pour la colonisation, qui fût assez puissante pour s'approprier tous les grands domaines tchèques préalablement confisqués à l'effet d'y installer des paysans allemands, oh alors ! les nobles seigneurs, le comte Schwarzenberg à leur tête, retrouveraient tout d'un coup leur cœur allemand et feraient volte-face.

73 881 hectares seulement de la région tchèque sont en possession de grands propriétaires tchèques, bien qu'un tiers de son sol constitue de grandes propriétés.

Le mal que les princes « Svarzembeg » ont fait au peuple allemand est si grand qu'ils ont en une certaine mesure mérité d'être signalés à la postérité comme exemple de famille qui a renié son origine allemande, passé à l'ennemi et n'a pas volé sa ruine. C'est une famille originaire de Franconie. Jean-Adolphe de Schwarzenberg reçut, en 1660, de la maison de Habsbourg la seigneurie de Wittingau (qui, après la décapitation de Pierre Schwarzenberg, avait été adjugée à la Chambre royale) pour récompenser les services qu'il avait rendus en procurant des fonds pendant la guerre des Pays-Bas. Jean-Albert était ami du contre-réformateur Ferdinand III. Les Schwarzenberg ont aussi pratiqué le « nube ! » des Habsbourg (marie-toi aux fins d'agrandir le pouvoir de ta famille !). Un Schwarzenberg épousa une vieille de quatre-vingts ans pour hériter ses biens sis en Styrie. Dans le cours des siècles, les membres de cette famille se sont si souvent entre-épousés, que dans la Bohême méridionale et occidentale 24 à 40 pour cent du sol appartient à ces Allemands tchéquisés. Le Dr Bedrich, « prince de Svarzenbeg », a usé de toute son influence pour arracher aux Allemands le mandat de député de Bude, et son fils étudie à l'Université tchèque de Prague.

Ainsi donc, un tiers presque du territoire où se parle le tchèque est aux mains d'Allemands ou de transfuges allemands. Les Tchèques ne possèdent guère que deux cinquièmes du sol de la Bohême, mais ils crient comme s'ils en avaient les neuf dixièmes.

En un seul point, les Tchèques sont modestes, c'est dans le payement des impôts.

Les Allemands de la Bohême paient annuellement 253 200 641 couronnes d'impôts ; les Tchèques seulement 128 424 699 couronnes.

L'Etat donne chaque année aux Allemands 32 992 705

couronnes, mais aux Tchèques 104 945 220. L'Etat prend aux Allemands huit fois autant qu'il leur donne ; du capital qu'il leur donne, il retire un intérêt de 778 pour cent. Le code pénal a un autre nom pour désigner ce taux. Avec les Tchèques, l'Etat ne gagne que du 22 et demi pour cent. Ces deux chiffres rapprochés l'un de l'autre démontrent, à aveugler comme l'éclair, que l'Etat tient les rênes de la justice 34 fois plus serrées envers les Allemands de Bohême qu'envers les Tchèques.

Ces chiffres nous font comprendre également ce que les Allemands de la Bohême représentent pour l'Autriche, et ce que la Bohême et l'Autriche représentent pour les Allemands. Le rôle relativement restreint que les Tchèques jouent dans l'industrie et l'agriculture pousse leur jeunesse à obtenir à tout prix l'admission à l'université : ils étudient, deviennent employés ; l'Etat des contribuables allemands doit les entretenir et, en guise de reconnaissance, ils maltraitent les Allemands. Les écoles moyennes tchèques sont de vraies fabriques de bacheliers. Dans toutes les provinces allemandes, nous trouvons des employés tchèques. Ces messieurs ne s'imposent plus la moindre contrainte, ils sont en première ligne Tchèques, en seconde seulement employés. Les maîtres des écoles allemandes font des discours dans les assemblées populaires tchèques ; tel le professeur J. Bubenicek, du Gymnase d'Etat allemand de la Stephansgasse, en faveur de la donation Wenzel de quelques millions à la « Matice skolska ».

Personne ne croira qu'un homme fanatique à ce degré puisse garder l'impartialité à l'égard de ses élèves allemands. Et comment les choses peuvent-elles bien aller dans les gymnases tchèques ? Les petits peuples slaves produisent, —

pour des raisons nationales, — une telle multitude de bacheliers qu'ils pourraient approvisionner d'intellectuels un peuple dix fois plus considérable. L'excédent va inonder l'Autriche entière.

La Bukowine, — qui est relativement petite, — a 10 gymnases avec 5418 élèves; chacun d'eux en a en moyenne 541. Le premier gymnase de Czernowitz compte 11 classes parallèles avec, dans la dernière, 126 aspirants à la maturité. A titre de comparaison, notons que le district de Bromberg, en Prusse, qui est à peu près égal à la Bukowine comme étendue et population, possède 7 gymnases avec une moyenne de 250 élèves peut-être. Les gymnases de l'Allemagne orientale fournissent rarement plus de 15 bacheliers, parfois même seulement 5 ou 6.

Ce qui se passe en Bukowine se passe en Bohême. Les Tchèques fabriquent les bacheliers en gros. Presque chaque petite ville tchèque a son gymnase, qui délivre chaque année une série de certificats de maturité; les notes obtenues pour la langue allemande sont toujours très bonnes, comme du reste dans les Universités tchèques. Dans ces écoles, un élève de sixième année est sûr d'obtenir son diplôme: en Allemagne on compte le 10 pour cent. On ne cite pas le cas d'un Tchèque ayant reçu un mauvais certificat. Avec ces excellents témoignages, dans lesquels la connaissance de l'allemand est officiellement attestée, ils se jettent sur la Bohême allemande. Là ils sont puissamment secondés par les députés, les conseillers et les employés tchèques supérieurs. Peut-on s'étonner si, dans ces dernières années, on n'a admis que des Tchèques au service de l'Etat?

En 1909, le nombre des baccalauréats décernés dans les

gymnases tchèques fut de : 81 à Weinberg, de 71 à Prague II, de 71 à Chrudim, de 67 à Jungbunzlau, de 66 à Budweis et à Pisek, alors qu'il ne dépassait pas 30 dans les établissements allemands de la Bohême.

Passons aux universités. A la faculté tchèque de droit de Prague, 187 étudiants contre 78 candidats dans la faculté allemande se présentent pour le premier examen d'Etat. Depuis le 1er octobre 1909, il s'est présenté 45 candidats allemands pour le troisième examen d'Etat : sur ce nombre 10 (23 pour cent) ont échoué, 2 (6 pour cent) ont obtenu le résultat I, 8 (23 pour cent) ont eu II et 25 (71 pour cent) ont eu III, c'est-à-dire « suffisant ». Les Tchèques eux, n'obtiennent que des « avec distinction » et des « bien ». L'échec est exclu. A lire leurs certificats, les juristes tchèques possèdent les deux langues nationales. Il n'existe pas de juristes allemands possédant le certificat d'aptitude pour la langue tchèque. Aussi dans la partie tchèque du pays n'y a-t-il jamais un juriste allemand ; très peu dans celle où les deux langues sont mélangées ; la partie allemande, par contre, fourmille de juristes tchèques.

Sur les 274 juges du district de Bohême, 61 seulement sont Allemands ; il devrait y en avoir 110. Sur les 457 juges ordinaires, 85 seulement sont Allemands alors qu'ils devraient être 188. Ceux qui aspirent à cette fonction, on les fait attendre si longtemps qu'ils abandonnent tout espoir d'être nommés un jour. Dans la partie de langue tchèque, on nomme uniquement des Tchèques, cela va de soi. Mais dans la partie allemande on en rencontre en revanche partout ; par exemple 10 conseillers au tribunal supérieur, 26 juges de district et 54 juges. Le gouvernement autrichien appelle cela la justice.

Les Tchèques font beaucoup de bruit à l'endroit de l'égalité de traitement! En voici un joli exemple. On a introduit sur la ligne ferrée de Asch à Adorf des billets imprimés dans les deux langues : d'un côté en allemand, de l'autre en tchèque. L'employé peut appliquer la date sur le côté qui lui plaît. L'opposition formulée par le député du district de Asch fut écartée. L'indignation que causa dans la population tout entière cette insolence tchèque, — que rien ne justifiait, — se comprend aisément quand on sait que le district de Asch, qui a 41 000 habitants, compte en tout trois Tchèques et que la moitié de cette petite ligne de chemin de fer est dans le royaume de Saxe.

La monarchie des Habsbourg renferme onze peuples avec onze langues différentes, qui vivent sinon en paix, du moins avec les mêmes droits les uns à côté des autres. S'il suffit que trois personnes de la même nationalité demandent pour leur langue pleine et entière égalité pour qu'on l'octroie, bientôt les billets de chemins de fer autrichiens atteindront les dimensions d'une carte de visite ou de félicitations chinoise, qui n'a jamais moins de trois mètres de longueur.

Les Slovènes suivent, dans le sud, l'exemple des Tchèques. Le Slovène est le petit cousin du Tchèque. Ce petit peuple compte un peu plus d'un million d'âmes. Ce sont vraiment des chiffres propres à épouvanter un peuple comme le nôtre, qui en a 87 millions. Ce qu'il y a de plus drôle au sujet de cette petite fraction ethnique, c'est que c'est au beau temps de la folie de 1848, que quelques savants allemands découvrirent la langue mondiale des Vendes-Slovènes ; comme le dialecte existant ne comprenait qu'un vocabulaire juste suffisant pour la vie des pauvres d'esprit, ils fabriquèrent de toutes pièces ou empruntèrent à des idiomes slaves les mots qui manquaient dans le domaine de la religion, de la culture et de la science. Un beau jour on annonça au monde étonné qu'une nouvelle langue mondiale avait été inventée. En notre temps, des savants allemands ont inventé le volapuk et l'espéranto ; pourquoi pas un nouveau dialecte slave ? Avec de l'or et des décorations, on peut tout acheter, même de nouvelles langues. Ce serait pourtant bien plus simple que ce million de Slovènes apprît la langue des 87 millions d'Allemands que vice versa. Mais le droit public slovène, calqué sur un célèbre modèle, réclame l'égalité des droits.

Les événements qui se sont déroulés depuis la paix de Prague nous enseignent que les traitements infligés aux Allemands en Autriche le sont d'après un plan bien déterminé. Plus moyen d'en douter. Les renégats allemands de Bohême le savent bien ; de là leur conduite. Les princes et comtes, qui en Bohême sont les soutiens du trône, pourraient toutefois faire fausse route, comme leurs pères en 1866. Cinquante années sont bientôt écoulées, et on ne saurait croire que c'est le seul hasard qui a voulu que les Allemands eussent toujours à payer et à souffrir. On a bien essayé de leur persuader que l'amour de la patrie autrichienne, que le drapeau noir-jaune l'exigeait. Personne n'a plus cette foi. Il n'y a pas de « langue autrichienne » : rien donc ne justifie l'existence d'un grand Etat autrichien.

L'ambition de faire de l'Autriche une grande puissance catholico-slave est devenue comme une idée fixe chez ceux qui tiennent de près au trône des Habsbourg. Ou bien un empire catholico-slave ou rien du tout, voilà leur mot d'ordre! Et plus les obstacles s'accumulent, plus ils luttent désespérément pour les écarter par ruse et par force; mais ils oublient, en échafaudant ce projet hasardeux, qu'ils ont affaire non pas seulement aux Allemands d'Autriche mais aussi à la Grande Allemagne. Il faut en tout cas reconnaître que ceux qui, en secret, tiennent le gouvernail de l'Etat en Autriche, poursuivent leur dessein, en apparence irréalisable, avec une témérité que rien n'effraye. Que penser de la force de raisonnement de ces messieurs? Laquelle des langues: polonaise, ruthène, slovène, tchèque, serbe ou croate est destinée à devenir la langue nationale? Toutes ces intéressantes peuplades se haïssent cordialement entre elles, aucune ne veut céder à l'autre la préséance. Le programme tout entier se résume en ces mots; «A bas les Allemands, à bas tout ce qui n'est pas slave et catholique dans le pays des Habsbourg!» Il n'y a plus de place pour la réflexion ni pour la crainte des conséquences que peut entraîner après lui un système politique aussi subversif.

L'attention du monde entier se porte sur l'évolution de l'Autriche, où un effort se fait pour créer un empire slave catholique romain. Le peuple allemand ne saurait assister passivement à l'exécution de ce plan. Nous ne pouvons perdre les 10 millions d'Allemands d'Autriche uniquement pour ne pas être troublés dans nos souvenirs contemplatifs de 1864, 1866 et 1870-71. Nous avons assez célébré de fêtes commémoratives

La lutte des Allemands en Autriche est pour nous une question vitale, car non seulement ils seraient perdus pour notre peuple, mais encore, une fois slavisés, ils augmenteraient le nombre de nos ennemis et, en raison de leur culture germanique supérieure, ils leur insuffleraient une énergie toute nouvelle dans leur race. Le peuple allemand ne peut se laisser écarter de l'Adriatique sans renoncer à prétendre au rôle de grande puissance.

L'Eglise romaine suit de près les plans de la maison de Habsbourg, elle est pleine de prévenances pour les Slaves et use de toute son influence en leur faveur.

Il est étrange que la Prusse ait conclu la paix en 1866, après la campagne victorieuse de Sadowa, sans se faire céder une bande de terre bohême ou morave. On ne peut trouver nulle part l'explication définitive de ce fait, car les archives politiques n'ouvrent qu'après un siècle leurs portes aux chercheurs de la vérité. Friedjung lui-même, dans son ouvrage très détaillé sur la guerre, ne nous fournit aucun éclaircissement. Nous ne pouvons aujourd'hui que pressentir les raisons pour et contre. D'abord quelques faits.

En 1849, le tsar Nicolas envoya ses généraux et ses soldats aux Habsbourg pour rétablir leur domination sur la Hongrie. L'Autriche était battue sur toute la ligne, et le secours ne vint pas un jour trop tôt. Le motif du tsar était de sauvegarder le principe de légitimité et son désir d'enlever aux Polonais, prêts à se révolter, toute velléité de suivre l'exemple belliqueux des Magyars.

Quand, quelques années après, dans la guerre de Crimée, la Russie était en lutte avec l'Angleterre, la France et la Sardaigne, l'Autriche, par reconnaissance pour l'appui qu'elle avait reçu contre les Magyars, envoya trois armées en Galicie, le long de la frontière russe ! La Russie dut affaiblir ses troupes de Crimée pour faire face à ce nouveau danger. L'Autriche se serait unie aux puissances occidentales, si la Prusse n'eût donné à entendre à Vienne qu'elle verrait dans une démarche pareille un *casus belli* et concentrerait des troupes à la frontière de Bohême. L'Autriche ne marcha pas, mais son irritation contre la Prusse fut sans bornes. Du point de vue russe, la guerre victorieuse de la Prusse en 1866 fut une juste punition de la gratitude témoignée par la maison des Habsbourg au moment de la guerre de Crimée. La Russie, envisageant les choses sous cet angle, qui correspondait d'ailleurs à la réalité, ne pouvait que souhaiter de voir l'Autriche punie de sa perfidie. En conséquence, le tsar et son peuple ne pouvaient qu'applaudir des deux mains si l'Autriche avait dû céder à la Prusse la région des Sudètes.

La Russie aurait pu, pour le maintien de l'équilibre, occuper sans tirer le glaive la Galicie et la Bukowine. Les petits cadeaux entretiennent l'amitié.

Etant donnée l'entente qui régnait alors entre Berlin et Pétersbourg, c'était une bagatelle que de s'entendre sur ces questions. On pourrait objecter, sans doute, que la paix précipitée de Prague n'avait été conclue que parce que Napoléon avait menacé de déclarer la guerre à la Prusse si celle-ci ne retirait pas immédiatement ses troupes de la Bohême. Mais il n'y a pas eu moyen d'éviter la guerre avec la France. Pas plus en 1866 qu'en 1870, Napoléon n'était prêt à marcher sur-le-champ, puisqu'en 1870 il lui fallut trois semaines à partir du jour de la déclaration de guerre, quoiqu'il se fût, à l'en croire, fiévreusement préparé pendant quatre années. En 1866, il lui aurait certainement fallu six semaines. Si à ce moment Bismarck avait laissé la Saxe et la Bavière prendre part au partage de la région des Sudètes, ç'aurait été tâche facile de rallier, déjà alors, les Allemands à la guerre immédiate contre l'Ouest.

D'autres manières de voir ont prévalu. Cependant aucun esprit bien intentionné à l'égard des Allemands d'Autriche ne contestera aujourd'hui qu'il n'eût été préférable de réaliser, à cette époque-là, l'inévitable séparation entre les pays des Sudètes et les provinces autrichiennes du Danube et des Alpes. Les choses seraient bien différentes aujourd'hui, et les blessures inévitables seraient fermées.

Mais c'est avec des faits que nous devons compter. La pénible situation des Allemands en Autriche est beaucoup trop peu connue dans l'Empire, surtout au Nord et à l'Ouest.

Les Bavarois, les Saxons et les Silésiens, voisins des populations des Sudètes, voient les choses de plus près et comprennent mieux la situation. Des journaux aux allures officieuses s'efforcent de maintenir dans le Nord protestant l'opinion que l'alliance avec l'Autriche était nécessaire pour nous. Si l'Autriche n'existait pas, il faudrait l'inventer : tel est le dernier mot de leur sagesse. Moi-même et tout bon Allemand, nous sommes du même avis; seulement nous nous en écartons, même considérablement, quand il s'agit des moyens d'exécution. Les hauts personnages de Berlin, qui donnent le ton, devraient bien étudier à fond les garanties que fournit l'Autriche en tant que puissance alliée.

Les Allemands d'Autriche jouent de malheur. Tout d'abord c'est l'hostilité entre les Hohenzollern et les Habsbourg qui les a exclus de l'alliance avec l'Allemagne; puis est survenue l'amitié — bien plus néfaste encore — des Hohenzollern pour les Habsbourg qui, en 1909, a empêché l'Autriche de déclarer la guerre aux Slaves du Sud et à leurs alliés. Je suis prudent dans le choix de mes expressions, et insiste sur ce point que je n'ai pas parlé d'amitié réciproque.

Pour éclaircir la situation, une guerre des Slaves du Sud contre l'Autriche, en 1909, eût été, pour nous autres pangermanistes, un heureux événement et cela à un double point de vue : d'un côté les Habsbourg se seraient convaincus que les Allemands d'Autriche seuls leur étaient restés fidèles; d'un autre côté, les habitants de l'Empire allemand auraient réalisé la faiblesse de l'appui que leur offre la Triple-Alliance.

Nous savons tous — et cela nous a fait une impression particulière — que des régiments tchèques, en route pour la frontière bosniaque, poussaient des cris de : «Vive la Serbie!» plutôt que de chanter : «Dieu conserve l'Empereur François!» A Prague, la populace tchèque chantait : «La Serbie nous prêtera secours» non pas sur la mélodie que nous aimons, mais comme refrain d'une chanson tchèque bien connue. Voilà comment se montrent nos alliés! Ces événements ne sont du reste rien de nouveau pour qui connaît un peu l'histoire. Les *Leipziger Neue Nachrichten* ont rassemblé un jour les faits du dernier siècle relatifs à cette question.

Déjà lors de la répression des soulèvements en Italie, en Galicie et en Croatie de 1820 à 1840, régnait dans les régiments non-allemands une excitation inquiétante. En vain l'archiduc Charles et le feldmaréchal Radetzky demandèrent-ils la création d'une armée nationale unique ; le temps se passa sans qu'on fît rien. L'orage de 1848 ébranla l'empire jusqu'en ses fondements. L'armée de Radetzky perdit en Italie un tiers de ses effectifs parce que 20 000 Italiens désertèrent les drapeaux, et même en Hongrie l'armée entière — à l'exception d'un seul régiment — passa aux rebelles. Que serait devenu l'Etat autrichien si les Allemands n'étaient pas restés fidèles? En 1854, les sympathies tchèques pour les Russes, qui leur sont apparentés, se manifesta d'une manière inquiétante lors de la levée des troupes en Galicie. En 1859, l'honneur militaire fit également défaut aux régiments slaves et magyars, qui s'enfuirent devant l'ennemi ou se rendirent sans avoir fait usage de leurs armes. A Magenta, les Autrichiens eurent 4000 « manquants » et 7000 à Solferino; à la conclusion de la paix, une amnistie assura aux soldats non blessés qui avaient été faits prisonniers, le retour dans leurs foyers sans être inquiétés. Des faits pareils se produisirent en 1866. Dans les combats du 26 au 30 juin, 18 000 hommes sur 40 000 se laissèrent prendre à Königsgrätz sans avoir été blessés. Ainsi les soldats de nationalités étrangères ont toujours fourni la preuve, en désertant les drapeaux sur une grande échelle, qu'ils ne s'intéressaient aucunement au maintien de la monarchie autrichienne. Voilà le vrai jour sous lequel se montrent nos alliés. Nos ennemis le savent tout aussi bien que nous. Le fait que, malgré tout, ils ne nous attaquent pas prouve seulement qu'ils sont eux-mêmes terriblement faibles en réalité.

Il n'y a pas de crime à parler aussi ouvertement de ces choses que nous le faisons. Les Slaves autrichiens ne font aucun mystère de leurs sentiments. Le *Magyarorszag* nous renseigne très aimablement sur ceux des Magyars: « Les Autrichiens prétendent, nous dit-il, que c'est l'élément magyar qui commandera et mènera à la guerre civile quand les sujets d'autres nationalités se soulèveront. D'après les enseignements de l'histoire, nous l'emporterions bientôt sur l'Autriche, qui, aujourd'hui, au lieu des Russes, appellerait les Pangermanistes à son secours. Mais elle ne réussira pas, car nous sommes 9 millions de race magyare et 2 millions de sujets parlant le magyar (le journal veut sans doute dire : de transfuges et de juifs), au total 11 millions. En face de nous, se dressent 9 millions d'Allemands en Autriche et 2 en Hongrie. Ils ne peuvent pas se remuer dans leur propre logis et ils voudraient encore attaquer leur voisin magyar ! Qui donc est le plus fort ? Nous Magyars ! » C'est ainsi que parle un des premiers journaux magyars. Mais c'est d'une bêtise à faire grimper les murs. Si je cite ce passage tout au long, c'est uniquement pour convaincre les esprits hésitants que nous n'avons pas la moindre retenue à nous imposer dans l'expression de nos désirs et de nos espérances. Notre silence en présence de pareilles effronteries serait interprété comme faiblesse.

Mais alors que doivent devenir les pays autrichiens ? Cela ne peut continuer ainsi : là-dessus nous sommes tous d'accord.

Il y a plusieurs possibilités à envisager.

La plus simple serait la réalisation du programme de Linz : séparation de la Galicie et de la Bukowine, régime allemand très ferme dans les pays des Sudètes et dans le midi slovène. C'est le plan des Allemands d'Autriche qui, en dépit de toutes les fâcheuses expériences faites, ne veulent pas lâcher les Habsbourg. L'antique fidélité des Nibelungen sous une forme nouvelle ! Mais avec les forces actuelles en présence, on ne peut compter sur le succès.

Oui, si les Habsbourg étaient aussi énergiques que les Hohenzollern. Mais depuis le temps de Wallenstein, on n'a fait en Autriche que manger de la saucisse, sauf peut-être pendant le court règne de Joseph II. L'Etat est traité comme un domaine de la maison de Habsbourg. Toute sa sagesse se résume en ceci : maintenir ce domaine pour la famille impériale, qui s'accroît de jour en jour, et aussi, le cas échéant, l'agrandir en s'annexant tel territoire voisin de la frontière et qui n'a plus de maître. Politique de famille ! Surtout rien de nouveau ! Eviter avec soin tous les dangers. C'est merveille qu'un tel gouvernement ait pu se faufiler à travers les écueils d'un si grand nombre de siècles. Si les Allemands d'Autriche n'avaient pas été les braves gens qu'ils sont, ils n'auraient pas accompli ce prodige. Le «grand bêta» de Vienne se laisse tout faire, pourvu que de temps à autre on le houspille, puis qu'on lui fasse un petit plaisir. Le meilleur allié du gouvernement royal-impérial, c'est le noble un peu lourd et intellectuellement paresseux, tel que Ossip Schubin l'a dépeint dans sa bassesse en traits cruellement vrais. De patriotisme tel qu'il est compris dans l'Allemagne du Nord, il n'y en a pas. La famille royale-impériale est tout. L'Etat, c'est la maison de Habsbourg. L'Eglise romaine s'applique à entretenir cette apathie. La bonhomie autrichienne se retrouve dans tous les domaines : armée comme aussi administration.

Tel est l'Etat des Habsbourg, qui s'est toujours déclaré satisfait tant qu'on ne réclamait de lui aucune résolution, qui a préféré vivre caché comme une simple fleurette, et a prudemment évité toute politique extérieure un peu hardie. Le bien-être de ses sujets lui est souverainement indifférent, pourvu qu'on laisse la maison des Habsbourg en paix dans le repaire de ses domaines royaux-impériaux. Ne rien faire, ne rien oser, c'est toute la philosophie traditionnelle du gouvernement royal-impérial de Vienne. Chaque année il indispose et aliène à l'égard de la maison régnante de nouveaux milieux allemands. Il est simplement impossible, avec la maison des Habsbourg, de créer dans l'Etat autrichien un nouvel ordre de choses au point de vue pangermaniste. Pourquoi n'a-t-on pas employé à cela la période qui s'est écoulée depuis 1866 ? Elle était assez longue. On pouvait compter sur l'appui de l'Allemagne. Les émigrants allemands — leur nombre s'est élevé à 2 ½ millions de 1870 à 1911 — auraient pleinement suffi pour germaniser la région des Sudètes et le territoire des Slovènes.

L'empereur d'Autriche est un vieillard courbé sous le poids des ans et les coups cruels du sort. Tous ses plans ont été réduits à néant, toutes ses espérances se sont évanouies. Son fils est mort avant lui, sa femme a été assassinée.

Les seuls qui se donnent l'air d'être satisfaits de sa façon de gouverner sont les chrétiens-sociaux. Nous les appellerions cléricaux. Mais, même chez nous, un ultramontain bon teint préférera un assassin chinois baptisé catholique à un protestant allemand qui a reçu l'ordre du Christ de la main du pape. Les chrétiens-sociaux ont déjà envoyé de Vienne aux journaux de province, du vivant même de l'empereur, des articles nécrologiques prêts au cas où sa mort surviendrait. Si ses seuls amis agissent ainsi, nous pouvons, nous autres Allemands du Nord, nous occuper en toute tranquillité de conscience de ce qui se passera après sa mort. Du grand-duc héritier présomptif, nous savons fort peu de chose, sauf qu'il a épousé une Tchèque et qu'il a été à Berlin. Ce qu'il y a fait et obtenu, le public l'ignore.

Nous n'avons rien de bon à attendre, nous Allemands, de la maison d'Autriche Il peut nous être indifférent que tel ou tel règne à Vienne, pourvu qu'il soit animé de principes pangermanistes. Nous réclamons seulement que ce soit pour nous un bon allié, et qu'il ait les mêmes intérêts que nous contre les Romans, les Anglo-Saxons et les Slaves. Il est par conséquent illusoire de faire une nouvelle tentative pour aiguiller Vienne sur la voie de la politique pangermaniste ; aussi en venons-nous à la seconde proposition : transformer l'Autriche entière en provinces prussiennes. Une première condition serait la séparation de la Dalmatie, de la Galicie et de la Bukowine. Nous aurions devant nous 10 millions d'Allemands, 8 de Tchèques et un seul de Slovènes. Cela serait sans doute très simple ; mais est-ce là ce qui répondrait le mieux au but ? On peut discuter là-dessus.

Le plan auquel je donne la préférence consisterait à intéresser les maisons princières des Wettin et des Wittelsbach à la réorganisation de la Grande-Allemagne et de leur confier, au nom de l'Empire, la germanisation de la Bohême. On verrait alors croître dans l'Allemagne du Sud et du Centre la compréhension pour les grands devoirs de l'empire, et l'on ne rencontrerait plus dans la presse les insanités débitées aujourd'hui sur la tâche de la Prusse dans ses provinces orientales et sur celle qu'elle a encore en perspective à l'ouest, au sud et à l'est, dans le cours du vingtième siècle, comme je l'ai exposé dans un autre passage de ce livre, auquel je renvoie le lecteur.

Les Tchèques des Sudètes doivent être répartis entre les pays confédérés voisins.

Le nord de la Bohême avec les bassins de l'Eger, de l'Elbe et de la Moldau jusqu'au-dessus de Prague, revient à la Saxe. Celle-ci compte aujourd'hui 4,5 millions d'habitants, presque tous protestants. Elle en aurait donc 4 de plus, soit 8,5 au total (6,3 millions d'Allemands et 2,2 de Tchèques) et sa superficie passerait — par l'adjonction de 25 000 kilomètres carrés à ses 14 933 kilomètres actuels — à un total de 39 933. Protestants et catholiques se feraient à peu près équilibre. Le mouvement « los von Rom », une fois que l'oppression policière de l'Église catholique aura cessé, prendra un essor vigoureux, de sorte que la germanisation du pays marchera rapidement. Les Allemands du nord de la Bohême se sentent depuis longtemps attirés par les Saxons ; ils sont les uns et les autres d'origine thuringienne. La fusion se fera promptement.

Le sud de la Bohême, la partie supérieure du bassin de la Moldau, reviennent à la Bavière. Celle-ci a aujourd'hui 75 870 kilomètres carrés, avec 6,5 millions d'habitants, dont 1,7 million de protestants et 4,8 de catholiques. Elle recevra en plus 26 967 kilomètres carrés et 2,5 millions d'âmes (500 000 Allemands et 1.9 million de Tchèques). La Bavière comptera donc à l'avenir 7,1 millions d'Allemands contre 1,9 de Slaves, soit 9 millions, sur une surface de 102 837 kilomètres carrés. Les Bavarois aimeraient mieux recevoir le Tyrol, mais comme le nord de celui-ci est allemand, cela ne servirait à rien. Il vaut infiniment mieux, en se plaçant au point de vue de la Plus Grande Allemagne, confier la germanisation du sud de la Bohême et de ses Tchèques à la Bavière. Celle-ci aurait ainsi une mission à remplir en faveur de l'Empire. La division de la Bohême semble tout à fait indiquée. Si elle était annexée telle qu'elle est à la Saxe, c'est celle-ci qui deviendrait une annexe de la Bohême, et l'on n'aurait qu'une répétition de l'histoire d'autrefois, alors que la Saxe était une dépendance de la Pologne.

La Silésie autrichienne et la Moravie échoient à la Prusse. La nouvelle province de Moravie aurait 27 384 kilomètres carrés et environ 3 millions d'habitants, Slaves pour les deux tiers. Évidemment, cela ajoutera 2 millions de Tchèques et de Polonais aux 3 millions de Polonais que la Prusse a déjà ; cela ne saurait pourtant avoir aucune influence fâcheuse ; au contraire, cela ne pourra que la forcer à pratiquer une politique pangermaniste absolument ferme. La province serait divisée en trois districts : Olmütz, Brunn et Kremsier. Brunn serait chef-lieu de province, résidence du général en chef du corps d'armée moravien et du tribunal suprême. Olmütz recevrait une université allemande, et Brunn une école polytechnique supérieure. Avec la fusion, la densité de la population s'élèverait à 103 habitants par kilomètre carré.

La Carniole, Görz, Gradiska, l'Istrie et Trieste, plus la moitié nord de la Croatie, reviendraient également à la Prusse. Cette marche du Sud, avec les districts d'Agram, de Laibach et de Trieste, compte actuellement 1,7 million d'âmes pour 27 000 kilomètres carrés. La population est donc peu dense (62 habitants par kilomètre carré). Trieste, ville maritime et commerciale, deviendrait le siège des autorités supérieures, avec une université allemande et une école polytechnique. Pour être la seule ville maritime de quelque importance que possède le grand État d'Autriche-Hongrie, le chiffre de la population actuelle de Trieste — 150 000 habitants — est tout simplement ridicule. Comparez-le avec Hambourg, qui atteindra sous peu le million. Cette comparaison fait ressortir le contraste entre l'activité commerciale et la richesse dans le nord et dans le sud. Dans le nouvel empire allemand, Trieste sera le Hambourg du sud.

Rattachons encore à la Prusse le territoire de la Croatie méridionale, les îles qui la bordent, et la Dalmatie, à l'exclusion du bassin de la Narenta, mais en comprenant les îles

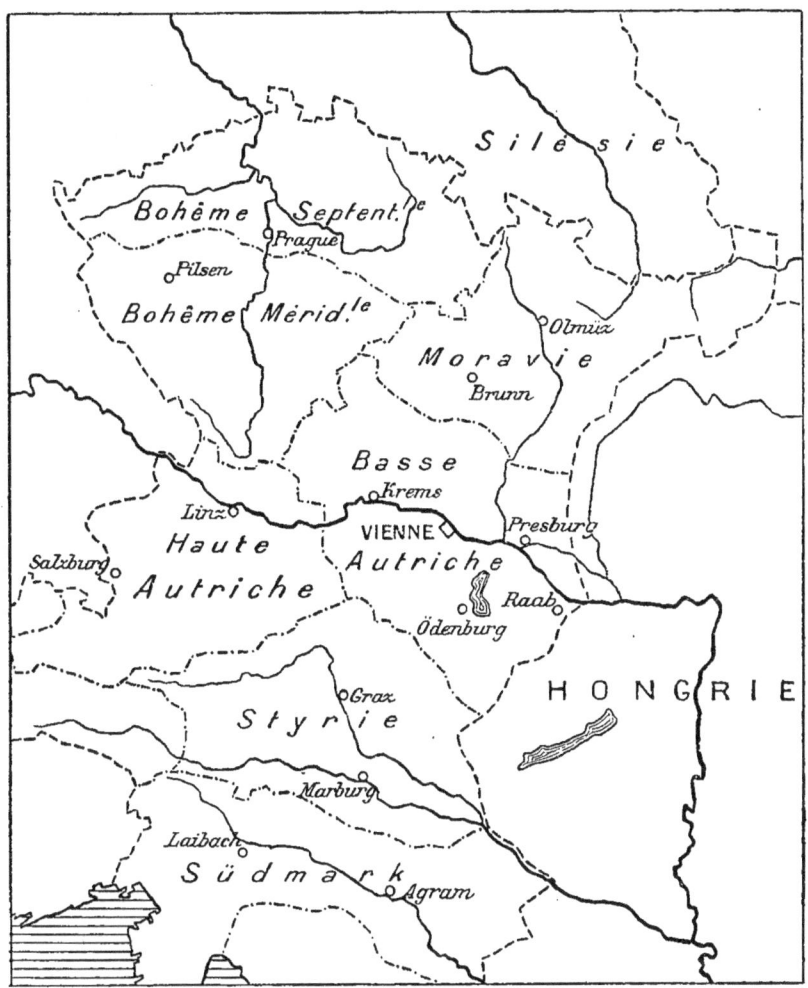

Les Sudètes et les pays danubiens dans la Grande Allemagne.

Le royaume d'Autriche et les provinces prussiennes de la Marche du Sud et du Littoral (Küstenland).

qui lui font face, et s'étendent au sud jusqu'à Brazza, Lesina, Kurzola et Lagosta ; tout cela formera le *Deutsches Küstenland* (Littoral allemand). Cette province, avec les districts de Zengg, de Zara et de Spalato, compte actuellement 1 million d'habitants répartis sur 22 000 kilomètres carrés. Ils sont slaves-romans, il est vrai, mais leur pays doit être à nous, il le faut absolument, car un grand peuple ne peut pas se laisser barrer les voies d'accès de la mer. Zara en sera la capitale en même temps que le siège des autorités provinciales supérieures.

Le climat de la côte de l'Adriatique est d'une incomparable beauté. Des montagnes escarpées, une côte accidentée, et de nombreux et magnifiques îlots protégés contre les vents du nord et de l'est, tout cela, au temps des Romains déjà, invitait à la colonisation. Entre les mains du peuple allemand et sous l'administration prussienne, cette côte deviendra un vrai paradis pour les gens du nord, qui demandent au midi l'affermissement de leur santé ou fuient les frimas de l'hiver septentrional. La « Riviera » italienne et française perdra son charme et sa force d'attraction. Spalato est à peu près à la latitude de Rome. Nous aurons en Pola le port de guerre de la plus Grande-Allemagne sur la Méditerranée.

Le reste de l'Autriche actuelle, l'Autriche centrale, servira à former un nouveau royaume allemand, avec Vienne pour capitale, et les provinces de la Basse-Autriche, de la Haute-Autriche, du Tyrol et de la Styrie.

La première de ces provinces s'agrandira à l'est par l'annexion des territoires voisins de Presbourg, Wieselbourg, Altenbourg et Œdenbourg, de sorte que le cours inférieur du Raab appartiendra à l'Autriche. Arrondie également au nord par les districts limitrophes allemands de la Moravie méridionale, la Basse-Autriche comptera — dans ses 28 000 kilomètres carrés — 3,5 millions d'habitants. Les chefs-lieux de district seront Vienne, Krems, Presbourg et Œdenbourg.

Salzbourg et le bassin supérieur de l'Ems, qui lui appartient géographiquement, porteront la superficie de la Haute-Autriche à 21 000 kilomètres carrés et sa population à 1,1 million. Les autorités supérieures résideront à Linz, la capitale. En plus, Salzbourg sera chef-lieu de district.

Les vallées du Tyrol qui donnent naissance au Lech et à l'Isar passeront à la Bavière ; c'est tout naturel, étant donné que c'est avec le Nord qu'elles sont solidaires. La limite du côté de l'Inn sera près de Kuffstein.

La Bavière reçoit à l'est le cours supérieur de la Drave jusqu'à Villach ; au aud des Alpes, celui de l'Adige jusqu'à Salurn. De la sorte, le ci-devant évêché de Trente passe avec ses habitants italiens à l'Italie, à condition — cela va de soi — que celle-ci nous cède la côte est de la mer Adratique dans toute son étendue. Le Tyrol allemand garde la partie supérieure des vallées de Monsberg et de Fleims. Le gouvernement siégera à Innsbruck pour le nord, à Bozen pour le sud et l'ouest et à Linz pour l'est.

Bozen, située sur le versant méridional des Alpes, recevra une nouvelle université allemande permettant aux gens du Nord d'apprendre à connaître la vie du Sud du Tyrol aux limites mêmes de notre nationalité. Cette haute école recevra le nom de Walter von der Vogelweide. L'étudiant du Nord sera tenu de faire un semestre dans une des universités autrichiennes ou dans celle de Trieste ; de même pour tout étudiant autrichien, suisse, de la Marche du Sud ou du Küstenland allemand un semestre dans le Nord sera obligatoire. Le Tyrol a environ 35 000 kilomètres carrés et un million d'habitants. La nature rocheuse du sol fait que la population y est très clairsemée.

L'annexion, à l'est, du cours supérieur de la vallée du Raab avec les villes de Güns, Steinamanger et Saint-Gothard; celle à l'ouest du bassin supérieur de la Drave jusqu'à cinq kilomètres en amont de Villach, donneront à la Styrie une superficie totale de 30 000 kilomètres carrés, occupés par 1,8 million d'habitants. Capitale : Graz. Sièges du gouvernement : Marbourg et Klagenfurt.

Ces quatre provinces ne sont peuplées que d'Allemands, et la nécessité les a rendus — depuis 1866 — germanophiles jusqu'à la moelle. Le nouveau royaume d'Autriche, d'une étendue de 114 000 kilomètres carrés, comptera 7,4 millions d'âmes, égalant ainsi la Bavière et la Saxe. Les Slaves occidentaux — Tchèques et Polonais, — de même que ceux du sud — Slovènes et Croates — lui étant enlevés, il a en perspective un développement purement germanique.

Chacune de ces quatre provinces fournit un corps d'armée. Vienne, Graz, Innsbruck et Bozen ont des universités ; Vienne et Graz des écoles polytechniques.

Le parlement autrichien sera réélu tous les sept ans, d'après le système électoral des trois classes. Il comprendra un député par 100 000 habitants et siégera à Vienne. L'Autriche ne sera pas représentée au Reichstag de Berlin, mais bien au Bundestag (Conseil fédéral).

Dans le cours des dernières décades on a vu surgir, discuter, puis disparaître une foule de plans, qui tous visaient à la réunion de l'Autriche avec l'Empire allemand. Un Autrichien, Hron, les a réunis en abrégé dans ses écrits, et les a très joliment commentés, l'un après l'autre, en se plaçant, il est vrai, au point de vue des Habsbourg. L'histoire est là pour nous prouver combien grande était la folie de ceux qui, vers l'année 1848, ont inondé l'Allemagne de ces plans.

Ce genre de discussion, aujourd'hui absolument suranné, n'éveille plus aucun intérêt dans l'Empire allemand ; il n'y a donc aucune utilité pour nous à remonter, par la pensée, à l'époque antérieure à 1871.

Je crois volontiers qu'un ancien Autrichien, imbu des idées de Hron, n'aime pas les tendances actuelles. Mais nous ne pouvons admettre que si le morcellement de ce pays est douloureux à quelques-uns, ce soit un obstacle à la réorganisation de la Plus Grande Allemagne. Nous avons à tenir compte de la situation actuelle. Nous, Allemands de l'Empire, n'en pouvons mais si les Habsbourg se sont développés dans un sens slavo-romain, et pas davantage si le grand parti libéral, qui jadis dominait toute l'Autriche, a failli à ses obligations en se laissant arracher le pouvoir et en ne germanisant pas le territoire. Une dynastie qui ne fait pas son devoir et qui, sur sol allemand, n'est pas allemande, est notre ennemie. Raison ou tort sont des notions qu'il n'y a pas lieu de discuter quand le développement de notre peuple est en jeu. Nous voulons nous développer pacifiquement à l'intérieur ; à l'extérieur, si cela n'est pas possible pacifiquement, la guerre ne nous effraie pas. Qu'y a-t-il là de si effrayant ? L'histoire nous fournit suffisamment d'antécédents.

J'ai montré ailleurs, et par le menu, l'importance capitale qu'il y a pour une fraction de pays ou pour un pays entier de se faire admettre dans la confédération douanière allemande.

La valeur du sol et des immeubles attenants monte d'un jour à l'autre de 30 à 50 pour cent. Les tarifs protecteurs que nous pratiquons depuis trente ans ont fait monter ainsi chez nous toutes les propriétés foncières. En Posnanie, un hectare coûte actuellement 3000 marcs ; il en valait 500 il y a cinquante ans. Un malin s'offrait un jour à résoudre, en une année, toute la question polonaise. Invité à exposer son plan, il proposa d'exclure pour un ou deux ans les provinces de Posnanie et de Prusse occidentale de l'Union douanière allemande et de les traiter, à cet égard, comme l'étranger. Les produits agricoles allemands, dûment pourvus par les autorités de déclarations d'origine, entreraient en franchise dans la zone douanière allemande ; les produits polonais, en revanche payeraient les droits d'entrée. En un ou deux ans, tous les Polonais feraient banqueroute ; leurs banques auraient cessé d'exister, les maisons de ville en viendraient à la vente forcée, et les paysans ne trouveraient plus à écouler leurs produits. Alors, toute la population polonaise demanderait grâce, promettrait de s'amender pour l'éternité, de choisir des députés dans la ligue des agriculteurs, et supplierait qu'on voulût bien la réintégrer dans l'Union douanière allemande. Au bout d'un quart de siècle les Polonais apprendraient tous l'allemand et les commissaires de district recevraient la bourgeoisie d'honneur des localités qu'ils occupent.

Tirons enseignement des fautes commises. Si nous allions aujourd'hui admettre l'Autriche allemande — avec l'étendue que lui prête le programme de Linz, — dans les limites douanières allemandes, nous ferions cadeau, sous forme de plus-value foncière, de quelques milliards aux Tchèques de Bohême, de Moravie et de Silésie, aux Slovènes et aux Italiens du Sud ;

nous fournirions à nos adversaires des armes qu'ils tourneraient contre nous. On ne saurait pourtant nous demander cela.

L'Autriche ne peut se réorganiser qu'en opposition catégorique aux Tchèques, Slovènes, Croates et Dalmates. Les Allemands de la Basse et de la Haute-Autriche, du Tyrol et de la Styrie seront reçus sans condition aucune dans l'Union douanière de la Plus Grande Allemagne. La valeur des champs et des prairies, des forêts et des pâturages montera du tiers ou de la moitié par suite de la hausse des produits du sol. Cet énorme accroissement de valeur dédommagera les Allemands d'Autriche des longues années pendant lesquelles le gouvernement royal-impérial de Vienne leur a soutiré leur argent pour le donner aux Slaves.

L'ouverture de nouveaux marchés dans la région des Sudètes et dans les deux provinces allemandes du littoral sud exercera de son côté une influence considérable sur notre développement à nous.

Dans l'Empire allemand, particulièrement dans les provinces de colonisation de l'est, le prix du sol subira une baisse. Pour l'ensemble du pays, ce ne serait pas un malheur ; il en irait par contre autrement pour les propriétaires pris individuellement. Comme les propriétaires polonais ne sont dans une certaine mesure que les représentants, les producteurs d'intérêts et même souvent que les administrateurs des banques polonaises, il pourrait bien se produire chez eux un vaste krach. Ce serait un grand bonheur en ce qui concerne la question de la marche de l'Est.

Dans les cercles de colonisation de l'Est allemand, on a fait l'expérience qu'il est bon de séparer les colons des divers rameaux du tronc allemand : un village sera composé essentiellement de Wurtembergeois, un autre d'habitants du Palatinat, un troisième de Hanovriens, de Westphaliens et de Saxons. Chaque rameau a ses particularités bien légitimes : le Wurtembergeois aime son cidre, l'habitant du Palatinat s'essaie à la viticulture, le Westphalien plante les gros haricots, le Bavarois cultive le houblon. Il importe de tenir largement compte de ces expériences dans les pays à germaniser.

La Bohême septentrionale — saxonne — sera colonisée par des Thuringiens à l'ouest, par des Franconiens à l'est. Naturellement, ma proposition ne doit pas être transformée en une loi qui ne souffrirait aucune exception. Les Thuringiens et les Franconiens, qui comptent ensemble 22 millions de nationaux, doivent fournir les colons pour le territoire que l'on achètera aux Tchèques. Comme ceux-ci sont au nombre de **2,2 millions** dans le nord de la Bohême, il s'agirait du 10 pour cent environ de ces deux familles allemandes.

La Bohême méridionale — bavaroise — recevra des Bavarois à l'ouest, des Souabes à l'est. Comme ces deux branches comptent ensemble environ 21 millions de représentants et que **1,9 millions** de Tchèques doivent évacuer la Bohême du Sud, on procéderait d'une façon analogue à celle que je propose pour le nord du pays.

Avec mon système, ce sont les Bas-Saxons qui sont le moins favorisés ; c'est pourtant la plus forte des branches allemandes, puisqu'elle compte à elle seule 40 millions. A eux seraient réservés la Moravie, la Marche du Sud et le Littoral (*Küstenland*). En Moravie, il y a **2 millions de Tchèques** à remplacer par des colons allemands, et au sud **2,5 millions de Slaves méridionaux** et d'Italiens. Au point de vue économique, la Moravie équivaut sans doute à la Bohême ; il n'en est pas de même du

Sud, qui n'a de bon que certaines parties aux environs de Görz et d'autres entre la Drave et la Save. La plus grande partie du pays est occupée par les montagnes calcaires et stériles du Karst. Je sais aussi que les Saxons devraient compter avec le climat du Midi ; mais ce n'est pas une affaire. Nos émigrés ont bien dû s'accoutumer à un nouveau climat en Californie et au Texas. Pour les Souabes du Caucase et surtout de la Palestine, la chaleur du Sud est devenue une seconde nature. La côte de l'Adriatique recevra sa nouvelle population des côtes de la mer du Nord et de la Baltique, car il nous faut pour la côte maritime du Sud des hommes qui aient déjà fait l'expérience de la mer sur notre bordure d'eau. La Moravie, la Marche du Sud et le Littoral allemand sont provinces-frontières opposées, à l'Est, aux Polonais, aux Magyars et aux Slaves du Sud; leur germanisation doit être réservée à la Prusse. C'est celle-ci qui, avec les Bas-Saxons, depuis des siècles a fait preuve de la plus grande expérience dans la lutte avec l'Est.

On a émis certains doutes du côté autrichien : on s'est demandé si c'était vraiment bien d'enlever à l'Etat confédéré autrichien, outre la région des Sudètes, les provinces-frontières du Sud-Est. Je comprends bien ces hésitations, mais on ne peut faire autrement. Les Bohêmes du Nord sont Thuringiens, et comme tels participent au partage du domaine tchèque qui échoit à la Saxe. Les Allemands autrichiens des régions alpines sont d'origine bajuvare, et on a besoin d'eux pour la germanisation de la Bohême méridionale. Où trouver les colons nécessaires pour les deux provinces du Sud ? Si les Allemands du Nord, les Bas-Saxons, doivent se créer, les armes à la main, une nouvelle patrie dans le Sud, il vaut mieux leur laisser le régime prussien auquel ils sont habitués. Le 95 pour cent des Bas-

Saxons sont protestants : les habitants des Alpes autrichiennes, catholiques ; aussi vaut-il mieux suivre mon idée.

L'opposition entre protestants et catholiques est un fait. On ne peut compter qu'il disparaîtra au cours des siècles. Nous devons nous baser sur la réalité. Aucun des deux partis ne peut imposer à l'autre, par la force, sa façon de concevoir la doctrine chrétienne. Toute lutte pour la prééminence ferait jubiler d'aise l'étranger. Le mieux pour nous est de marcher séparés, de frapper unis.

L'Etat confédéré autrichien aura pendant quelques dizaines d'années du pain sur la planche : la défense de la partie du Tyrol méridional qui lui restera ; l'annexion des pays-frontières allemands sur les bords du Raab et du lac d'Oedenbourg et enfin le remplacement des Slovènes dans le Sud de la Styrie et dans quelques vallées de la Carinthie.

Quelques économistes autrichiens estiment que par le fait de la séparation de la Marche méridionale et du Littoral allemand, l'Autriche allemande sera comme exclue de la mer. Ce n'est absolument pas le cas. Quel voyageur traversant en chemin de fer les divers Etats confédérés du Nord de l'Allemagne s'aperçoit quand il en franchit les limites ? Qui va de Berlin à Cologne ne remarque pas qu'il passe sur le territoire du Brunswick ou de la Lippe ; qui se rend de Berlin à Rostock n'aperçoit aucun changement quand il quitte le Brandebourg pour le Mecklembourg. Les dialectes ont bien certaines nuances dans les intonations, mais c'est tout ; et c'est d'ailleurs la même chose quand on va de Berlin à Kœnigsberg ou à Breslau. L'unification dans l'Allemagne du Nord est très avancée, et c'est un grand bonheur pour nous tous.

Ce bonheur, je le souhaite aussi aux régions des Sudètes,

aux Alpes allemandes et aux Marches du Sud, sans vouloir porter la main sur les particularités légitimes des différentes races.

Le sort de la Hongrie est entre les mains des Magyars. S'ils acceptent nos conditions — ce qui est indispensable, — leur pays peut continuer à subsister comme Etat tout à fait indépendant. Nous réclamons : la cession du bassin allemand du Raab à l'Autriche, de la Croatie aux provinces prussiennes de la Marche méridionale et du Littoral, de la Slavonie à la Grande-Serbie, et l'introduction de l'allemand comme deuxième langue nationale hongroise. L'allemand sera enseigné comme langue étrangère principale dans les gymnases et écoles réales supérieures de langue magyare. Les colonies allemandes en Hongrie obtiennent l'autonomie dans le sens le plus étendu, gardent la langue allemande, ont des écoles allemandes et une université allemande. Si les Magyars font preuve d'hostilité, le pays entier sera transformé en provinces prussiennes. Mais les grands propriétaires magyars, tout-puissants dans leur entourage, se garderont bien de provoquer la colonisation prussienne et l'expropriation forcée en faveur de paysans allemands. En tant que pangermanistes, il ne nous déplairait pas que les Magyars ne se déclarassent pas d'accord et combattissent la création de la Plus Grande Allemagne. Il n'y a pas plus de terrain à coloniser qu'il n'en faut pour notre peuple, chez qui l'excédent des naissances sur les décès est d'un million, tandis que le peuple magyar est le seul — à l'exception des Français — où la population, au lieu de s'accroître naturellement, tende à diminuer.

La Lorraine revient au Wurtemberg, qui reçoit également, pour s'arrondir, les terres des Hohenzollern, quelques petits territoires badois situés à l'est de la Forêt-Noire et la rive badoise et bavaroise du lac de Constance. Le pays de Bade obtient l'Alsace en qualité de fief impérial, et se voit élever au rang de royaume. Les royaumes allemands renoncent à tous les privilèges dont ils ont joui jusqu'ici dans l'armée, l'administration des postes et la représentation diplomatique à l'étranger.

On a prétendu, d'autre part, qu'il serait préférable d'inviter les Allemands en terre hongroise à se transporter dans les nouvelles possessions : la Marche du Sud et le Littoral. C'est très bien, et j'applaudis des deux mains, parce qu'ainsi on mettrait fin à tout frottement avec l'Etat magyar de l'avenir. Le sang allemand est bien trop précieux pour se contenter, en un pays étranger, de la deuxième place ; nous ne devons pas en perdre une goutte.

Seulement... supposons que les Allemands aient émigré de la Hongrie des Magyars, qu'est-ce que ceux-ci mettront à leur place ? Nous avons déjà dit qu'ils sont en recul quant au nombre. La densité de la population est de 60 h. par kilomètre carré. Où prendre ? Feront-ils venir des bords de la Léna, de la lointaine Sibérie, les Jakoutes païens qui sont du même sang qu'eux ? ou bien encore nous amèneront-ils comme Européens dignes de l'égalité des droits des Ostiaks nomades ou une tribu mongole quelconque au nom intéressant et de religion bouddhique ? On ne peut faire grand'chose avec les peuplades mongoles de la Sibérie. Attirer des Slaves dans le pays serait grande folie ; ils en ont déjà plus qu'ils n'en peuvent supporter, et c'est la même chose avec les Roumains. Mais peut-être des Juifs ? Il y en a déjà tant et tant dans le pays, et en Roumanie, en Galicie, en Lithuanie, dans la Russie Blanche, qu'ils sont heureux quand une patrie s'ouvre à eux.

La Saxe prendra en mains le réseau des voies ferrées de la

Bohême septentrionale ; la Bavière celles de la Bohême méridionale, et la Prusse celles de la Moravie, de la Marche du Sud et du Littoral.

La haute noblesse de Bohême et de Moravie payera de la perte de ses terres, reçues de l'Empire à titre de fiefs au moyen âge, l'hostilité qu'elle a manifestée contre le germanisme. Elle n'a pas rempli les conditions attachées à la possession du fief, à savoir de germaniser les Tchèques ; elle en est donc de plein droit déchue. Les vieilles familles sont devenues tchèques, et se sont érigées en défenseurs de la politique antigermanique des Habsbourg. Elles ont renoncé volontairement à leur qualité de membres de la grande famille allemande, à la dignité du peuple supérieur, pour se rabaisser au rang d'Etats slaves nains au parler imparfait et incompréhensible. L'histoire du monde les ignorera. Les domaines des transfuges allemands devenus tchèques et des grands propriétaires tchèques ont parfois l'étendue d'une principauté allemande et forment — je le répète — un tiers du pays. Il y a là beaucoup de place pour les colons allemands. Admettons qu'il y ait un million d'hectares entre les mains de ces seigneurs germanophobes, et immédiatement colonisables. A raison de 50 arpents par colon, cela nous donne 80 000 fermes, et un total d'environ un demi-million d'Allemands en comptant six personnes par famille.

L'ouverture d'un débouché aussi considérable aura une immense influence sur la vie économique de l'Allemagne, si l'on procède, lors de la vente, avec la prudence nécessaire. Les amortissements et intérêts payés par les colons alimenteront la banque de colonisation et lui rendront possible l'acquisition de la grande propriété allemande toutes les fois qu'elle sera offerte en vente.

Qui veut atteindre un grand résultat ne doit pas s'attacher

anxieusement à la tradition. La colonisation allemande est un des plus grands exploits accomplis par notre nation depuis 1871. Je renvoie le lecteur à un autre endroit de mon livre où j'ai exposé les procédés employés par le peuple russe pour coloniser, après la conquête des khanats de Kazan, d'Astrakan et de Bachtiyarî, sur la moyenne et la basse Volga, de même qu'en Crimée. Pour les esprits angoissés, je citerai un autre fait moins éloigné de nous dans le temps, et qui est l'œuvre d'un de ces peuples qui accueilleront mes propositions avec des cris de rage et des tempêtes d'indignation. Dans son livre, *La Serbie et les Serbes*, Spiridion Gopcevic écrit à la page 246 :

« L'Etat serbe chargea une commission de taxer les biens des Turcs qui voulaient émigrer des quatre districts nouvellement acquis dans la guerre de 1877. Ces biens devinrent la propriété des communes dans lesquelles ils se trouvaient ; en retour, ces dernières en étaient responsables vis-à-vis de l'Etat, c'est-à-dire qu'elles s'engageaient à lui rembourser la somme qu'il dépense pour l'amortissement et l'intérêt du prêt fait à l'agriculture. On dédommagea les émigrants avec l'argent fourni par les banques. Dans le traité de Berlin, on avait formellement reconnu par acte écrit aux Mahométans le droit de conserver leurs biens immobiliers. Cela n'a pourtant pas empêché le gouvernement serbe d'expulser les propriétaires turcs. »

Le comique de l'affaire, c'est que l'argent nécessaire fut fourni par le *Comptoir d'Escompte* de Paris. Nous aussi, nous ferons venir de France l'argent nécessaire pour l'établissement de la Plus Grande Allemagne, en partie au comptant, en partie en nous faisant céder les douze milliards que la France a prêtés à son amie la Russie, convaincue qu'elle était que la Russie nous exterminerait, nous Allemands.

Les biens-fonds et bâtiments des Slovènes, Croates et Dalmates sont appréciés par experts d'après la valeur qu'ils avaient sous l'ancien régime. L'équivalent des bâtiments se paie comptant, celui des terres en bons de reconnaissance que le gouvernement de la Grande-Serbie doit rembourser par la location de terrains dans les régions de la Bosnie et de l'Herzégovine où la population est clairsemée. La densité de la population dans la Grande-Serbie ne dépassera pas, dans la nouvelle organisation, 57 habitants par kilomètre carré, alors qu'elle est aujourd'hui de 100 dans la plupart des contrées de l'Allemagne du Nord.

On procédera pareillement pour l'évaluation des immeubles bâtis et non bâtis des habitants de langue italienne dans le Tyrol, la Marche du Sud et le Littoral. La valeur s'en paiera comptant. Avec le secours de l'Etat, ces habitants émigreront à Tunis et Tripoli. Ceux qui n'ont pas de propriété auront la liberté d'aller offrir leur travail dans l'Allemagne centrale ou dans celle du Nord.

Le sol possédé par les Tchèques sera repris par l'Etat prussien en Moravie, par l'Etat saxon dans la Bohême du Nord, par l'Etat bavarois dans celle du Sud, contre des bons de garantie à échanger en Russie, dans le bassin inférieur de la Volga. Les maisons se paieront comptant. Le pays ainsi devenu inoccupé sera rempli à son tour par les Allemands que l'on fera revenir de la région moyenne de la Volga et de la Russie méridionale, et qui, là-bas, céderont leurs biens pour recevoir en échange ceux des Tchèques. Qui ne veut pas vendre de bon gré son domaine aux autorités compétentes de colonisation dans l'espace de trois ans, perd son droit d'échange et est exproprié par contrainte.

Dix millions d'Allemands ont émigré dans l'Amérique du

Nord ! Pourquoi neuf millions de Tchèques, de Slaves du Sud et d'Italiens ne fonderaient-ils pas, avec l'appui de l'État, de l'argent et son équivalent en bons, une nouvelle patrie ?

Dans le « bon vieux temps » il arrivait parfois qu'un peuple fort en attaquait un faible, l'exterminait, et l'expulsait de son patrimoine. Aujourd'hui, ces actes de violence ne se commettent plus. Aujourd'hui, tout se passe en douceur dans ce pauvre monde, et les privilégiés sont pour la paix. Les petits peuples et les débris de peuples ont inventé un mot nouveau, le « droit des gens ». Au fond, ce n'est pas autre chose qu'un calcul fondé sur notre généreuse bêtise. C'est à Vienne surtout qu'on a bon cœur. Le pays voit les étrangers arriver tout d'abord comme ouvriers temporaires, créatures misérables, inoffensives, déguenillées et excitant la pitié. Quelques-uns restent pendant l'hiver, d'autres pas. Ceux qui s'établissent sont si modestes, ils baragouinent la langue du pays d'une façon si comique ! Ils commencent à se sentir peu à peu chez eux. On est étonné de voir dans les écoles des enfants au teint bronzé, hésitants et parlant une langue étrangère. Il en vient de nouveaux, de ces étrangers, par milliers. La grande misère fait place à une modeste aisance. Les besoins de la race étrangère sont restés les mêmes que dans le pauvre pays d'origine, mais le gain est celui de la nouvelle patrie qui, elle, paie des salaires élevés. Le peuple immigré met de côté, il crée une caisse d'épargne, il se construit une cathédrale, le Narodny-Dom. Le peuple immigré, que viennent sans cesse grossir de nouveaux renforts, s'accroît au point de prendre le dessus. Vienne a maintenant plus de 100 000 Tchèques.

Un beau matin, il se réveille, le bon, le brave, le libéral Allemand, qui a dit tant et tant de bêtises sur les droits de l'homme et n'a pas encore compris que charité bien entendue commence par soi-même ; il se réveille, dis-je, et s'aperçoit qu'il est devenu un étranger dans le pays qui lui a donné le jour et qu'il considérait comme sa patrie. Il ne lui reste plus qu'à se fondre dans la race étrangère ou qu'à secouer la poussière de ses sandales et à partir pour le tombeau des nations, l'Amérique.

Quelqu'un doit faire de la place : ou les Slaves de l'ouest et du sud, ou bien nous ! Comme nous sommes les plus forts, le choix ne sera pas difficile. Il nous faut renoncer à notre attitude de modeste expectative. Un peuple ne peut se maintenir qu'en croissant. L'Angleterre a sa Plus Grande Bretagne, et l'Amérique son Amérique aux Américains. Si l'Angleterre a réussi à se débarrasser de 4 millions d'Irlandais en les expédiant en Amérique sans qu'une grande puissance européenne en ait pris ombrage, il doit nous être possible de créer dans l'Europe centrale un état de choses qui, grâce à l'ordre et au calme qui y régneront, serve de base au développement ultérieur du peuple allemand.

La population allemande augmente d'un million annuellement. Nous devons faire de la place pour ce million. Cet excédent s'accroît d'année en année. En 1870, nous étions 40 millions ; en 1911, nous sommes 65 millions ; en 1930, nous atteindrons les 90. Si nous consacrons chaque année la moitié de notre surplus à la germanisation des Sudètes et des territoires du sud, l'œuvre sera accomplie au bout de quinze ans sans que nous ayons ébranlé le moins du monde la situation de la mère-patrie. Si nous exécutons l'entreprise de colonisation en une année — ce qui, à bien des égards, serait préférable, — nous aurons comblé les vides ainsi créés momentanément au bout de neuf ans. Bien plus, s'il y avait moyen de ramener dans la Nouvelle

Allemagne une notable proportion des Allemands établis dans l'Amérique du Nord— et dont beaucoup sont dans l'aisance — la colonisation serait encore plus rapide.

Nous ne pouvons plus nous en tenir à ce que nous avons acquis en 1871. Nous avons atteint la limite de densité de population, et ne pouvons assister à un nouveau développement de notre industrie sans maintenir l'équilibre en étendant d'autant notre terre cultivable. Notre devoir suprême est le devoir envers nous-mêmes. Nous devons agrandir notre domaine national assez pour être toujours en état de produire nous-mêmes les aliments nécessaires à l'entretien de notre peuple. Nous devons satisfaire le besoin légitime de ceux qui n'ont rien de posséder un lopin de terre. A tout citoyen qui a réalisé quelques centaines de marcs d'économies, nous devons offrir la possibilité, — avec l'appui de l'Etat, — d'acquérir une propriété qui lui permette de gagner sa subsistance sur son propre domaine et en restant son seul maître, si toutefois il est assez intelligent pour préférer la vie libre du paysan à celle de l'ouvrier de fabrique, quand bien même celui-ci gagne plus en espèces sonnantes. L'Etat ne fait pas son devoir, qui ne met pas à même de retourner à la nature tous ceux qui veulent vivre en paysans. C'est le paysan qui maintient l'Etat. Pendant des dizaines d'années, l'émigration nous a enlevé régulièrement 100 000 âmes. Les moins bien partagés n'étaient pas ceux qui cherchaient et trouvaient du terrain dans le Far West américain. Aujourd'hui, il n'y a plus en Amérique de terrains inoccupés appartenant à l'Etat, et que celui-ci soit prêt à céder à ceux qui les convoitent à condition qu'ils y travaillent leur vie durant et qu'ils fassent sortir quelque chose du néant. L'industrie américaine, elle aussi, a attiré à elle des centaines de mille ouvriers. Mais dès lors le pouvoir est tombé aux mains des rois des trusts qui, en vrais parvenus, ne veulent plus rien savoir d'aucune obligation envers l'Etat et le peuple, et qui tantôt engagent 100 000 nouveaux ouvriers, tantôt mettent tout leur personnel sur le pavé, aux seules fins de faire artificiellement des coups de bourse. Et depuis que les émigrés allemands, de retour au pays natal, ont fait connaître cet état de choses, c'en est fait de l'émigration. Depuis 25 ans, l'industrie allemande a pris un essor que nous n'aurions pu nous imaginer en 1870. Nos fabricants ont amassé de grandes richesses, mais l'industrie nous a procuré le socialisme, et le fauve cherche à nous dévorer. L'Etat n'ayant pas fait son devoir, nous avons devant nous le socialisme de la masse sans jugement.

Le métier de l'ouvrier de fabrique, comme celui de l'ouvrier agricole, ne peut être que transitoire. Dans les régions colonisées, en Posnanie et dans la Prusse occidentale, on a tenté de timides essais qui nous ont montré comment on peut procéder, et nous ont mis en état d'appliquer le système sur une plus grande échelle.

Un ouvrier de fabrique devient rarement propriétaire de fabrique, un manœuvre agricole devient rarement propriétaire de terre noble. Et pourtant il faut donner à l'ouvrier la possibilité de s'élever dans la classe possédante.

La réalisation de mon programme enlèvera leurs partisans aux chefs socialistes. Il nous faut une réforme sociale, pour être aussi à la tête du monde socialement parlant.

Il ne peut être question de rester sans bouger au point où nous en sommes aujourd'hui. Depuis 1871, nos voisins nous ont assez souvent fourni l'occasion d'en appeler à la décision par l'épée. Il ne nous a manqué que la volonté. En fin de compte, toute guerre peut être évitée. Mais il est facile aussi de trouver des motifs quand on en veut. Si Bismarck avait persuadé le roi Guillaume, à Ems, de se rendre aux exigences de Napoléon III, peut-être que la grande guerre n'aurait pas eu lieu. Si Bismarck l'avait voulu, l'affaire Schnaebele aurait fourni le motif d'une guerre. Plus tard, se produisirent les troubles bulgares au temps du prince de Battenberg et l'entrevue de Kronstadt s'offrit à qui eût cherché un *casus belli*. Quant à nous, pas besoin d'en aller chercher un dans les vicissitudes des rapports entre les cours ; le seul fait nous suffit que, depuis la fondation, l'affermissement et l'épanouissement de notre empire, les Allemands sont tourmentés et opprimés dans tous les pays. En Russie, en Autriche, en Angleterre, en Amérique, on a vu se développer contre les Allemands un sentiment de haine que nous ne saurions tolérer plus longtemps sans y perdre de notre considération.

C'est une politique misérable et sénile que de considérer comme ne nous concernant pas tout événement qui se passe au delà des poteaux de nos frontières. Toute offense faite à un étudiant allemand à Prague, toute émeute populaire à Laibach est une atteinte portée à l'honneur allemand et suffit à légitimer l'occupation des territoires en cause. Que l'on se représente un peu ce que feraient l'Angleterre ou la France si quelques-uns de leurs sujets, voyageant en simples touristes en Egypte ou au Maroc, étaient attaqués à coups de bâtons ou de revolver. Que ne nous sommes-nous pas laissé faire à Prague ? C'est une honte ! A quoi donc sert d'avoir la meilleure armée du monde ?

Un homme tombe un jour à l'eau ; il se débat, mais le danger qu'il court de se noyer grandit d'instant en instant. A la dernière extrémité, il reprend pied et peut se sauver. Quand il est revenu à lui, quelqu'un lui dit: « Il me semble que tu es un maître nageur, pourquoi donc ne t'es-tu pas sauvé en nageant ? » Et l'homme sauvé des eaux avec peine répond : « Tu as raison, mais je n'y ai pas pensé. » C'est tout à fait l'image du peuple allemand : il ne pense même pas qu'il sait nager.

La Plus Grande Allemagne n'est possible que par une lutte avec l'Europe. La Russie, la France et l'Angleterre s'opposeront à la fondation de la Plus Grande Allemagne. L'Autriche, impuissante comme elle l'est, ne pèsera pas d'un grand poids dans la balance. Les Allemands ne marcheront pas contre l'Allemagne. Le principe pangermaniste doit être à la base de notre entreprise.

Au moment de la guerre sud-africaine, nous avons vu les sphères diplomatiques dirigeantes de Berlin du côté de l'Angleterre. Ensuite, l'antagonisme entre Berlin et Londres a dominé la grande politique pendant plusieurs années. Avant 1866, nous avions assisté à l'hostilité entre les deux maisons des Hohenzollern et des Habsbourg. Depuis 1875, c'est une amitié sans bornes, mais cela pourrait changer à nouveau. Je n'ignore pas que mon idée d'étendre nos frontières non seulement se heurtera à l'opposition des peuples qui nous sont hostiles, mais que, même au sein de notre nation, les gens férus du principe de légitimité pousseront les hauts cris. Ils le font d'ailleurs à tout propos et hors de propos ; à chaque nouvelle élection on réchauffe les vieilles histoires pour les servir à la masse imbécile. Je saisis donc l'occasion de présenter au peuple allemand, en me plaçant au point de vue pangermaniste, un exposé sur la légitimité.

Vers l'an 1800, l'Allemagne comptait un royaume, 7 électorats, 100 duchés ou principautés, 1000 noblesses immédiates, 51 villes et 30 villages d'Empire, soit 1179 patries différentes et légitimes. Aujourd'hui, nous en avons 26. Onze cent cinquante-trois ont été absorbées par des voisins plus puissants. Nous avons perdu la majorité de ces Etats légitimes déjà à l'époque napoléonienne, au commencement du XIXe siècle. Il n'y eut pas une seule guerre pour ce motif. En pleine période de paix, les voisins, en particulier la Bavière, le Wurtemberg, le pays de Bade et la Hesse-Darmstadt occupèrent ces petits territoires. En vain, ceux à qui violence était faite firent-ils entendre leurs protestations jusqu'à la cour de Vienne. Qui songe, à l'heure qu'il est, aux mille et une violations du droit qui se commirent alors ?

Le Congrès de Vienne fit une nouvelle rafle parmi les plus petits Etats. Il n'en resta que 39.

Même le Hanovre cherchait, en ce temps-là, à s'agrandir selon son pouvoir ; il accrut son territoire d'environ un tiers à la suite de la liquidation... L'Etat légitime du Hanovre reçut les évêchés d'Osnabruck, de Hildesheim et une partie de celui de Munster, comme aussi le comté de Lingen et Bentheim. Chose horrible à dire : les Guelfes reçurent de la Prusse la principauté de la Frise orientale et la ville de Goslar.

Si la Prusse avait été vaincue en 1866, l'Autriche et ses alliés n'auraient pas hésité à la morceler. Aujourd'hui, les Guelfes du Hanovre réussissent tout juste, avec l'aide du parti social-démocrate et du centre, à faire passer l'un ou l'autre de leurs candidats au Reichstag.

Quand nous, Allemands du Nord, envisageons le prétendu principe de légitimité, nous y associons toujours l'idée de Guelfe. Chose étonnante, les Guelfes précisément ont tout autant de pratique en matière d'atteintes à ce principe. Lors de la plus grande violation du droit que l'histoire ait enregistrée à cet égard, les Guelfes étaient de la partie et ce furent eux qui empochèrent le plus gros morceau. Sur le continent, l'Anglais est connu pour être le conservateur par excellence ; il défend avec une opiniâtreté maladive l'héritage que les siècles lui ont transmis, et cependant les Stuarts ont été chassés d'Angleterre. Quand Jacques II, tournant les lois de la plus odieuse façon, eut recours à la ruse, à la violence et au parjure pour ramener le peuple anglais au catholicisme, et ne rougit pas de se mettre sous la dépendance de la France pour atteindre ce but, la révolution de 1688 se débarrassa définitivement des Stuarts, et ce fut Guillamue III d'Orange, beau-fils du dernier Stuart Jacques II, qui prit en mains les destinées du peuple anglais. C'est ainsi que le principe de légitimité fut violé par les Anglais, peuple traditionnel s'il en fut, et à eux s'étaient joints l'empereur d'Allemagne Léopold, de la famille des Habsbourg, et l'électeur de Brandebourg, Frédéric III ; ils appuyèrent le prince d'Orange, car ils voulaient empêcher la France — alors le plus peuplé des Etats européens — d'étendre encore sa puissance. A la mort de la fille aînée de Jacques, sa fille cadette, Anne, monta sur le trône d'Angleterre, et après elle la famille, parente, des Guelfes ; c'est ainsi que, en dépit du principe de légitimité, l'électeur Georges de Hanovre devint roi d'Angleterre. Les efforts faits par les Stuarts pour reconquérir leur trône héréditaire furent réprimés par les Guelfes, les armes à la main.

En 1715, le fils de Jacques releva l'étendard de la maison légitime contre les Guelfes profanateurs du droit. Mais cette entreprise échoua aussi, et nombre des défenseurs les plus légitimes de la vérité et de la justice payèrent leur audace de la perte de leurs biens. Plus sérieuse fut la tentative de débarquement en Écosse faite par le petit-fils de Jacques II. Victorieux d'abord, il fut finalement battu et erra pendant cinq mois dans la plus grande détresse, dans les îles d'Écosse, jusqu'à ce qu'il réussit à s'enfuir sur un vaisseau français. Le roi guelfe d'Angleterre avait mis à prix — pour 600 000 marcs — la tête du roi légitime d'Angleterre. Nous autres, sauvages, valons pourtant mieux. Un tribunal criminel sévit avec rigueur contre les partisans du souverain légitime. Les officiers et soldats jacobites qui s'étaient rendus à Carlisle furent condamnés à mourir sur le gibet; les lords Lovat, Balmerino, Kilmarnock, Derwentwater, beaucoup de chefs de tribus des Highlands furent décapités. On voyait, à la porte de chaque ville, des têtes et des membres exposés ; dans tout le pays, des gibets auxquels se balançaient des squelettes humains.

L'Écosse fut transformée en désert, les habitants massacrés, leur bétail et leurs biens emmenés comme butin. Même si ces horreurs ne furent pas commises directement à l'instigation du roi Georges II, les Guelfes sont pourtant responsables des procédés violents dont on usa à l'égard du Stuart légitime, Charles-Édouard.

C'est ainsi que, pour des considérations politiques, les Guelfes combattirent l'incontestable légitimité des Stuarts. Il doit y avoir aujourd'hui encore en Angleterre des gens pour considérer comme souverain légitime du pays non pas le représentant de la maison guelfe, mais un membre quelconque d'une dynastie européenne qui soit parent avec le dernier représentant masculin des Stuarts, mort en 1807.

Ces événements sont bien loin de nous, sans doute ; il est pourtant intéressant de voir combien les questions d'intérêt ont eu d'influence sur les décisions qu'étaient appelés à prendre les ancêtres des représentants actuels du principe de légitimité.

Je me suis longuement étendu sur ces faits, afin que ceux qui, à propos des changements de frontières qui se préparent, se poseront peut-être en défenseurs du principe de légitimité, aient devant eux comme un miroir qui leur montre à quel point les mots « justice » et « injustice » sont vides de sens, et comment les hommes appelés à jouer un rôle en vue dans une question politique en usent suivant leur intérêt ou leur bon plaisir.

Les partisans des Stuarts s'aperçurent peu à peu qu'ils étaient en contradiction avec les exigences impérieuses de la sécurité politique et de la prospérité économique de leur patrie. La plupart se convertirent avec le temps, et on en trouve peu qui aient conservé jusqu'à nos jours les vieux souvenirs jacobites. Le nombre de ceux qui ont été privés de leurs prétentions au trône d'Angleterre par l'acte du parlement de 1701 s'élève aujourd'hui à 800 ou 900. Dans l'idée des légitimistes, l'héritière la plus rapprochée du trône royal serait la princesse Louise de Bavière, née archiduchesse Marie-Thérèse d'Autriche-Este. En Angleterre, le triomphe des Guelfes a été pour le bien du pays ; ils lui ont donné des souverains distingués.

En Allemagne, les Guelfes ont succombé, et le dernier représentant de la tradition guelfe au Reichstag a été élu par une société à responsabilité limitée composée de social-démocrates, de cléricaux et de guelfes.

Le peuple allemand a bien d'autres tâches, meilleures et plus importantes à accomplir.

Il y a dix ans, il semblait que, grâce à leur alliance, la Russie et la France pourraient tenir tête à l'Allemagne. Mais depuis que l'Empire des tsars a vu se dresser devant lui, du côté où on s'y attendait le moins, un nouvel ennemi, le Japon, qui épie l'occasion favorable de lui porter un nouveau coup, la situation en Europe s'est modifiée du tout au tout. Les 12 milliards prêtés aux Moscovites comme acompte pour la revanche future constituent un mauvais placement. L'argent a manqué son but. Déconcertée par la défaite russe en Extrême-Orient, la France chercha un nouvel allié et en trouva un dans son ancienne ennemie héréditaire, l'Angleterre. Cette tentative désespérée ne lui portera guère bonheur, car c'est sur terre que le différend avec notre voisin de l'Ouest doit se régler. Là l'Angleterre ne peut prêter qu'un faible secours à son alliée, son armée de terre étant — la guerre des Boers l'a bien montré — dans de pitoyables conditions. Nous comptons avec d'autres chiffres que les Anglais. Comme l'ambassadeur de la Grande-Bretagne demandait un jour d'un ton menaçant à Bismarck ce qu'il ferait si l'Angleterre faisait débarquer 100 000 soldats au Jutland : Eh bien ! répondit le chancelier, je ferais arrêter ces gaillards !

En 1813, nous avons envoyé sur les champs de bataille le 10 pour cent de notre population, la Prusse orientale même le 13 pour cent. L'Allemagne a aujourd'hui 65 millions d'habitants et 5 millions de soldats exercés ; que peut opposer à cela la France avec ses 39 millions ? Pour sauver les apparences, ce pays recrute le 84 % des hommes en âge de servir ; nous, seulement le 48 %. Ce seul fait témoigne d'une manière écrasante de l'impuissance de l'armée française. Nous pouvons à l'heure qu'il est mener de front cinq campagnes de l'envergure de la guerre de 1870-1871. Nous faisons occuper l'Autriche, pour autant qu'elle est slave, par notre landwehr ; quant au reste, l'avenir s'en chargera. Nous abandonnons la Russie à notre cher ami le Japon, et contre la France et l'Angleterre, nous avons autant de soldats que nous en voulons.

Si les croiseurs anglais, qui dominent toutes les mers, cherchent à nous nuire en capturant notre flotte de commerce, cela augmentera d'autant la dette de la France envers nous. La France a tourné l'Angleterre contre nous, elle doit subir les conséquences de sa conduite, et le peuple français est immensément riche. Notre fortune nationale sur mer s'élève à 3 milliards, mais la France, le plus riche pays du monde, a une fortune liquide de 70 milliards. Un gage de 70 milliards, cela suffit aux exigences les plus élevées. Mais il n'est pas non plus irrévocablement sûr que l'Angleterre soit victorieuse sur mer, car il est historiquement établi que, dans les batailles navales les plus décisives, c'est souvent la plus petite flotte qui l'a emporté. Le nombre n'est pas tout. Les capacités des équipages et le perfectionnement technique des vaisseaux sont plus importants. La Grande-Bretagne s'arroge expressément le droit de ne reconnaître sur mer, en temps de guerre, aucune propriété privée. Suivons son exemple, en tant que puissance germanique, et reportons le même droit sur le domaine qui nous appartient, sur la terre. Au temps de la guerre de Trente ans et des combats napoléoniens, nos voisins ont traité le sol allemand comme si c'était un bien sans maître. Aujourd'hui encore les villes de l'est allemand souffrent d'avoir été dépouillées de leurs forêts par Napoléon. Il n'y a que peu d'années qu'Elbing et Koenigsberg ont éteint les dettes contractées en 1807. Le tort qui nous fut fait alors était si immense que ce serait déjà une raison suffisante pour en tirer vengeance. Mais c'est un tort plus grand encore de vouloir empêcher l'expansion de l'Allemagne. Le crime est tel qu'on est autorisé à user des moyens de répression les plus violents pour répondre à la germanophobie.

Il nous faut un nouveau droit des gens. Il n'y a pas besoin de chercher un nom bien longtemps. Nous l'appelons le code naval anglais. Les conditions des traités de paix doivent être beaucoup plus serrées. Si en 1871 nous avions expulsé les Alsaciens récalcitrants, forcé la France à donner asile à ces colons ; si nous avions réparti le sol entre nos braves soldats, nous n'aurions pas tant à nous plaindre aujourd'hui de la *Französelei* dans le pays. Si, en 1871, nous avions pris tout le bassin de la Meuse et de la Moselle, chassé les habitants, que nous aurions remplacés par de nouveaux colons ; si, au lieu de 5 milliards, nous en avions exigé 25, nous ne nous serions pas retrouvés en 1878 déjà devant l'éventualité d'une guerre avec la France. Un épuisement aussi complet aurait privé à jamais la France de la possibilité d'augmenter le nombre de nos ennemis.

La Plus Grande Allemagne, une fois organisée, accusera les chiffres suivants :

	Allemagne	POPULATION Plus Grande Allemagne			Augmentation		SUPERFICIE en kilomètres carrés		
		Total	Allemands	Etrangers	Allemands	Etrangers	Allemagne	Plus Grande Allemag.	Augmentation
Prusse	40 mill.	45,6	37,1	8,5	1,1	4,5	348 702	425 086	76 384
Autriche	—	7,4	7,4	—	—	—	—	114 000	—
Bavière	6,5	9,0	7,1	1,9	0,6	1,9	75 870	102 837	26 957
Saxe	4,5	8,5	6,3	2,2	1,8	2,2	14 933	39 933	25 000
Wurtemberg	2,3	2,85	2,6	0,25	0,33	0,25	19 504	26 876	7 372
Bade	2,0	3,13	3,13	—	1,13	—	15 081	23 370	8 289

Nous voulons inaugurer une ère nouvelle dans un nouvel

Empire, dont la loi suprême sera la suivante : « Le but essentiel de la Plus Grande Allemagne est le profit des Allemands. Toutes les lois particulières ne sont que l'application de cette loi fondamentale. »

Le Parlement de la Plus Grande Allemagne sera élu au suffrage universel. Tout homme marié, âgé de trente ans, peut obtenir droit de vote. Celui-ci est accordé sur demande aux « Vollbürger », c'est-à-dire à tous ceux qui jouissent de leurs droits civils et politiques. Ne peut être Vollbürger que celui dont l'allemand est la langue maternelle, dont l'instruction correspond aux programmes des écoles populaires, dont le sang est allemand sans mélange et qui prête le serment civique. La jouissance des droits civiques peut être enlevée par un tribunal à qui, par ses paroles ou ses actes, a agi contre les intérêts du Deutschtum. Celui qui, dans les élections, ne donne pas sa voix, prouve par là qu'il a pleine confiance dans la conduite du gouvernement ; il transmet ainsi sa voix pour chaque cas particulier à l'Etat, qui prend à lui la totalité des voix non données et les reporte sur le candidat qui lui paraît le plus qualifié.

Obliger l'électeur à voter — sous peine éventuellement d'une amende égale à l'impôt d'un an sur le revenu — serait porter atteinte au droit qu'a l'individu de disposer de lui-même, et puis, cela toucherait peu le citoyen qui n'a que 60 pfennig à payer. Ceux qui ne fréquentent pas les salles de vote sont de paisibles citoyens qui sont contents de tout et chez qui la conscience du devoir accompli est incapable de surmonter la force d'inertie. Le résultat d'une élection au parlement actuel d'après ce nouveau système, qui tient aussi compte des paisibles citoyens, serait tout autre que jusqu'ici. A peine 10 social-démocrates seraient-ils élus. Notre mode d'élection actuel a pour résultat immédiat la falsification de l'opinion du peuple.

Les nouveaux pays allemands de l'Empire : la Bohême du Nord et celle du Sud, la Moravie, la Marche du Sud et le Küstenland n'auront le droit d'être représentés au Parlement qu'une fois la colonisation allemande achevée.

L'allemand est l'unique langue employée par les autorités dans la Plus Grande Allemagne. On peut, sur demande, accorder un interprète ; mais celui qui le demande aura à acquitter une taxe dont le montant sera en raison de ses ressources imposables et de l'importance du cas. La moitié de cette taxe ira alimenter la caisse de l'Etat réservée à la colonisation allemande.

Livres, journaux, périodiques, brochures ne peuvent être publiés qu'en allemand. Exceptionnellement, on fournira gratuitement des livres dans des buts pédagogiques dans les écoles de l'Etat. On ne peut introduire de livres de l'étranger qu'avec l'autorisation de l'Etat et un droit de timbre se montant au 100 pour cent de leur valeur. Les journaux venant du dehors doivent payer le droit d'entrée et le même droit de timbre. L'Empire a le droit de revendiquer gratuitement la première page de n'importe quel journal pour exposer au peuple, sans couleur de parti, les vues du gouvernement.

Les écoles supérieures comprendront une *Bürgerschule* (école bourgeoise) avec six classes, et une *Gelehrtenschule* (lycée) avec trois classes. La première enseigne l'anglais dès le début et le latin dans les trois dernières classes. Le but de l'enseignement de l'anglais est de posséder cette langue, tant pour l'écrire que pour la parler. On ne donnera pas plus de deux heures par semaine au latin. Le but essentiel de l'enseignement est la langue allemande et le civisme. L'école secondaire donne droit au service volontaire d'un an. Chaque cercle en possédera au moins une. Il faut avoir fréquenté ces classes avec succès pour être admis dans la *Gelehrtenschule*.

La *Gelehrtenschule* comprend trois sections parallèles équivalentes, indépendantes cependant, et dont l'établissement dépendra des besoins des diverses localités. La section classique comprend le latin, le grec et l'hébreu ; elle est destinée aux théologiens, aux juristes et aux philologues qui étudient les langues mortes. Dans la section moderne, on enseigne le français, l'espagnol, le russe et on prépare les philologues modernes et les commerçants. Dans la section scientifique se donnent la zoologie, la biologie, la botanique, la chimie et la physique ; elle est destinée aux médecins, dentistes, vétérinaires, pharmaciens, techniciens, chimistes et naturalistes. Les autres branches d'études restent ce qu'elles sont aujourd'hui.

On admettra aussi des étrangers dans les écoles secondaires. Les *Gelehrtenschulen*, par contre, qui donnent accès aux universités et aux écoles polytechniques supérieures, ne recevront que les fils de citoyens allemands.

Dans la Plus Grande Allemagne, aucun étranger n'a le droit d'acquérir des immeubles bâtis ou du terrain. Cette loi existe dans nombre d'Etats.

Une union douanière de la Plus Grande Allemagne avec les pays des Balkans et du Danube serait dans leur intérêt et le nôtre. D'un côté, la Plus Grande Allemagne, puissance mondiale, pays industriel et commercial, de l'autre, les Magyars, les Roumains, les Serbes, les Bulgares, les Albanais et les Grecs, peuples exclusivement agricoles. La différence s'observe déjà dans la densité de la population qui est deux fois plus grande en Allemagne que dans ces pays. Par cet accord, le commerce de tout l'Orient, de l'Asie Mineure, de la Syrie et de la Mésopotamie tomberait entre nos mains. Ces contrées pourraient devenir pour nous ce que l'Égypte est pour l'Angleterre, non seulement un débouché pour les produits de l'industrie de la métropole, mais aussi un point d'appui, et un acheminement vers notre expansion dans l'Extrême-Orient et en Afrique.

Je parlerai plus loin en détail de nos désirs et de nos espérances dans le domaine colonial.

Une fois ces plans mis à exécution, les Allemands du sud auraient atteint l'unité à laquelle ils ont droit. Ce processus est tellement naturel que ce serait miracle s'il suscitait de sérieux adversaires. Ce que les peuples romans, Espagnols Français et Italiens, ce que les Germains occidentaux, les Anglo-Saxons ; ce que les Germains du Nord, les Scandinaves ; ce que les Slaves de l'Est ont réalisé depuis longtemps, personne n'empêchera les Allemands de le réaliser à leur tour. Ces peuples aussi ont dû conquérir leur unité de haute lutte !

La Plus Grande Allemagne sera le but et l'œuvre du vingtième siècle ! Empire d'une puissance ethnique immense, nous remplirons le centre de l'Europe. — Alors nous serons à même de satisfaire aux nouvelles tâches et aux exigences qui s'imposeront à nous.

CHAPITRE IV

Situation précaire de la Hollande.

Nous avons exposé en détail la situation à la frontière sud-orientale de notre pays dans la partie de cet ouvrage qui traite de la maison des Habsbourg et du peuple allemand. Portons maintenant notre attention sur notre frontière occidentale.

Les Pays-Bas se sont détachés de l'Empire allemand à l'époque de sa plus grande faiblesse, alors que l'union leur imposait des devoirs et des charges sans plus leur promettre aucun avantage. Quand, après la mort de Charles-Quint, le pays fut vendu à l'Espagne comme poids mort par les Habsbourg — qui ont tant mérité du germanisme — l'Espagne chercha à asservir les Néerlandais économiquement et intellectuellement. Alors ce peuple, qui était plus allemand que l'Empire allemand, proclama son indépendance. Au cours des siècles, il a fait son évolution à part et élevé son dialecte au rang de langue littéraire. Néanmoins, nous constatons chez lui à l'heure qu'il est des mouvements qui dénotent le désir de se rapprocher de nous. Les Néerlandais sont gens pratiques, qui ont en vue leur avantage dans tout ce qu'ils font, et ils sont obligés de reconnaître aujourd'hui qu'il vaudrait mieux pour eux appartenir au grand Empire allemand.

Trois raisons leur imposent cette conviction. Tout d'abord

ils se rendent compte qu'au XXe siècle les petits territoires ne peuvent plus, économiquement parlant, subsister avec avantage. Le monde n'est plus un champ ouvert à la libre activité commerciale comme en 1600, où Amsterdam était la première ville de commerce du monde, et où Batavia était le plus grand comptoir de l'Asie orientale. Les temps de la liberté commerciale sont passés ; ce fut une invention anglo-hollandaise qui a apporté aux deux pays des avantages immenses, aussi longtemps que l'Angleterre a été le seul Etat industriel existant et, à ce titre, désigné pour l'exportation. Il était dans l'intérêt anglais que les marchés du continent européen importassent, libres de droits, les marchandises de l'Angleterre, et les Pays-Bas touchaient les bénéfices de l'intermédiaire. En payement, l'Angleterre prenait l'excédent de blé et les produits bruts de l'Europe. Comme elle était alors le seul preneur de ces marchandises, et que tous les autres Etats avaient surabondance de blé et le lui offraient à qui mieux mieux, c'était naturellement elle qui fixait les prix, et elle exploitait la situation avec l'habileté que chacun lui reconnaît. Aujourd'hui, la situation a changé. L'Angleterre ne peut, il est vrai, nourrir ses habitants que deux mois sur douze au moyen du blé qu'elle produit, et elle est réduite à en importer pour les dix autres, mais le marché européen n'est plus ouvert aussi absolument qu'autrefois à l'industrie anglaise, car les grands Etats sont devenus eux-mêmes des pays industriels, particulièrement ceux de l'Europe centrale, qui ont une grande puissance d'achat.

L'Allemagne, autrefois cliente des plus importantes, est devenue une des plus redoutables concurrentes de l'Angleterre sur le grand marché mondial. La population a tellement augmenté en Allemagne que ce pays n'est plus en mesure de payer avec son blé les produits de l'industrie étrangère. Aujourd'hui l'Allemagne elle-même doit acheter des céréales.

Parallèlement à l'industrie, le commerce, et surtout le commerce maritime, se sont développés à tel point que le courtage des Pays-Bas court le risque d'être éliminé. Les Pays-Bas sont situés au milieu des trois plus grands pays industriels du monde, dont deux ont déjà passé ouvertement au protectionnisme, tandis que le troisième, l'Angleterre, s'y achemine avec entrain. Un fort parti, dont la puissance et l'influence grandissent de jour en jour, veut réunir en un seul tout économique les territoires disséminés sur les cinq parties du monde, l'Angleterre avec ses colonies, 31 millions de kilomètres carrés avec 406 millions d'habitants, et le fermer par des droits élevés.

Qu'en advient-il, dans ce cas, des Pays-Bas ? Leur position, si favorable autrefois au commerce mondial, devient la plus défavorable qui se puisse imaginer.

Comme territoires douaniers fermés, il faut encore tenir compte de la Russie avec 136 millions d'habitants, et des Etats-Unis de l'Amérique du Nord avec 90 millions. La Russie, avec ses 22,8 millions de kilomètres carrés, était en mesure de se soustraire complètement à l'influence européenne, et elle a mis à profit cette possibilité avec une brutalité que personne ne lui conteste.

Elle n'est surpassée à cet égard que par l'Amérique du Nord, où la duplicité hypocrite de l'Anglo-Saxon s'unit à la froide cruauté de l'Indien, et le diplomate nord-américain s'est déjà acquis une certaine célébrité en Europe par la politesse sans fard avec laquelle il présente dans les cours ses imperturbables prétentions.

L'Allemagne, l'Angleterre, la France, la Russie, le Japon et l'Amérique du Nord ont, avec leurs colonies, 866 millions d'habitants. La terre tout entière en a 1569 millions. Si nous soustrayons encore de ce dernier chiffre les 400 millions de la Chine, il ne reste plus qu'une partie relativement petite pour la libre concurrence, et cette partie est exploitée à fond par les six puissances mondiales.

Comment les Néerlandais peuvent-ils rivaliser avec ces centaines de millions d'individus? Partout le mot d'ordre est: «A bas les mains!» Aussi la situation de la Hollande et de la Belgique est-elle devenue très précaire par la création de ces grands Etats, et leur annexion à l'un d'entre eux n'est-elle plus qu'une question de temps. Cette situation empire d'année en année par la régulière élévation des droits d'entrée. Les Etats éloignés ne sauraient prétendre à opérer cette annexion; quant à l'Angleterre et à la France, elles ne demanderaient pas mieux que d'accueillir leurs voisines, mais cela, nous ne le souffrirons pas.

La lutte pour cette annexion et pour la réorganisation de l'Autriche est le ressort secret de la politique au commencement du XXme siècle.

Mais examinons d'abord la question au point de vue commercial. La France ne peut point offrir d'hinterland aux Pays-Bas. Le territoire de la Seine a son port naturel dans le Havre, le territoire de la Somme et du haut Escaut dans Calais et Boulogne. Pourquoi les produits de ces pays devraient-ils choisir la route plus longue d'Anvers? Pour des raisons nationales, les Français ne la choisiraient même pas si elle était plus courte. Il ne peut être question de l'Angleterre, puisque son territoire n'a aucun point de contact avec celui des Pays-Bas.

Commercialement parlant, les Pays-Bas n'ont d'autre recours qu'en l'Allemagne, et si, au moyen âge, leur avantage les poussait à se séparer de l'Empire, l'instinct de la conservation les forcera maintenant à y faire retour. Aujourd'hui, ils peuvent encore poser des conditions, mais quand nous aurons réglé notre grand compte avec l'Angleterre et la France, ce sera nous qui les poserons. Ce n'est qu'à contre-cœur que Hambourg est entré dans l'Union douanière allemande, mais, grâce à ce fait, le chiffre de ses affaires a triplé aujourd'hui.

Le territoire économique allemand s'arrondira d'une manière heureuse par l'entrée des Pays-Bas dans le corps germanique, car c'est une absurdité que le bassin du Rhin, où se trouvent les principales industries de l'Empire, soit séparé des ports maritimes qui en dépendent, Anvers, Rotterdam et Amsterdam, par une ceinture douanière. Autrefois, quand les marchandises ne pouvaient circuler que par voie d'eau, une frontière ne pouvait pas avoir les grands inconvénients qu'elle offre aujourd'hui, où les droits protecteurs et d'exportation rendent plus avantageux le transport par chemin de fer pour un grand nombre de produits.

L'essor du commerce d'Anvers n'est qu'apparent. Les vaisseaux du Lloyd et de la Hapag qui partent de Hambourg et de Brême pour les pays d'outre-mer avec le 90 % de leur cargaison touchent Anvers et y prennent le 10 % qui leur manque et qui provient de l'hinterland allemand, c'est-à-dire du bassin du Rhin. Mais, dans la statistique d'Anvers, on n'enregistre pas seulement ce 10 %, mais encore le 90 % et on l'enregistre à double titre, comme importation et comme exportation. Il est facile, de cette manière, d'arriver à de gros chiffres. Mais si les vapeurs allemands touchaient Rotterdam au lieu d'Anvers pendant une année, — ce qui leur conviendrait tout aussi bien, — le grand trafic d'Anvers disparaîtrait d'un coup.

La situation s'est encore aggravée pour les Pays-Bas par la construction du canal Dortmund-Ems, parce que le district industriel westphalien d'Emden a acquis un nouveau port sur la mer du Nord, et que tout ce territoire, d'une extraordinaire puissance de production et d'achat, s'est trouvé perdu pour eux. Avec le temps, Emden deviendra un des plus grands ports d'exportation de l'Allemagne. Avec le temps, Emden sera pour le territoire du nouveau canal ce qu'est Brême pour le territoire de la Weser et Hambourg pour celui de l'Elbe. Le commerce changera derechef ses routes comme il l'a déjà fait assez souvent. Venise, Augsbourg et Nuremberg ont été les villes commerciales les plus brillantes du monde au moyen âge, tant que l'ancienne route des Indes et de l'extrême Orient passait par la Syrie et l'Arabie. Après la découverte de l'Amérique et de la voie maritime qui doubla le cap de Bonne-Espérance, leur éclat n'a pas tardé à pâlir, et leur place a été prise par Anvers et par Amsterdam. En 1600, ces deux villes étaient les principaux ports commerciaux du monde. Amsterdam n'enregistre plus aujourd'hui que 1,4 million de tonnes, tandis que Hambourg en enregistre 10,8. Anvers accuse sans doute encore un chiffre élevé, mais il n'est plus qu'une escale des vaisseaux allemands. Sans ceux-ci, il serait tombé au niveau d'Amsterdam. Mais, par suite de l'énorme augmentation qu'a subie, d'une manière générale, le commerce mondial, ces deux ports ont encore un mouvement considérable, et ne sont pas encore aussi insignifiants que Venise. Seulement il n'y a pas d'état stationnaire dans la vie. L'état stationnaire est un recul, et le canal Dortmund-Ems est pour les Pays-Bas le recul évident. Personne, dans les Pays-Bas, ne peut plus se refuser à cette constatation. Les villes maritimes et commerciales qui se trouvent en dehors du territoire économique auquel elles appartiennent du fait de la nature et dont elles dépendent, marchent à leur ruine.

Pour peu qu'ils y réfléchissent, les Néerlandais se rendront compte de la situation qui leur sera faite par le développement du réseau des canaux allemands, en particulier par la mise en communication du Rhin avec le canal d'Ems, qui donnera à ce fleuve une seconde embouchure près d'Emden. La distance de Cologne à Emden par Dortmund est à peu près la même que de Cologne à Rotterdam et à Amsterdam. Le trajet par eau jusqu'à Anvers est même de 50 km. plus long. L'importance de la distance, même par les routes fluviales, ressort du fait qu'on nourrit en Belgique le projet de construire le plus tôt possible un grand canal navigable d'Anvers à Cologne. La réunion du Rhin au canal d'Ems donne à l'Allemagne la possibilité de barrer ce fleuve à Emmerich soit pour se récupérer des frais de construction et d'exploitation de ses canaux, soit pour des raisons politiques, et pour exercer quelque pression sur un voisin un peu lent à comprendre.

Cette importance politique de nos canaux n'a pas été suffisamment relevée jusqu'ici du côté allemand, et peut-être n'y a-t-elle même pas été généralement reconnue. Il ne restera aux Néerlandais d'autre alternative que de faire retour à l'Empire allemand pour assurer leur avantage. Dans la vie de l'Etat d'aujourd'hui, il n'y a qu'un mobile, et ce mobile est l'avantage de ses membres.

Autre motif pour les Néerlandais de se rallier à l'Empire allemand : ils ne peuvent manquer de se rendre compte que leurs deux dialectes, le hollandais, parlé par 5,1 millions d'individus, et le flamand, parlé par 3,5 millions, sont trop faibles pour leur permettre une vie intellectuelle indépendante. La France, avec sa langue celto-romane, n'a aucune valeur pour les Pays-Bas. Le hollandais et le flamand sont des dialectes bas-allemands élevés à la dignité de langues écrites. Ceux qui n'ont pas observé les choses de près ignorent que la Hollande ne possède pas l'unité linguistique. Dans la Frise, au nord-est du Zuidersee, on parle le frison ; à l'est, dans les provinces de Zwolle, d'Assen et de Groningue, le westphalien, c'est-à-dire le même dialecte que dans les districts limitrophes d'Osnabrück et de Münster, qui appartiennent à la Prusse. Le long de la frontière, près de Rheine sur l'Ems, on ne remarque, pour autant que je le sais, aucune différence de langage d'un village à l'autre. A la frontière méridionale de la Hollande, le dialecte flamand enjambe la frontière. Le bas-allemand règne de Dunkerque à Reval et à Dorpat.

Quand, au XIIIe siècle, l'Ordre teutonique colonisa, au moyen d'Allemands, les territoires de la Vistule et du Pregel, il fit venir des Pays-Bas actuels une grande partie des nouveaux habitants. Les villes d'Elbing et de Preussisch-Holland ont été construites par des Hollandais. En Silésie également il y a des localités dont les fondateurs, — cela est historiquement établi, — sont venus des bouches du Rhin. Ainsi donc, il n'était pas question non plus à cette époque de différence linguistique.

Il n'existe pas d'obstacle linguistique à l'heure qu'il est.

Celui qui comprend le platt-deutsch du Mecklembourg, du Holstein ou du Hanovre s'habituera rapidement à la forme hollandaise de ce dialecte. Pour un habitant de la Haute-Bavière ou du Tyrol, la chose ne serait pas, à vrai dire, tout à fait aussi facile. Personne ne demande à Rosegger de composer *Läuschen und Rimels*, et n'attend de Fritz Bandelow un *Schnadahüpfel*. Mais si un Mecklembourgeois et un Tyrolien voulaient se comprendre dans leurs dialectes, ce ne serait pas non plus très simple. Le haut-allemand est là pour ça. Mais ce qui est bon pour l'habitant de la Basse-Allemagne et pour celui de la Haute est aussi à conseiller au Hollandais et au Flamand, même si, comme ceux-ci le font, il conserve tranquillement chez lui l'idiome qu'il a hérité de ses pères. Au moyen âge, il s'en est aussi fallu de peu que le dialecte mecklembourgeois ne fût élevé à la dignité de langue écrite. Au début de la Réformation, on prêchait en platt-deutsch dans les villes maritimes de la Basse-Allemagne, à Lübeck, à Rostock, à Wismar et à Stralsund.

La Hollande égale à peu près, pour le nombre d'habitants, la province du Rhin, et le pays flamand la province de Saxe. Or nous pouvons nous représenter, à la rigueur, que dans ces deux provinces il puisse paraître des journaux relativement importants, et même de différentes tendances, qui ne sauraient prétendre à être lus en dehors de leurs frontières; mais nous nous rendons compte que ni dans l'un ni dans l'autre de ces pays ne pourraient prospérer, en nombre important, ces grandes revues de famille hebdomadaires comme nous en avons à choix en Allemagne. Avec notre nombreuse population, il nous est absolument impossible de nous représenter ce que c'est de ne pouvoir lire chaque semaine les publications auxquelles on est habitué que dans un autre dialecte, ou même dans une langue étrangère, en anglais ou en français. La chose est encore pire quand il s'agit de journaux spéciaux, qui ne peuvent naturellement avoir qu'un cercle restreint de lecteurs, par exemple de ceux qui traitent d'économie forestière, de physique ou de chimie, d'architecture ou d'exploitation des mines.

La Hollande et le pays flamand ont sept universités pour une population d'à peu près 8,6 millions d'habitants. C'est un chiffre très élevé, puisque l'Empire allemand, avec ses 65 millions d'âmes, n'a que 22 universités. Mais il en résulte aussi que les hautes écoles néerlandaises ne peuvent être au même niveau que les allemandes, ou du moins que quelques-unes d'entre elles. Fréquemment, des professeurs allemands reçoivent des appels pour les universités néerlandaises faute de candidats indigènes de même valeur. Après une série d'années plus ou moins longue, quand ils se sont fait une réputation, ils reviennent souvent aux universités de l'Empire, parce qu'ils y trouvent un champ d'activité plus vaste. Il est naturel que ces professeurs allemands portent dans les Pays-Bas l'esprit des hautes écoles allemandes ; ils font imprimer leurs livres en même temps en Allemagne et en Hollande, et les professeurs indigènes suivent leur exemple, parce que, dans leur pays, il n'existe pas suffisamment d'acheteurs pour des ouvrages scientifiques. Plus d'un va s'établir tout à fait en Allemagne, comme le grand chimiste Van't Hoff, récemment décédé.

En ce qui concerne la Suède et la Norvège, il en est, comme chacun sait, exactement de même que pour la Hollande et le pays flamand. Je me borne à faire remarquer que nous, Allemands, nous ne pouvons considérer au fond comme des étrangers les Nordenskiöld, les Nansen et les Sven Hedin ; leurs livres paraissent en même temps sur le grand marché allemand, ou même plus vite que dans leur patrie ; ils font chez nous des conférences en langue allemande comme s'ils étaient Allemands ; ils ont acquis chez nous le droit de bourgeoisie et jouissent de tous nos droits. Dans leur patrie plus restreinte, ne paraissent au fond que des traductions d'ouvrages écrits en haut-allemand, et les auteurs néerlandais ou scandinaves se promettent un profit plus grand de l'édition allemande. Aujourd'hui que les livres de contenu scientifique vieillissent si rapidement, il est doublement fâcheux qu'on ne puisse espérer l'écoulement d'une nouvelle édition améliorée. En ce cas, la stagnation intellectuelle est un mal qui fait promptement son apparition.

Nous trouvons dans la vie intellectuelle le même marasme que dans le développement économique, et ces deux marasmes réagissent l'un sur l'autre. Il suffit de songer, par exemple, avec quelle rapidité les découvertes se succèdent en chimie et en médecine, et comment les connaissances grandissent de jour en jour. On reconnaît généralement, chez nos adversaires, que les progrès grandioses de l'Allemagne en matière économique résultent du fait que les universités allemandes sont les premières du monde. Cette solidarité entre la science et l'industrie n'a été en aucun domaine plus riche de conséquences que dans celui de la chimie. A la fin du XVIIIme siècle, le chimiste français Lavoisier pouvait soutenir avec raison que « la chimie était une science française », mais c'est un fait, au commencement du XXme, que le 90 % des produits chimiques qui circulent dans le monde sont fabriqués en Allemagne.

Ce n'est qu'en se ralliant à l'Allemagne — ce à quoi il n'y a pas d'obstacle linguistique — que le marasme peut prendre fin dans les deux régions des Pays-Bas, et que Hollandais et Flamands peuvent participer au puissant essor de l'Empire allemand. A nous aussi, Allemands de l'Empire, cet événement nous apportera un avantage au point de vue de la langue, parce que le hollandais et le flamand se sont conservés très purs de mots étrangers et ont gardé du vieux haut-allemand bien des éléments que nous avons laissé perdre. Nous disons *Sanitätsoffizier*, le Hollandais dit *Gezondheitsoffizier ;* le Hollandais est donc plus allemand que l'Allemand.

Le troisième motif pour les Pays-Bas de se rattacher à nous, c'est la conscience qu'ils doivent avoir qu'avec leur faible population, ils ne peuvent pas pratiquer une politique à eux dans un monde hérissé d'armes. En matière politiqu , les Hollandais, rendus prudents par leurs pertes, se sont habitués, au cours des années, à une extrême modestie. Néanmoins, ils ont parfois de cruelles mésaventures. D'après d'illustres modèles, les parlementaires hollandais avaient voulu faire ce qu'ont fait leurs collègues d'Angleterre, de France et des Etats-Unis de l'Amérique du Nord, et ils avaient envoyé, eux aussi, à la Douma de St-Pétersbourg, une adresse dans laquelle ils la priaient de laisser aux Finlandais leur autonomie administrative. Le député russe Purischkiewitch déchira publiquement l'adresse en déclarant que « la Russie n'avait pas à se préoccuper de l'opinion d'un pays dont on ne connaissait plus le nom qu'à cause de ses harengs et de ses fromages ». Voilà le genre de réponse qu'on fait aux désirs diplomatiques de la Chambre des députés de Hollande. Si, à ce choc menaçant, il m'est permis d'ajouter mon opinion particulière, j'exprimerai le regret que l'adresse ait été remise au député Purischkiewitch et non pas au président de la première Douma, Petrunkenowitch, car il est à présumer que la Hollande se serait mieux tirée de cette affaire, et qu'outre les harengs et les fromages, les délicieuses eaux-de-vie hollandaises auraient eu l'honneur d'une mention.

Les temps sont passés, où les Pays-Bas étaient la première puissance maritime du monde. Au commencement du XVIIIme siècle, ils pouvaient suppléer au nombre par la culture. Aujourd'hui que la culture s'est généralisée, c'est le nombre qui fait pencher la balance. Ce n'est qu'avec des pertes considérables dans le Sud qu'ils ont réussi à parer les coups de Louis XIV. Ils ont succombé presque sans résistance à la puissance de Napoléon, et s'ils sont redevenus libres, c'est aux guerres que les Allemands ont livrées pour s'affranchir du despote, et en particulier à la bataille de Waterloo et de la Belle Alliance qu'ils le doivent. Les Néerlandais ont été très heureux de laisser le prince Blücher et les soldats prussiens triompher de Napoléon ; eux-mêmes n'y ont pas contribué pour un iota. De par le droit, la Prusse aurait dû garder les Pays-Bas pour se dédommager de ses frais de guerre, mais la diplomatie anglaise réussit à frustrer du salaire de leurs peines ceux qui avaient procuré la victoire, à les faire évacuer le pays et à empêcher les Pays-Bas d'entrer dans le Corps germanique comme Etat confédéré, ainsi qu'ils en avaient eux-mêmes exprimé le désir.

Au commencement du XIXme siècle, quand le libre-échange régnait en Europe, dans les années qui suivirent l'échec du blocus continental, il n'y avait pas pour l'Angleterre de question plus importante que celle de savoir comment la porte pourrait être maintenue ouverte pour l'invasion des produits de l'industrie anglaise. Nos chers cousins ne donnaient naturellement pas ce motif comme le motif déterminant de leur conduite : ils s'échauffaient alors pour la légitimité. Ce sera un fait éternellement inexplicable que les Anglais aient réussi, en dépit du très noble principe, à « légitimer » un empire gigantesque comme le leur. Dans les Pays-Bas et le Hanovre, les Anglais se sont procuré au Congrès de Vienne une porte d'invasion en Europe pour leurs marchandises. Hambourg, Brême et Emden étaient des ports anglais. Il a fallu la guerre de 1866 pour mettre fin à cet état contre nature.

Au cours du XIXme siècle, les Pays-Bas n'ont été préservés des ambitions de la France que par le graduel accroissement des forces de l'Allemagne. Les vaines tentatives de Napoléon III leur firent voir clairement, une fois encore, combien leur situation est, au fond, périlleuse.

En 1870, l'Allemagne avait d'amples raisons de marcher contre les Hollandais, puisque le roi lui avait fourni un motif de guerre indirect par son intention de vendre le Luxembourg à Napoléon III. Le penchant du roi Guillaume III de Hollande pour la France était bien connu de toutes les puissances. Malheureusement, le ministre Thorbeke réussit à empêcher son souverain et la Hollande de prendre parti ouvertement pour la France, à retarder ainsi l'annexion des Pays-Bas à l'Allemagne, et à sauvegarder pour quelque temps encore leur indépendance. Il est dommage que cette occasion ait été perdue. Si l'inévitable était arrivé alors, les blessures inséparables de la transition se seraient cicatrisées dans l'intervalle, comme au Hanovre, où les Guelfes ne peuvent plus conquérir d'arrondissement électoral qu'en s'alliant avec les socialistes.

Si, en septembre 1870, les chefs de l'armée allemande avaient refoulé les Français de Sedan sur la frontière belge — qui est à deux pas — au lieu de les forcer à se rendre, la Belgique n'eût été en état, avec ses 25 000 soldats, ni de désarmer les 82 000 hommes de Mac-Mahon, ni d'empêcher les Allemands, habitués à vaincre, d'envahir son territoire. La Belgique eût été le théâtre des événements militaires subséquents. Les Allemands connaissent le chemin de la Belle Alliance à Paris aussi bien que celui de Metz et Strasbourg à Paris. Peut-être cela aurait-il mieux valu ainsi.

La France était abattue, et les personnalités dirigeantes de l'Allemagne étaient en meilleurs termes avec la cour de Londres que ce n'a été le cas plus tard. Dans le maréchal victorieux de Wörth on voyait plutôt le gendre de la reine d'Angleterre que le prince royal de Prusse. Mais il est difficile de juger définitivement de ces temps. Les archives secrètes sont encore fermées par égard pour les vivants.

De même qu'après la guerre de 1866 les Etats de l'Allemagne du Sud conclurent volontairement une alliance avec la Prusse, la Hollande et la Belgique auraient dû, après la paix de Francfort, se rapprocher de l'Allemagne et demander leur admission à l'Empire et à son territoire douanier. C'était alors le dernier moment pour y être accueillis avec des droits égaux.

Depuis 1870, la situation politique s'est modifiée du tout au tout. L'Allemagne a passé de 40 à 65 millions d'habitants. La France est restée à peu près au chiffre de sa population d'alors : elle n'a que 39 millions d'âmes, et la Prusse en a presque autant aujourd'hui à elle seule. Etant donnée sa force actuelle, l'Allemagne ne permettra jamais que les bouches du Rhin tombent au pouvoir d'une puissance étrangère. Les Néerlandais le savent bien, et c'est là-dessus qu'ils règlent toute leur politique. Ils acceptent volontiers tout ce que nous faisons pour eux, sans compensation, tout comme s'ils y avaient droit. Service prêté sans service rendu, à notre chère époque, où toute source de revenus doit être exploitée à l'extrême, ce n'est pas possible, à la longue. Qui veut assurer sa maison contre les risques d'incendie doit payer régulièrement les primes d'assurance. L'amour de la paix est une belle chose quand l'adversaire est obligé de reconnaître que l'on dispose de la puissance nécessaire pour la maintenir. L'amour de la paix à tout prix, par faiblesse, est une honte. Une facétie du sort veut que ce soit justement le pays où fut tenu le congrès de la paix qui ait le moins la puissance de l'imposer.

Les matelots anglais chantent : « La Hollande a des colonies, sans colons ; l'Allemagne a des colons, sans colonies, mais l'Angleterre, la vieille Angleterre — et ici la voix prend le ton d'une conviction profonde — a des colonies et des colons.» Cette chanson narquoise n'a pas tant tort que ça. La Hollande, avec ses 33 000 km. carrés et ses 5,1 millions d'habitants, règne sur un empire colonial de deux millions de kilomètres carrés et de 38 millions de sujets, tandis que l'Allemagne, avec une population treize fois plus considérable, ne possède dans ses colonies que 14 millions d'indigènes. Pour que le rapport fût égal, l'Allemagne devrait compter dans ses colonies non pas 14, mais 456 millions de sujets. *Suum cuique* est un beau principe, à condition qu'on le mette à exécution.

Observons, à titre de comparaison, que l'Angleterre, avec 42 millions d'âmes, règne sur un empire colonial de 370 millions d'habitants, et la France sur un empire de 50 millions.

Les colonies hollandaises dans la Sonde sont si vastes que la métropole n'est absolument pas en état de les exploiter réellement. C'est à peine si l'on a commencé à s'occuper de Bornéo, de Sumatra et de Célèbes. Le travail colonial de la Hollande ne s'applique au fond qu'à Java. La puissance néerlandaise y est présentée, aux élèves, dans les écoles indigènes, de manière à faire impression : des cartes murales montrent une Hollande à une échelle démesurée, de sorte qu'un œil peu exercé pourrait se la figurer aussi grande que la Russie, Sibérie comprise, tandis que les cartes des îles de la Sonde sont minuscules. Ainsi on ne néglige pas les petits moyens pour maintenir intacte la souveraineté de la Hollande sur l'Insulinde.

La Hollande n'est pas assez puissante pour défendre indéfiniment ses provinces coloniales. Sa situation empire d'année en année, et elle éprouve toujours plus le besoin de se rattacher à quelque autre Etat. Si l'Allemagne interdisait aujourd'hui à ses sujets de prendre du service dans l'armée coloniale néerlandaise, cette armée cesserait d'exister. De moyens pour cette interdiction, l'Allemagne ne manque pas. La garnison de Cologne y suffit. Et si les mercenaires allemands font défaut, les Malais culbutent tout le gouvernement hollandais dans l'Insulinde. Ainsi le gouvernement néerlandais n'est pas même en sûreté dans ses colonies.

Comme les grands Etats doivent s'industrialiser toujours davantage pour nourrir leur population sans cesse croissante, ils sont constamment forcés d'agrandir leurs territoires économiques et de les défendre contre la concurrence par des droits d'entrée élevés. L'instinct de la conservation ne leur permettra pas, en cas de nouvelles acquisitions, de se laisser influencer par le moindre égard. C'est l'Angleterre qui est allée le plus loin dans cette voie, et elle n'attend que le moment d'une complication européenne qui accapare complètement toutes les grandes puissances pour « prendre sous sa garde » les colonies hollandaises. L'absence de scrupules du Cabinet de Londres est connue ; elle a soulevé une fois encore, de nos jours, l'indignation de toute l'Europe. Les mines d'or et de diamants du Transvaal excitaient la convoitise des capitalistes anglais ; en conséquence, l'Angleterre a déclaré la guerre au Transvaal. Les politiciens de la Grande-Bretagne savaient que les 42 millions d'Anglais et les 80 millions d'hommes parlant l'anglais approuvaient la guerre ; en conséquence, ce fut la guerre. Ce que l'histoire dit de cela, cela leur est égal. Ils ne lisent que l'histoire écrite en anglais, et les 122 millions d'hommes qui parlent l'anglais, et qui ont tiré profit de la conquête, veillent à ce qu'elle leur donne raison. C'est ainsi que l'aventurier Jameson est devenu un héros populaire de l'histoire anglaise.

Quand Napoléon Ier fit son frère Louis roi de Hollande, les Anglais prirent sous leur garde les colonies hollandaises de Ceylan, de Surinam et du Cap de Bonne-Espérance. Mais, quand la domination napoléonienne eut pris fin, ils oublièrent de les rendre au nouveau royaume des Pays-Bas, que l'on créa aux dépens de l'Allemagne. Ceylan et Surinam étaient des colonies tropicales, propres aux plantations et au commerce, le Cap était une colonie agricole. Les deux premières sont complètement perdues aujourd'hui pour les Pays-Bas ;

il n'y est pas resté trace de leur souveraineté. Les îles de la Sonde, la Nouvelle-Guinée et le reste des possessions sud-américaines sont aussi des colonies tropicales, tout aussi exposées au danger d'être perdues.

La Hollande ne peut sauver ses plantations et ses places de commerce des Tropiques que d'une manière : en les mettant sous la protection de l'Empire allemand. L'Angleterre n'a encore jamais été embarrassée de trouver des motifs de spoliation, et elle ne le sera jamais tant qu'il y aura des Etats plus faibles qu'elle, et qu'on pourra employer les balles dumdum au nom de l'humanité et de la civilisation sans être accusé de cruauté, pourvu que ce ne soit pas contre les Anglais. Si l'Angleterre occupe aujourd'hui les îles de la Sonde, la Hollande est tout uniment perdue, commercialement parlant. Les Néerlandais ne peuvent rien là contre que de faire le poing dans leurs poches. S'ils font davantage, l'Angleterre coupe en deux, avec ses canons, les quelques misérables canots que l'on appelle en Hollande la flotte néerlandaise. occupe les ports et prend sous sa garde pour l'éternité la flotte commerciale hollandaise avec toute sa cargaison. Une coquette indemnité de guerre, en rapport avec les 22 milliards qu'accuse la fortune du peuple, viendra s'y ajouter. Singapour a été aménagé en port de guerre anglais. Que feront les Hollandais si, un beau jour, quelques vaisseaux de guerre anglais font leur apparition devant Batavia, Padang, Bandjermassin et Macassar, et somment poliment toutes les autorités d'avoir à quitter les îles ? Sans donner un coup d'épée, sans tirer un coup de canon, les « Mynheers » évacueront les belles îles. Résistance serait suicide, si l'on songe que les habitants sont toujours en état d'insurrection. Quand, en 1807, l'Angleterre empocha simplement la flotte danoise en pleine paix, elle ne commença pas non plus par adresser de longues demandes. Si l'Angleterre s'empare des îles de la Sonde, les Hollandais font banqueroute.

Qu'est-ce que la Hollande sans ses colonies des Tropiques ? Un négociant en marchandises coloniales sans marchandises, que ses clients prennent en pitié, et dont ses concurrents rient sarcastiquement parce que, eux, ils ont une organisation et une provision de marchandises. Couteau sans manche, et à qui manque la lame. Sacs à poivre sans poivre ! Coffre-fort sans argent ! Lettre de change sur le passé ! Vaisseau à vapeur sans charbon ! Pour ne pas devenir pareil objet de risée, il faut que la Hollande se rattache, — mais pendant qu'il en est temps — à l'Allemagne, dont la constitution comme Etat fédératif lui donne la garantie qu'elle gardera ses légitimes particularités, son dialecte et ses institutions, et ne lui demande que de prendre, comme tous les autres Etats allemands, sa part des charges de l'Empire.

Les chiffres sont instructifs. La Hollande, la Belgique et la Suisse vivent grassement à nos dépens. Ci-dessous, à titre d'explication, une série de détails qui confirment ce que j'avance.

D'abord la preuve de la richesse de ces pays.

	Richesse totale	Argent comptant Capital mobilier	Richesse totale par tête	Capital mobilier par tête
Allemagne	201 mill.	37 mill.	3092	569
Hollande	22 »	6 »	4444	1200
Belgique	25 »	7 »	3640	1014

Tout habitant de la Hollande a donc plus du double d'argent comptant, et tout habitant de la Belgique presque le double de ce qu'en a l'Allemand, et cela uniquement parce que ces deux pays n'ont pas à porter les armes comme nous. En richesse totale, les Hollandais nous surpassent du 50 %. Nous sommes les propriétaires et ils sont les locataires, mais ils ne payent pas de loyer. Ils capitalisent l'argent qu'ils épargnent grâce à ce fait, et nous rient au nez par-dessus le marché. Les Néerlandais sont d'avisés négociants, et ils doivent bien se dire que cela ne peut pas toujours durer ainsi. En ce qui concerne la Suisse, la statistique n'a pas publié de chiffres correspondant aux chiffres ci-dessus.

	Surface en km. carrés	Population	Habitants par km. carré	Total des dépenses de l'État	Dépense par tête d'habitant
Allemagne	540,777	65 mill.	120	8420 mill.	140
Hollande	32,536	5,10 »	157	354 »	70
Belgique	29,456	6,90 »	234	503 »	75
Suisse	41,346	3,70 »	90	236 »	71

Mon second tableau montre que, dans notre pays relativement pauvre, chacun de nous, Allemands, doit payer deux fois autant, pour subvenir aux dépenses de l'État, que les riches Hollandais, Belges et Suisses.

	Valeur de l'importation	Par tête	Valeur de l'exportation	Par tête
Allemagne	7670 mill.	126	6400 mill.	106
Hollande	4770 »	935	3680 »	721
Belgique	2695 »	400	2030 »	300
Suisse	1205 »	362	841 »	253

Mon troisième tableau montre l'énorme extension qu'a prise le commerce dans les trois Etats qui vivent à nos crochets.

La Hollande a, sur le pied de paix, 52 000 hommes sous les armes, la Belgique 50 000, la Suisse pas un seul. Pour que personne ne m'adresse le reproche d'inexactitude, je ne veux rien cacher et rien inventer : le Luxembourg a, en temps de paix, une armée de trois cent vingt-trois hommes. La force militaire des Etats sus-nommés est à faire peur. Quand les soldats belges ont congé le dimanche, ils se saoûlent à en perdre le sens ; alors arrive un officier qui les réunit poliment et les reconduit en fiacres à la caserne. C'est ce qu'on appelle en Belgique la discipline militaire.

La partie méridionale des Pays-Bas a pour nous de la valeur pour autant qu'elle est habitée par des Flamands. Ce pays fut pendant des siècles propriété des Habsbourg, et comme tel partie intégrante de l'Empire allemand. Après la chute de Napoléon, quand l'Angleterre garda pour elle les colonies hollandaises, elle donna à la Hollande, à titre de compensation, la Belgique, pays d'Empire allemand. Ce pays n'appartenait point aux Anglais, mais ce n'était pas pour les arrêter. Donner des pays sur lesquels on n'a pas l'ombre d'un droit a toujours été la visée des diplomates britanniques, qui brouillent ainsi gratifiés et spoliés. L'acquisition de la Bourgogne autrichienne et de Liége ne porta pas bonheur à la Hollande. Ces pays étaient purement catholiques, et l'Eglise catholique était si forte que les Flamands de la Belgique septentrionale aimèrent mieux former un royaume avec les Wallons de la Belgique méridionale, qui parlent un dialecte français. Les Belges se séparèrent de la Hollande en 1830 et fondèrent un royaume à eux. Les Flamands forment le 59 $^0/_0$ de la population, les Wallons le 41 $^0/_0$. Mais comme tout l'Etat repose sur la préférence donnée à la langue française, la vieille pensée allemande s'est à ce point fortifiée au cours des décades parmi les Flamands de la Basse-Allemagne qu'ils regrettent vivement de s'être séparés de la Hollande, et qu'ils voudraient bien que ce fût encore à faire.

Au Cap de Bonne-Espérance, les Anglais n'ont pas réussi à évincer les Hollandais comme à Surinam et à Ceylan. Cela tient à ce que l'extrémité méridionale de l'Afrique a un climat qui permet aux colons européens de vivre en agriculteurs. Le Sud-Africain britannique mesure trois millions de kilomètres carrés et a huit millions d'habitants. Sur ce nombre, on compte un million de blancs, parmi lesquels le 30 % seulement sont Anglais. Comme ces pays jouissent maintenant du régime parlementaire, les Boers ont la majorité dans les divers Conseils. Les Boers sont sédentaires ; ils sont agriculteurs et éleveurs de bétail et chérissent dans l'Afrique méridionale leur patrie. Les Anglais sont marchands ou travaillent dans les mines d'or et de diamants ; ils ne sont pas sédentaires et ne voient dans le sud de l'Afrique que le pays dans lequel ils entendent s'enrichir le plus rapidement possible pour revenir dans leur patrie et y vivre de leurs rentes. Il est donc probable que le sort de l'Afrique méridionale est de redevenir basse-allemande. La grande richesse des Boers en enfants entre aussi en ligne de compte. Les familles de quinze enfants sont la règle, mais on en trouve aussi de vingt-quatre. Des succès momentanés ne peuvent pas modifier ce développement à la longue. Il serait plus facile, semble-t-il, aux Russes ou aux Japonais d'enlever aux Anglais les Indes tropicales et d'y anéantir toute trace de la domination anglaise — puisque, dans ce pays, 250 000 Anglais seulement règnent sur 300 millions d'Hindous — qu'aux Anglais d'empêcher indéfiniment les Boers bas-allemands de régner sur le Sud-Africain.

Si le Transvaal et la République d'Orange étaient entrés en 1895 dans l'Empire allemand comme Etats confédérés, ils n'auraient pas été impliqués plus tard dans la guerre avec l'Angleterre, qui, politiquement, leur a apporté la ruine. Le bon moment eût été de le faire immédiatement après le raid de Jameson, et chacun se demande pourquoi la tentative n'a n'a pas été suivie d'effet. Car il est certain que des démarches ont été faites. La conversion qui s'est opérée ensuite dans la politique impériale allemande fait supposer que les exigences réciproques n'ont pu être conciliées.

Il est certain que la bonne volonté d'aider aux Boers ne manquait pas du côté allemand ; autrement, le télégramme au président Krüger n'aurait pas été envoyé. Le sort de ce peuple montre aux Hollandais qu'une petite nation ne peut pas opposer à une grande, dans la guerre, une résistance efficace et victorieuse ; qu'aucune grande puissance n'aurait l'idée de partir en guerre pour un tiers sans contre-partie, et enfin qu'il faut chercher à conclure des alliances pendant qu'il en est temps.

La Hollande doit se joindre à l'Empire allemand comme Etat confédéré avec sa maison royale, son territoire européen et ses colonies de l'Amérique méridionale, des îles de la Sonde et de l'Australie.

De même la Belgique. L'Etat du Congo doit devenir colonie allemande. Par l'entrée de la Belgique dans l'Empire allemand, la frontière qu'avait l'Empire sur l'Escaut du temps de Charles-Quint serait à peu près reconstituée, amorce du rétablissement de notre ancienne frontière occidentale. Nous avons réglé compte en 1871 avec la République Française et les Napoléonides, mais nous n'en avons pas encore fini avec les rois de France, et spécialement avec Louis XIV.

La barrière douanière contre nature qui s'élève à l'occident entre l'Allemagne et les Pays-Bas tombera ; les ports maritimes de la Meuse et du Rhin recouvreront leur ancien *hinterland* et verront renaître leur antique prospérité.

Le Luxembourg et la Suisse entreront également dans le nouvel Empire, en conservant leurs constitutions actuelles. Seulement, il faudra qu'ils prennent leur part de la défense de cet Empire qui les protège depuis longtemps, et qu'ils se plient aux exigences de la grande Allemagne.

Le commerce et l'industrie en Suisse sont absolument liés aux relations avec l'Allemagne. Les nombreux millions de marcs que les étrangers apportent chaque année dans le pays sont allemands pour le 75 %. Une interruption momentanée de ces relations suffirait pour forcer la Suisse à céder aux exigences de la grande Allemagne. Une partie considérable de la fortune du peuple est placée sur les établissements qui servent à l'industrie des étrangers, établissements qui perdent immédiatement toute valeur et ne rapportent plus aucun intérêt si les voyageurs allemands font défaut. Il est grand temps aussi d'empêcher certaines grandes maisons suisses de fabriquer à quelques pas de la frontière allemande des produits chimiques inventés et patentés en Allemagne et de les introduire chez nous par contrebande. Je me contenterai de mentionner la contrebande de la saccharine. Jusqu'à quel point elle est pratiquée, c'est ce que montre une petite statistique récemment dressée à Lindau. Du 1er avril 1904 à la fin de 1910, on a arrêté et condamné 88 contrebandiers trouvés porteurs de 2275 kg. de saccharine. Pendant la même période, on a surpris en Autriche 356 contrebandiers sur lesquels on a saisi 8751 kg. de cette marchandise. A Zurich, 129 personnes vivent de la contrebande de la saccharine. Le fabricant suisse ne connaît pas les charges de l'assurance ouvrière allemande, mais chez lui le gain s'écrit en grandes lettres. D'une manière analogue, le peuple allemand est volé chaque année de nombreux millions par des chevaliers d'industrie suisses qui s'affublent de titres imaginaires, attirent à eux les malades par des annonces, et leur expédient des médicaments et des conseils médicaux à des prix décuples de ceux que l'on paie en Allemagne. Contre remboursement, cela va de soi, pour simplifier les choses. Comme les victimes gardent le silence pour des raisons faciles à comprendre, il est rare que le public ait connaissance de ce joli métier.

Je ne mentionne d'ailleurs ces faits accessoires que pour montrer de combien de façons les habitants des pays que nous soutenons gratis militairement s'entendent à faire des affaires à nos dépens.

La Suisse n'a pas du tout d'armée permanente. En revanche, sa force militaire est d'autant plus grande, mais sur le papier seulement. Personne ne l'a jamais vue à l'œuvre dans une affaire sérieuse. Les statistiques évaluent à 500 000 le nombre de ses soldats. A ce taux, l'Allemagne devrait mettre en campagne dans la prochaine guerre onze millions d'hommes...

CHAPITRE V

Nos adversaires.

1. La Russie.

Le prince russe Swätopolk Mirski a publié, dans un journal russe, un projet de partage politique de l'Europe dans le sens slavo-roman. Il partait de l'hypothèse d'une victoire complète de la Russie et de la France sur l'Allemagne et sur l'Autriche. Il est très intéressant pour nous de suivre l'idée du prince-publiciste.

La Prusse orientale et occidentale, l'arrière-Poméranie, Posen et la Silésie supérieure reviendront à la Russie. Une jolie étendue de pays, à notre point de vue : 117 000 kilomètres carrés avec 7½ millions d'habitants, dont 3 millions seulement veulent passer pour Slaves. La guerre de 1870-1871 nous rapporta, à nous Allemands, l'Alsace-Lorraine avec 14 513 kilomètres carrés et 1½ million d'habitants, sans compter l'hostilité mortelle de la France, à laquelle nous devons toute la série des incidents politiques fâcheux de 1870 à 1911. La Bavière, le Wurtemberg et le grand-duché de Bade mesurent ensemble 110 465 kilomètres carrés.

Les Russes ont appris, en Sibérie et dans l'Asie centrale, à se servir d'une autre échelle que nous, modestes Allemands. De la Bohême, la Moravie et la Silésie autrichienne, le prince

Mirski forme un royaume tchèque indépendant, auquel il rattache encore la moyenne et la basse Silésie. A côté de 5,2 millions de Tchèques, il n'y aurait dans ce merveilleux royaume de Venceslas que 6½ millions d'Allemands. De belles perspectives pour le parlement de Prague. Le royaume de Saxe est agrandi par le prince Mirski des districts de Mersebourg et d'Erfurt. Le Schleswig-Holstein et le Lauenbourg deviennent danois. Le Hanovre est livré aux Guelfes et augmenté de la Westphalie par dévotion au principe de la sacrosainte légitimité. La province du Rhin, le Palatinat et l'Alsace-Lorraine deviennent français. De même, la Hollande et la Belgique. Le Nassau et la Hesse sont rétablis. La Bavière obtient le Tyrol. La Hongrie devient indépendante. Dans le Sud, on formera un royaume d'Illyrie comprenant la Serbie, la Croatie, la Slavonie, la Carinthie, la Carniole, la Dalmatie, la Styrie du Sud, la Bosnie, l'Herzégovine et le Monténégro. L'Autriche est réduite à la Basse et à la Haute Autriche, à Salzbourg et à la Styrie supérieure ; la Prusse au Brandebourg et aux districts de Magdebourg, de Stralsund et de Stettin. Selon le prince Swätopolk, le grand avantage de cette combinaison serait de rendre égaux en puissance et en habitants les royaumes d'Autriche, de Prusse, de Hanovre, de Bavière et de Saxe. Les pays allemands de l'ouest forment une nouvelle confédération du Rhin sous la glorieuse hégémonie de la France. L'Autriche et la Prusse sont sous la haute surveillance de la Russie.

C'est ainsi que l'Europe centrale apparaît à l'imagination du « Knäs » Swätopolk. Le plan est bien conçu, mais il y manque la chose essentielle : le consentement des 87 millions de Germains qui habitent l'Europe centrale.

L'aimable sincérité de nos adversaires nous autorise à disposer pareillement du monde slave et du monde roman, et même en avons-nous plus le droit qu'eux si l'on tient compte du rapport de puissance. Je rappelle à ce sujet la révolution russe. Cependant, pour éviter l'indélicatesse du prince russe, je prendrai la chose par un autre côté.

Supposons que la révolution nihiliste et anarchiste eût été victorieuse. Chose pas le moins du monde impossible, surtout si l'Allemagne et l'Autriche n'avaient pas fourni au gouvernement du tzar un appui bienveillant. L'occasion est passée, il est vrai, mais une deuxième édition revue et augmentée fait son apparition. Déjà les Japonais arment et débarquent des troupes en Corée. L'Allemagne ne soutiendra pas une seconde fois un adversaire qui fait la sourde oreille. Nous avons livré à la Russie des vaisseaux, des canons, des armes et des munitions, et nous avons gardé une attitude bienveillante, comme l'Angleterre vis-à-vis de la France en 1871. Il est probable que la cause de cette attitude fut le désir d'obliger la Russie à la reconnaissance. Nous espérions entretenir avec elle des relations amicales pareilles à celles qui avaient existé au temps de la guerre franco-allemande, et qui n'étaient elles-mêmes que le résultat de notre politique au temps où la Russie combattait en Crimée contre l'Angleterre, la France et la Sardaigne. C'en était fait alors de la Russie si l'Autriche avait encore pu se joindre aux puissances occidentales. Mais depuis qu'en Russie les Slavophiles sont au pouvoir, tout a été pour nous peine perdue. La Russie tsarienne ne veut rien comprendre au temps présent.

La première guerre russo-japonaise apporta à l'Europe étonnée l'effondrement de la puissance militaire du tsar. Les nouvelles d'Extrême-Orient ne s'accordaient aucunement avec les succès diplomatiques que la Russie avait toujours récoltés sans peine, grâce à une supériorité généralement incontestée. Nous savions combien les petits officiers japonais avaient été actifs dans les académies militaires d'Europe. Mais lorsque nous voyions dans les rues de nos grandes villes, surtout à Berlin, ces personnages petits et fluets, aux visages jaunes et anguleux, aux traits flasques, aux bras et aux jambes vissés de travers, causer joyeusement par groupes ou se promener d'une curiosité à une autre, il s'est trouvé plus d'un Allemand pour ne pas rendre justice à ces hôtes respectés. Loin de moi l'intention de blesser les Japonais; j'ajouterai même pour notre propre édification qu'ils nous regardent probablement eux-mêmes avec des yeux très critiques. Il est certain que les Japonais nous ont envoyé les meilleurs d'entre eux ; quel air peuvent-ils bien avoir alors dans leur pays, ceux qui, leur vie durant, comme leurs ancêtres le font depuis des siècles, ne se sont assis sur une chaise et n'ont mangé que du riz ! Soyons reconnaissants à notre destinée, nous autres Allemands, de ce que les braves Japonais ne sont pas nos voisins, mais bien plutôt ceux de la sainte Russie. Si les Japonais n'existaient pas, il faudrait les inventer. Où sont les jours de Cronstadt, où Russes et Français, avec la haute approbation de la reine d'Angleterre, engageaient la lutte contre l'Allemagne ?

La situation politique de la Russie était très enviable durant ces derniers siècles. Depuis que la Suède a cessé d'être une grande puissance européenne, la Turquie a été le seul adversaire naturel qu'elle eût à prendre en considération.

Au début, les Osmanlis étaient des ennemis très sérieux ; ils tenaient en échec l'Autriche et la Russie. Les pays allemands du Nord furent moins affectés par ces luttes. Lorsque, petit à petit, la Turquie déchut de sa grandeur d'autrefois, ce fut l'Autriche qui devint l'adversaire sérieux de l'empire des tsars. La lutte s'engagea pour la possession des territoires du bas Danube. Ni l'un ni l'autre des deux adversaires ne pouvait s'emparer de la proie ; il en résulta l'avènement des royaumes indépendants de Roumanie, de Bulgarie et de Serbie.

Lors du partage de la république royale de Pologne, la Russie sut s'approprier la part du lion. A la première opération, elle conquit des territoires dont la population était russe. Les Grands-Russiens conquirent le pays des Petits-Russiens. Lors du second partage, ils s'assurèrent la domination sur les Blancs-Russiens ou anciens Kriwitsches, autre branche de l'arbre russe. Mais ils allèrent plus loin encore et conquirent le territoire de l'ancienne Lithuanie. Toutes ces régions, la Pologne se les était annexées, par des guerres ou par des traités, à l'époque où la Russie était encore sous le joug des Tartares.

La Pologne avait envoyé dans ces vastes territoires de la Duna et du Dniepr, qui vont de la Baltique à la mer Noire, de grands propriétaires fonciers polonais et des ecclésiastiques catholiques, qui se nommaient Unionistes, parce que là ils ne pouvaient faire autrement, mais qui étaient en réalité de purs romains. Les Grands-Russiens furent accueillis dans ces pays en libérateurs. C'est qu'on connaissait les Polonais, mais non les tsars.

C'est à peu près aussi ce qui se produisit dans les pays baltes. Lors de la conquête de la Livonie par les Polonais, les grands propriétaires allemands se sentaient personnellement menacés par la perspective d'être chassés de leurs domaines. Ils virent leur salut dans la maison allemande de Holstein-

Gottorp. Pour la noblesse balte, les Holstein valaient bien les autres dynasties régnantes ; ils englobèrent les sujets lettes dans le mariage. On ne pouvait prévoir, à ce moment, que les choses devaient changer d'une façon si radicale.

Ce n'est que lors du troisième partage que la Russie a conquis les territoires vraiment polonais, et après les guerres pour l'indépendance, elle a eu l'amabilité de délivrer la Prusse d'un excédent de Polonais dont la fidélité était douteuse et de lui rendre ainsi son véritable caractère allemand.

La fortune de la Russie était inouïe. Après la décadence des Tartares, vers 1550, elle ne trouvait plus sur son chemin aucun adversaire digne d'elle. Le peuple russe n'est pas guerrier ; mais il a eu le bonheur de vivre au centre d'immenses espaces, entre des peuples qui étaient encore beaucoup moins guerriers que lui. Vers l'an 900, il n'y avait de Grands-Russiens que sur les bords du lac Ilmen, sur le Niémen et le Dniepr supérieurs ; aujourd'hui la Russie compte en Europe et en Asie 136 millions d'habitants. L'adversaire à la résistance duquel nous sommes habitués à mesurer la puissance de la Russie a été pendant cent ans la Turquie ; or, la Turquie compte aujourd'hui 6 millions d'habitants en Europe et 19 millions en Asie, soit 136 contre 25. Une quintuple supériorité. C'est à peu près la même chose que si l'Empire allemand, avec ses 65 millions d'habitants, s'avisait de choisir la Hollande et la Belgique avec 12 millions comme ennemis héréditaires.

A vues humaines, l'Empire allemand fut avec la Turquie, jusqu'en 1900, le seul adversaire de la Russie à prendre en considération en cas de complications militaires. Ce qui fait au total 90 millions. L'Autriche n'entre pas en ligne de compte, car les Slaves ne marcheraient jamais contre les Russes. Et encore l'Allemagne ne pourrait-elle marcher que conditionnellement, car sa frontière occidentale est constamment menacée par la France assoiffée de vengeance, et celle du nord par le petit-cousin danois. Il ne lui resterait alors que 30 millions à opposer à la Russie. Ce qui ne ferait, avec la Turquie, qu'un total de 55 millions contre 136. Dans ces conditions, il est facile de parler haut. Le fait que le Japon, avec ses 50 millions, s'est chargé de transformer du tout au tout cet état idyllique est un coup que le prince Swätopolk n'a pas encore compris.

Je donnerai, à titre de comparaison, les chiffres correspondants pour les autres puissances continentales. Comme adversaires de l'Allemagne, entrent en ligne de compte : la Russie avec 136 millions, le Danemark avec 2, l'Autriche avec 47, la France avec 39 ; au total, 215 contre 65.

Pour l'Autriche : la Russie avec 136 millions, l'Italie avec 32, l'Allemagne avec 65, la Turquie avec 25, la Serbie avec 2, la Roumanie avec 6, ensemble 266 contre 47.

Pour la France : l'Allemagne avec 65 millions, l'Italie avec 32, l'Espagne avec 17 ; ce qui fait 114 contre 39.

L'Angleterre, en tant que puissance maritime, n'entre pas en ligne de compte pour les guerres continentales. Ces chiffres sont très instructifs. La Russie et la France sont de beaucoup dans la situation la plus favorable, ce qui explique leurs succès diplomatiques de ces quarante dernières années. C'est pour nous une vraie bénédiction que cette résurrection de l'ancienne puissance mongole dans le Japon moderne. D'un seul coup, la situation a changé. Pour des temps indéterminés, la Russie cesse d'être une puissance qui, par le nombre, puisse décider des destinées des pays limitrophes.

Le grand nombre des ennemis éventuels ne nous a pas nui,

à nous Allemands. Les Allemands d'Autriche sont à dure école depuis 1866. Nous sommes devenus un peuple guerrier. Les Russes ne sont pas guerriers ; preuve en soit la paix lamentable qui termina la guerre avec le Japon.

Les Japonais sont les petits-fils du grand tsar des Mongols, Djendjis Khan, les héritiers des tsars jaunes de Bachtschi Sarei, d'Astrakan et de Kasan. Il fut un temps — mais c'est déjà si lointain qu'à peine l'érudition de quelques rares représentants de la culture européenne remonte-t-elle si haut, — il fut un temps, dis-je, où les Tartares avaient soumis par les armes, outre la Sibérie et la haute Asie, plus de la moitié orientale et méridionale de la sainte Russie, après avoir brisé complètement la puissance des princes russes par la bataille de la Kalka. Cette domination a duré 350 ans. Ce fut une période de honte et d'infamie pour le peuple russe, et surtout pour ses grands princes. Le contraste avec le temps présent est si frappant qu'il est tout indiqué de revenir avec plus de détails sur cette histoire.

Les princes russes qui avaient survécu à la bataille de la Kalka et élevaient la prétention de conserver leur souveraineté devaient se rendre sur la Volga au camp du prince tartare Batu et, de là, étaient envoyés aux sources de l'Amour, chez le grand Khan, tsar des Mongols. Je suppose que c'est de ce voyage des princes russes à travers toute la Sibérie jusqu'à la cour de leur seigneur et maître, que datent les prétentions de leurs descendants sur le bassin de l'Amour. Batu régna sur les Tartares après la mort d'Oktaï. Ce fut le règne de l'arbitraire. Lorsque l'un des princes qui mendiaient un fief ou une grâce et faisaient devant lui leur « kotau », avait le malheur de lui déplaire, il le faisait mettre à mort sur-le-champ, le plus souvent devant ses yeux. Toujours le crime et l'exécution, souvent sans autre but que celui de maintenir le règne de la crainte et de la terreur. Les grands princes russes rivalisaient de bassesse. Le plus humble et le plus rampant avait seul des chances d'être confirmé dans son autorité.

Les tsars des Mongols, ne pouvant eux-mêmes s'occuper du gouvernement de leurs terres, en chargeaient les fils de Rurik abâtardis par la crainte et la frayeur; et en particulier ceux qui payaient le tribut le plus élevé, mettaient à sa disposition les plus nombreuses troupes pour d'autres pillages, et s'entendaient aussi bien à courber l'échine devant les messagers tartares que devant le grand Khan lui-même. Pour faire rentrer les contributions, ils trouvaient les gens qualifiés : les Juifs et les Arméniens. Les prêtres russes rivalisaient d'humilité avec les princes pour obtenir la faveur des Tartares et prêchaient la plus vile sujétion. Voilà le tableau qu'offrait, il y a six cents ans, le saint Empire Russe, dont les représentants devaient dans la suite, pendant des siècles, allier la plus inquiétante audace à la plus déconcertante assurance. En récompense de sa soumission, l'Eglise orthodoxe obtint le privilège de l'exemption d'impôt. L'humilité rampante est la première des vertus, l'opposition est un crime. La dignité morale, un mot vide de sens. La mort d'un réfractaire, qui cherche à se défendre dans l'extrême détresse, est une punition méritée et une leçon.

Les princes du nord et de l'ouest, les plus éloignés de la horde dorée de Kaptschak, tombèrent en décadence ; les princes voisins, au contraire, agrandirent leurs domaines aux dépens de la Russie. Les Chevaliers du glaive de la Livonie s'étendirent vers l'est, les Lithuaniens, sous leur prince Mindowe, furent particulièrement heureux dans leurs conquêtes. Ils ajoutèrent à leur territoire du Memel les pays de la Duna et du haut Dniepr. Kiew, la mère des cités russes, fut perdue sans même que le plus léger sentiment de honte traversât le pays russe. Le royaume lithuanien s'étendit petit à petit jusque sur les bords de la mer Noire et fut, grâce à son alliance avec les Tartares, l'adversaire le plus heureux de la Russie.

Après avoir asservi pendant cent années le peuple russe, la puissance mongole se divisa en deux. La branche orientale avait soumis la Chine et établi sur les territoires populeux du Hoang-Ho et du Yan-tsé-Kiang une domination despotique, pareille à celle de l'ouest. La branche occidentale, qui s'étendait du Dniepr à l'Asie centrale, prit le nom de horde dorée de Kaptschak et eut son centre à Saraï sur la Volga inférieure. Dans la rivalité de bassesse des princes, ceux de Moscou réussirent à prendre une certaine avance. Ils arborèrent le titre de serviteurs du Khan. Emploi principal : serviteurs ; emploi secondaire : grands princes. Ils furent les auxiliaires les plus dévoués dans le grand travail d'oppression et d'épuisement du peuple russe. En 1303, Georges Danilowitch monta sur le trône de Moscou ; il avait vécu plusieurs années à Saraï, au camp de la horde, était devenu lui-même petit à petit un Tartare, et avait réussi à se faire donner pour femme la sœur du Khan Usbeck. Honneur insigne, destiné exclusivement au plus habile dans l'art de ramper. Le grand prince de Moscou fut, lors de plusieurs soulèvements, le bourreau attitré des Khans mongols; dès lors, il sut si bien s'insinuer dans les bonnes grâces de son maître que celui-ci lui confia le recouvrement des contributions sur toute l'étendue de son empire. Il profita de cette aubaine pour s'enrichir en percevant le double de ce qu'il avait à livrer. Il employa l'argent ainsi amassé à corrompre autour de lui dans la horde et à développer sa puissance. L'Eglise orthodoxe, faisant la juste réflexion que l'argent se transforme facilement en puissance, s'efforça d'attirer à elle le représentant attitré du grand Khan. Ainsi le grand-duc fit servir à ses desseins la puissance de l'Eglise comme celle du Khan. Mais sa piété ne l'empêcha pas de calomnier à la cour d'Usbeck son oncle Michel de Twer, de telle façon que celui-ci y fut assassiné. Le cadavre nu fut foulé aux pieds en présence de Georges et ne fut recouvert d'un manteau que sur l'ordre du Tartare. A quelque temps de là, un fils de la victime tua le grand prince de Moscou, alors qu'il revenait d'un voyage à Saraï pour y obtenir à force d'argent de nouvelles condamnations capitales.

Son frère, Iwan Kalitta, ou Iwan à la Bourse, lui succéda sur le trône de Moscou et dans la faveur des Tartares. Twer s'étant soulevée et ayant massacré la garnison tartare avec tous ses chefs, Iwan, dans son zèle, entreprit de venger le grand Khan Usbeck de Saraï. Cinquante mille Tartares, renforcés de troupes moscovites, attaquèrent le malheureux pays. L'archevêque Theogenost de Moscou jeta l'anathème sur les princes chrétiens de Twer, qui pourtant ne s'étaient décidés à agir qu'à la dernière extrémité. Alexandre de Twer et ses fils s'enfuirent en Lithuanie, mais la domination de Godemin n'était pas légère non plus, et sa protection n'était pas pour rien. De trois maux choisissant le moindre, Alexandre revint sur ses pas et se rendit à la merci du grand Khan. Son pardon lui fut octroyé, et il rentra même en possession de sa principauté. Mais cela ne faisait pas l'affaire de son aimable cousin de Moscou, qui s'en alla tout droit à Saraï et sut si bien intriguer qu'Alexandre et son fils Feodor furent mis à mort. Après Twer, ce fut le tour des principautés de Raesen et de Susdal. Nowgorod, la grande ville commerçante du nord, où se faisait l'échange des produits bruts de l'Orient finno-tartare contre ceux de l'Occident allemand civilisé, n'échappa à son sort qu'en appelant à son secours un prince étranger, un fils de Godemin, grand-duc de Lithuanie.

Simon Iwanowitch (1340-1353), fils et successeur d'Iwan, réussit, par des pélerinages à Saraï, à enlever à ses concurrents la charge de fermier général des impôts en Russie, moins, il est vrai, en déployant une éloquence supérieure qu'en invoquant les mérites de son père, qui avait amassé de grandes richesses. Simon ne le céda à son père sous aucun rapport ; il était aussi pieux que lui et travailla aussi activement à faire rentrer ses revenus et à faire mourir ses chers parents.

Iwan II ne régna que peu de temps, de 1353 à 1359. En ce temps-là, la pression des Mongols devint moins forte, parce qu'ils portèrent leur intérêt principal du côté du peuple chinois. Ainsi les Russes n'eurent affaire pour un temps qu'aux Tartares de l'Occident européen. Mais cette heureuse circonstance ne dura pas, car bientôt vint de la Haute-Asie une nouvelle attaque des Tartares dans la région de la Volga supérieure. A ce malheur succéda une expédition guerrière des Mordwins finnois. Les Russes se mirent en défense, mais cela déplaisait à Mamaï, Khan des Tartares du Don, qui ne voulait pas reconnaître aux Russes le droit de combattre des ennemis extérieurs. Le droit de défendre la Russie, disait-il, incombait à lui, le Khan. La Russie était-elle attaquée par le nord, elle n'avait qu'à souffrir en silence jusqu'à ce qu'il plût au grand Khan d'accourir, à supposer que celui-ci en eût le temps et le désir, ou qu'il ne fût pas occupé à d'autres choses plus intéressantes. Cet orgueil devait être puni. Le Khan Mamaï rassembla en toute hâte une armée et se dirigea vers le nord. Contre toute attente, il subit sur le Wosch une défaite. C'était contraire à tous les usages. Écumant de rage, les Mongols reformèrent une immense armée. Obéissant à la nécessité et non à leur instinct, les Russes s'armèrent pour repousser la terrible attaque. Les Lithuaniens, sous leur grand prince Jagellon, qui devint plus tard roi de Pologne, s'unirent aux Tartares pour anéantir les Russes.

Dimitry de Moscou opposa à ses ennemis une armée forte de 150 000 hommes. Depuis 1225, aucun prince russe n'avait conduit une aussi grande armée en campagne. Malgré cela, la pâle crainte le saisit, et il essaya de négocier. Ce fut en vain. Remplis d'ardeur belliqueuse et confiants dans leur vieille fortune, les Tartares n'attendirent pas l'arrivée des bandes de Jagellon. Les deux armées se rencontrèrent dans la plaine de Kalikowo. Longtemps, le combat fut indécis ; finalement, la victoire inclina du côté des Russes. Mais les princes russes furent embarrassés de ce succès, qu'ils avaient obtenu contre leur propre attente. Les pertes furent vaines et la victoire ne leur rapporta rien, car elle ne fit qu'exciter la rage des Tartares. La victoire de Kalikowo n'avait été remportée que sur les Tartares européens du Dniepr, du Don et de la Volga. Il y avait peu de chose alors du grand empire russe d'aujourd'hui. Le sud et l'est étaient tartares ; tout le pays au nord de la Volga était finnois. L'ouest était lithuanien. La Russie, ce n'était que Moscou ! Pourquoi cet état de choses ne reparaîtrait-il pas un jour ?

La puissance principale des Tartares était en Asie. Un nouveau grand capitaine y avait fait son apparition, Timur Lenk, qui réunit de nouveau dans sa main toute la puissance asiatique des Mongols. Il conquit l'Asie Mineure et envoya son lieutenant

Tochtamysch dans les contrées situées au nord de la mer Noire. Les Tartares de la Volga surent capter la faveur de ce chef. Les Tartares du Dniepr et du Don, battus à Kalikowo, cherchèrent aide et protection auprès de leurs voisins de l'Est. Leur Khan Mamaï n'en fut pas moins assassiné par un concurrent, et la puissance de la horde dorée se reforma. Les ambassadeurs du nouveau Khan, derrière lequel toute l'Asie se tenait prête, apparurent à Moscou et exigèrent tribut et présents. L'ennemi commun, Mamaï, ayant été tué, disaient-ils, les belles relations d'antan pouvaient être rétablies. Le grand-duc hésitait. Alors Tochtamysch entra en campagne avec toutes ses forces réunies, augmentées encore des bandes de Timur Lenk et de tous les peuples soumis, Polowtzes, Turcs, Caucasiens, Iraniens. Il prit Moscou et la détruisit complètement. Si l'on en croit la tradition, 24 000 hommes furent massacrés. Le grand-duc avait pris la fuite. Telles furent les conséquences de la victoire de Kalikowo. Le grand-duc Dimitry Donskoï dut consentir à une paix honteuse, d'autant plus que plusieurs princes, favorisés par Tochtamysch, rivalisaient d'humilité pour obtenir cet honneur. Nowgorod profita de la faiblesse de Moscou pour piller païens et chrétiens.

Wassily Dimitriewitch (1389-1425) succéda sans opposition à son père sur le trône de Moscou. De son temps, l'empire russe ne consistait encore qu'en la petite grande-principauté de Moscou. Le royaume de Pologne-Lithuanie était à son apogée. Jagellon s'empara de Smolensk, l'une des vieilles capitales russes. Les limites lithuaniennes atteignaient les sources de l'Oka et la mer Noire. De nouvelles bandes de Tartares, sous la conduite de Timur Lenk, firent irruption de la Haute-Asie. Il fit la conquête du pays et le mit à contribution: comme au temps de Djendjis Khan, Moscou trembla. Les Tartares de la Haute-Asie et de la Sibérie, accoutumés aux riches campagnes de l'Hindoustan et de l'Asie-Mineure, ivres encore de la victoire qu'ils avaient remportée à Angora sur une armée turque, trouvèrent que les vastes déserts de l'empire russe ne leur promettaient pas le butin qu'ils étaient habitués à recueillir pour se payer de leurs peines ; ils dédaignèrent Moscou qui, ravagée peu d'années auparavant par Tochtamysch, s'était à peine relevée de ses cendres, et se dirigèrent vers les rives de la mer Noire, qui leur promettaient plus riche proie. Ils y conquirent les comptoirs génois et vénitiens et les saccagèrent. Les Tartares pillèrent aussi au sud des pays lithuaniens. Il en résulta une guerre entre les Mongols et la Pologne-Lithuanie. L'empire moscovite était devenu tellement insignifiant que ses ennemis pouvaient sans crainte passer à l'ordre du jour sur son existence. Le territoire du peuple russe devint le théâtre des combats que se livrèrent ses ennemis orientaux et occidentaux. Le nord, avec Nowgorod-la-Grande, demeura autonome. Le nord-est était entre les mains de tribus finnoises indépendantes, bien que quelques villes éloignées comme Vietka et Vologda restassent perdues dans ces vastes régions. Le sud, les plaines du Don, du Donetz et de la Volga en aval de son confluent avec l'Oka, appartenait aux Tartares nomades. Il n'était plus possible au grand-duc de Moscou de faire rentrer le tribut. Grâce aux divisions continuelles dans le sein de la horde, il n'y avait non plus personne pour le protéger et empêcher que d'autres n'en exigeassent un de lui-même. Partager ? Qui aurait réglé ce partage ? Il n'y avait personne qui eût la puissance et le prestige nécessaires. Autant qu'il était possible, le grand-duc continua de lever les impôts. Il n'avait du reste aucune raison de ne pas le faire. S'il avait cessé, il aurait tout simplement perdu le 50 % de son revenu.

La domination mongole durait depuis deux cents ans. Dans ces temps de civilisation rudimentaire, où il n'y avait ni journaux ni livres, où lire et écrire était un art réservé à quelques élus, la grande masse du peuple russe, après deux cents ans de vasselage, oublia presque qu'il y avait eu des temps meilleurs, où l'on ne connaissait ni l'effroyable pression des Tartares, ni les rapts de jeunes filles, ni les crimes, ni les combats.

Wassily II, l'Aveugle, 1425-1465. Le règne de ce prince fut rempli de sanglantes guerres civiles. Le vainqueur faisait crever les yeux au vaincu, et le faisait jeter en prison jusqu'à ce que, la roue de la fortune ayant tourné, le vaincu en sortît pour tirer une sanglante vengeance.

Iwan III, 1465-1505, fut un homme très pieux : il ne pouvait mettre à mort l'un de ses parents sans verser des larmes d'attendrissement. Il était passé maître dans l'invention de nouveaux supplices ; pour le bon exemple, il faisait fouetter publiquement les gens les plus distingués. Les rebelles, il les brûlait, tout vifs naturellement, dans une cage de fer devant le peuple rassemblé. Iwan possédait les plus excellentes qualités ; caractère impérieux, il calculait froidement et savait attendre le moment propice, mais alors il était impitoyable ; le but devant les yeux, il ne reculait devant aucun obstacle.

Le peuple russe gémissait encore sous le knout des Tartares. Mais les Tartares se divisèrent ; il en résulta les royaumes de Kasan, de Saraï, d'Astrakan et de Crimée. Où payer le tribut ? Chacun de ces princes tartares prétendait être le seul représentant de la horde dorée. Dans le doute, Iwan III garda l'argent pour lui. Le khan des Tartares de Kasan en fut indigné et remonta la Volga avec une armée. L'angoisse fut terrible à Moscou. Le grand-duc s'enfuit, éperdu, vers le nord, abandonnant son royaume et sa couronne. L'indignation fut grande lorsqu'on apprit que le grand-duc avait soustrait le tribut dû aux Tartares. Le grand-duc esquiva le combat, et les Tartares l'emportèrent sans pouvoir arrêter l'ennemi. Le khan de Kasan exigea le paiement du tribut arriéré et le rétablissement de l'ancienne sujétion. Le grand-duc devait se présenter au sein de la horde ; suppliant et chargé de présents, il devait s'avancer à pied avec une pompeuse escorte au-devant de l'envoyé du tsar jaune, baiser son étrier, se jeter sur le ventre, faire son « kotau », écouter à genoux la lecture des arrêts et entrer dans la capitale en courant, à côté de l'étrier du grand Mongol. Ainsi le voulaient, depuis deux cents ans, les saintes traditions. Mais le tsar blanc ne pouvait se décider. En fait de cérémonies, il n'aimait que celles de l'église. Cependant, par ses négociations, il atteignit son but. Le temps de l'action était passé, novembre recouvrait les fleuves de glace. Les armées se tenaient l'une en face de l'autre, prudemment séparées par l'Oka, et s'injuriant à la manière des héros homériques ; mais comme Iwan ne pouvait absolument pas se décider à combattre, l'armée russe se débanda tout simplement; le khan Achmet parcourut le pays, ravageant la campagne et détruisant les villes, jusqu'au moment où de mauvaises nouvelles lui arrivèrent de Kasan. De nouvelles bandes de cavaliers venues de la Haute-Asie désolaient les rives de la Kama et de la Volga. Le khan Achmet perdit dans cette guerre sa couronne et sa vie. Iwan III avait de la chance dans le choix de ses ennemis. La puissance de la horde dorée était brisée, la Russie était libre. Mais non pas par sa propre force, par sa libre volonté ou par l'effet d'un combat victorieux. Jusqu'au tout dernier moment, les Russes furent les valets les plus soumis des tsars mongols. Lorsque la horde se fut dissoute par des luttes intestines, le percepteur général des impôts de Moscou fut tout naturellement l'héritier des tsars jaunes d'Asie et devint le tsar blanc de Russie, tout comme en 476, après la fin de l'empire romain d'Occident, Syagrius, gouverneur des Gaules, établit sa domination sur les régions de la Loire et de la Seine parce qu'il n'y avait personne qui pût s'y opposer. Le mot tsar parut plus distingué et fit descendre d'un degré le vieux titre de grand-duc dans l'échelle des dignités.

Infamie partout, rudesse de caractère, arbitraire, anarchie, puis tous les supplices imaginables : le knout, le feu, le pilori, la roue, l'écartèlement, couper les oreilles, le nez et les mains : tels furent les résultats de la domination mongole.

Voilà le tableau qu'offrait la Russie vers 1500, il y a donc quatre cents ans.

Wassily Iwanowitch, 1505-1533. La pression des Tartares diminua. La Haute-Asie était hors de cause. Le tsar blanc n'eut plus affaire qu'aux khanats de Kasan, d'Astrakan et de Crimée. Entre-temps la puissance de Moscou avait beaucoup grandi grâce à la conquête de Nowgorod-la-Grande. C'est le prélude de la conquête de ces khanats. La situation intérieure de celui de Kasan créa le motif de la guerre. Deux partis y luttaient pour le pouvoir. L'un demanda aide à Moscou, l'autre à Bachtschi Saraï. Achmet Giraï, le khan des Tartares de Crimée, marcha sur le nord avec une grande armée. Les faubourgs de Moscou furent livrés aux flammes. La ville tremblait devant un sort qui paraissait inévitable. Le tsar était introuvable, il avait choisi la meilleure part du courage : la fuite, disparaissant sans laisser de traces. La ville dut subir le pillage et promettre d'obliger le tsar à payer de nouveau l'ancien tribut. Les boyards promirent tout ce qu'on exigeait d'eux. Ils étaient d'ailleurs habitués à obéir au tsar. Dans leurs transes mortelles, il leur était bien égal que ce fût le tsar jaune ou le tsar blanc. Peut-être même ne distinguaient-ils pas les couleurs. Lorsque les Tartares se furent retirés, le tsar blanc se retrouva, et, ne voulant pas que les transes des boyards eussent été vaines, il les fit exécuter au plus tôt. Toute la Moscovie était dévastée. Les habitants furent traînés en captivité et vendus aux Turcs comme esclaves. Le tsar Wassily Iwanowitch était un grand homme de guerre. Il avait au Kremlin une grande quantité de canons, mais pas de poudre. Lorsque les Tartares furent partis, avec leur butin, le tsar rassembla une grande armée et envoya à Bachtschi Saraï des émissaires chargés de défier Achmet Giraï. Celui-ci lui fit répondre que, pour l'instant, il n'avait pas l'envie de combattre, mais qu'il reviendrait volontiers lorsqu'il aurait consommé tout son butin ; il connaissait le chemin de Moscou et espérait la prochaine fois trouver le tsar en personne. Afin de ne laisser au tsar blanc aucun doute sur les intentions des Tartares de Criméé, il s'empara d'Astrakan et de Kasan.

Pendant vingt-deux ans de mariage, Wassily Iwanowitch était resté sans enfants. Alors il répudia son épouse, la fit enfermer dans un couvent et se maria pour la seconde fois. Mais ce second mariage aussi resta stérile, et les frères du tsar commencèrent à espérer. Pourtant, au bout de cinq ans, la fortune lui sourit, la tsarine lui donna un héritier. Les soupçons étaient grands à la cour sur l'origine de ce fils. Après la mort du mari de sa mère, ce prince devint tsar de Russie, et fut le quatrième de « sa » race.

Iwan IV, le Terrible, 1533-1584. Il porta bien l'épithète qui décorait son nom. Il n'y a certainement jamais eu, sur aucun trône d'Europe, de monstre pareil ; peut-être pourrait-on établir un parallèle entre lui et le Pape de la noble famille des Borgia. Cependant je donne la préférence à Iwan : il fut plus terrible, ce fut l'assassin des masses. Borgia était plus distingué dans le meurtre, plus délicat dans le choix de ses victimes. Mais cela nous conduirait trop loin de raconter ici toutes les horreurs du Terrible. Car ce n'est pas d'écrire l'histoire russe que je me propose, je poursuis un but précis, qui est de dépeindre les anciennes relations des Russes avec les Mongols, pour en tirer ensuite des considérations qui s'imposent au sujet des relations et des possibilités du temps présent entre les successeurs des deux parties, d'un côté les Russes, de l'autre les Mongols d'aujourd'hui, c'est-à-dire les Japonais et les Chinois. Le trône de Kasan était la pomme de discorde de plusieurs partis, dont l'un était soutenu par les Tartares de Crimée et l'autre attendait le secours de Moscou. Dans leurs luttes, la victoire resta finalement à Moscou. La ville fortifiée de Kasan fut assiégée par des troupes auxiliaires allemandes, les murailles furent minées, une brèche fut ouverte et finalement la ville fut prise d'assaut. La garnison, forte de 32 000 hommes, ainsi que les habitants, furent passés par les armes. On n'en laissa vivre qu'un certain nombre pour les marchés d'esclaves des bords de la mer Noire, juste ce qu'il fallait pour ne pas provoquer une baisse des prix. La ville fut repeuplée par les Russes. Supposons que nous, Allemands d'aujourd'hui, nous voulions traiter de même Prague et Cracovie... Pour les Moscovites, Kasan était située en dehors des limites de la Russie antétartare. La population de Kasan était un mélange de Finnois et de Tartares. De Slaves, aucune trace. Cinq ans plus tard, ce fut le tour d'Astrakan, à l'embouchure du fleuve. Les droits que les Russes avaient sur Kasan et Astrakan peuvent être comparés à ceux que nous avons, nous Allemands d'aujourd'hui, sur Sofia et Bucarest. Les Russes possédaient Moscou sur le cours supérieur de la Volga, ils convoitaient l'embouchure du fleuve. Nous possédons Ratisbonne, Ulm et Vienne, qui sont des villes allemandes ; utilisons donc nos droits et rattachons l'embouchure du Danube au patrimoine de notre race ; ce faisant nous ne nous rendons coupables que d'une erreur : les territoires non allemands du Danube n'atteignent pas en étendue les territoires de la Volga qui, en 1572, n'étaient pas encore russes. Grâce à ces conquêtes, l'empire russe atteignit 3 751 000 kilomètres carrés, soit sept fois la superficie de l'Allemagne. C'est un peu beaucoup pour une fois. Pourtant il n'existe pas en Russie un écrivain qui, aujourd'hui, éprouve des regrets de ce que le tsar Iwan IV fût si accueillant pour le bien des autres. Ce n'était pas la mode de loucher vers l'étranger. Ce qui est profitable à mon Etat, je l'appelle droit : voilà la logique des trois tsars blancs qui, en cent années, portèrent la superficie de l'empire moscovite de 522 000 kilomètres carrés à 3 751 000 kilomètres carrés. Si l'empire allemand d'aujourd'hui soumettait dans l'espace de cent ans toute l'Europe centrale et occidentale, la Scandinavie, l'Angleterre, la France, la presqu'île ibérique, l'Italie, les Balkans et les territoires du bas Danube, s'il en dispersait les habitants, — je veux dire, s'il les chassait en Amérique, en Asie et en Afrique, — et colonisait d'Allemands les pays ainsi abandonnés, alors seulement on pourrait se faire une idée de ce que les trois tsars Iwan III, Wassily et Iwan IV ont fait pour la Russie.

Cependant le danger tartare n'avait pas disparu, et Iwan IV ne devait pas en être épargné. Le tsar était en guerre avec le roi de Pologne-Lithuanie, auquel il voulait arracher les provinces allemandes de la Baltique. En fils fidèle de l'Eglise catholique romaine, le roi de Pologne sut se tirer d'affaire : il appela à son secours les Tartares musulmans de Crimée contre les Russes chrétiens orthodoxes. Dewlett Giray, khan de Bachtschi-Saraï, appela à son aide son suzerain, le sultan de Stamboul, et s'avança contre Moscou avec 120 000 hommes. Le tsar s'enfuit dans le nord, comme ses ancêtres l'avaient fait. La ville fut de nouveau la proie des flammes. Moscou ne brûla pas en 1812 pour la première fois. Cent mille habitants furent massacrés et autant emmenés en esclavage. Chargés de butin, les Tartares s'en retournèrent en Crimée après que leur chef eut envoyé au tsar une lettre où il lui exprimait tout son mépris pour sa lâcheté. Il lui disait vouloir revenir l'année suivante et lui ordonnait de reconstruire la ville pendant ce temps, afin qu'il ne fût pas obligé de refaire en vain un chemin qu'il connaissait déjà si bien. Le tsar se précipita aux pieds de l'envoyé du khan, fit « kotau », toucha la terre de son front et se révéla très expert dans le vieux cérémoniel tartare, dont l'apprentissage et l'exercice avaient été, pendant des siècles, la première condition d'éducation des grands princes russes. Il promit de rendre Kasan et Astrakan et tout ce qu'il vint encore à l'idée de l'envoyé du tsar d'exiger. Iwan le Terrible avait beaucoup de talents, pourquoi n'aurait-il pas eu celui de prince expiateur ? Il ne commença de respirer que lorsque l'envoyé du khan fut de retour en Crimée, et afin de se protéger à l'avenir contre de pareilles exigences, il fit enrôler 7000 lansquenets allemands sous Georges de Fahrenbach.

Les voies de la politique devenaient toujours plus confuses. Des chrétiens appelaient des musulmans pour anéantir des chrétiens. Polonais et Russes étaient en guerre pour un lopin de terre allemande, pendant que l'empereur allemand écrivait de Vienne des lettres à son cher gendre, le roi de France, pour le prier de ne plus maltraiter ses sujets, comme il l'avait fait dans la nuit de la St-Barthélemy. Les Tartares empêchent les Russes de conquérir un pays allemand, et le plus grand des Slaves fait venir des mercenaires allemands pour châtier la bonne volonté des Tartares. Les plus bêtes, dans ce drame satyrique, furent encore les Allemands. En 1572, au sud de Moscou, ils battirent les Tartares, qui revenaient périodiquement. Le prince Weretinsky, qui avait enrôlé les mercenaires allemands, en reçut bientôt la récompense. Le tsar le fit accuser de sorcellerie et assassiner traîtreusement, car cela ne devait pas être que les Allemands vainquissent les Tartares, puisque les Mongols étaient invincibles. Georges de Fahrenbach et ses mercenaires tournèrent le dos à cet ingrat pays. Les naïfs Allemands avaient payé leur dû. C'est bien extraordinaire que, nouveau Rurik, Georges n'ait pas culbuté tout l'empire moscovite. Le pays slave, figé par la terreur, après avoir obéi au tsar jaune et au tsar blanc, aurait obéi aussi servilement à un tsar blond.

En terminant cette histoire de la civilisation du peuple

russe au temps des Tartares, j'aimerais donner une description des fiançailles d'un tsar en Moscovie. Le tsar blanc envoyait à tous les gouverneurs de son pays l'ordre de passer en revue les plus belles filles de leur district et de les envoyer à Moscou pour y subir un triage et une « inspection » plus minutieuse. Quand la place de fiancée du tsar était ainsi mise au concours, environ 1500 prétendantes se présentaient habituellement. De ces 1500 jeunes filles, tout d'abord 1000, puis 500, puis 200, puis 100, puis 50, puis peut-être finalement 10 étaient choisies par le tsar, ses médecins et ses sages-femmes, pour subir un nouveau concours de beauté. L'honneur était grand, comme l'empressement des intéressées, car c'était parmi elles qu'était choisi l'entourage immédiat du tsar. La mortalité était très grande dans ces camps de concentration de fiancées, quoique seules des jeunes filles fortes et saines y fussent admises. Mais il arrivait souvent que le poignard ou le poison éliminassent inopinément les concurrentes les plus assurées du succès. En Chine, dans la Tartarie d'aujourd'hui, ces concours de beauté sont encore en usage. L'oncle Bræsig, avec ses trois fiancées, n'est qu'un orphelin à côté d'un vrai tsar de Moscou, au temps où les Iwan occupaient le trône de Russie.

Il existe à Moscou une place appelée place des Vierges ; c'est là qu'était choisi le tribut annuel en jolies jeunes filles du peuple, dû aux tsars jaunes de Kasan, d'Astrakan et de Bachtschi Saraï.

Vers l'an 900 environ, accourut du nord, de la Suède germanique, Rurik avec ses hordes guerrières ; il était appelé par les Slaves du lac Illmen contre leurs oppresseurs, les Finnois. Comme ceux-ci étaient également les ennemis des Suédois, cette alliance était naturelle. Les Normands Varègues, cherchant le sud de toute leur âme, suivirent la direction du soleil et fondèrent sur le Dniepr supérieur Kiew, la mère de toutes les cités russes. Les successeurs de Rurik partagèrent le pays entre leurs enfants. Au cours des années, un incroyable morcellement s'opéra ; il y eut jusqu'à 350 petits états différents. Parmi tous ces roitelets, celui de Moscou acquit une certaine prééminence. Pendant 350 ans, les Normands régnèrent sur ce peuple pacifique, et devinrent eux-mêmes des Slaves. Alors arriva le jour de l'infortune. Par la bataille de la Kalka, en 1225, les princes russes perdirent leur indépendance au profit des Tartares. J'ai exposé par le menu cette période mongole pour des causes bien déterminées. La terrible domination dura 347 années, donc environ de nouveau à peu près le chiffre fatidique de 350, qui paraît être pour la Russie une période d'importance décisive. La bataille de Moscou, en 1572, fut la dernière tentative des Tartares pour regagner leur domination ; ils furent battus ; la Russie était libre. 900, 1225, 1572, 1922. Une nouvelle période de 350 années va bientôt se terminer. Les Tartares vont-ils revenir ? La comète de Halley, en 1910, était-elle le signe précurseur d'événements en marche, l'épée de feu d'un nouveau Gengis Khan ? Après la bataille de Moscou, en 1572, le gros des Tartares se retira dans la Haute-Asie et s'y unit à la masse principale de ce peuple, qui avait trouvé en Chine un pays fertile et une population plus facile à tenir dans l'obéissance. Seuls quelques faibles débris restèrent en cours de route et menèrent une existence obscure, retenus ensemble surtout par leur foi en Mahomet, qu'ils avaient embrassée lorsqu'ils avaient eu recours au sultan de Stamboul. On peut aussi commettre des erreurs en déterminant l'orbite des comètes. A quelques-unes il faut mille ans, mais elles reviennent à point nommé. L'époque tartare de la Russie reviendra également. Dans la bataille de Moukden, les armées du tsar blanc ont été écrasées par le génie guerrier des généraux du tsar jaune, le Mikado du Japon. Les Russes d'aujourd'hui ne sont pas plus guerriers que ceux d'autrefois. En exposant d'une façon détaillée la période tartare de l'histoire moscovite, mon but principal a été de dépeindre fidèlement ce défaut de caractère des Russes.

La période qui va de 1572 à nos jours n'est qu'un misérable trompe-l'œil, dû au travail civilisateur des barons allemands de la Baltique au sein des masses du peuple russe. Il y eut un temps en Russie où la porte des honneurs s'ouvrait d'elle-même devant tous les Allemands. Comment se ferait-il, sans cela, que dans ces derniers siècles on trouve tant de noms allemands à la tête de l'armée et de l'administration ? Si l'on voulait ériger aujourd'hui pour les tsars russes une allée de la victoire, on serait embarrassé de trouver d'illustres généraux et fonctionnaires portant des noms russes. Les hommes les plus considérables de tous les temps furent des Allemands.

Les temps ont changé. Les panslavistes gouvernent maintenant la Russie. N'avaient été les quelques généraux allemands, les batailles et les retraites de la guerre russo-japonaise eussent été encore bien plus terribles pour la sainte Russie. Moukden serait devenu une nouvelle bataille de la Kalka. La maison de Holstein-Gottorp est devenue slave, comme avant elle la race de Rurik, et elle repousse les fonctionnaires et officiers allemands. Ce n'est point une recommandation aujourd'hui de porter en Russie un nom allemand, ce nom fût-il même retentissant ou fût-il celui d'ancêtres qui ont fait de grandes choses pour la gloire et l'honneur de leur patrie d'adoption. Si nous trouvons par hasard encore des noms allemands dans les sphères dirigeantes, les personnages qui les portent sont devenus si parfaitement slaves, qu'à part leur nom allemand, rien ne leur est resté. Aussitôt qu'un Allemand embrasse la foi orthodoxe et épouse une Russe, il est perdu, et ses enfants d'autant plus.

Vienne un nouveau danger tartare pour l'Europe orientale. il trouvera en Allemagne un peuple plus conscient de ses destinées qu'autrefois, alors que les Iwan et les Wassily de Moscou devaient courir à côté de l'étrier du cheval lancé au galop de l'envoyé du grand-khan qui faisait son entrée dans la ville. En Allemagne est née une race affamée de territoires, et qui sait qu'un village allemand dans l'est a plus de valeur qu'une fabrique dans l'ouest, même si elle rapporte les plus beaux revenus et donne les plus belles espérances pour l'avenir. Terre! terre! s'écrient les paysans dans les romans de Frenssen. Terre! terre! non pas en Afrique ou en Asie, mais à proximité de notre patrie, de notre chère patrie allemande.

J'avais encore une troisième raison, une raison majeure, d'exposer si en détail la domination tartare sur les Moscovites. Je veux détruire la croyance en l'immutabilité des limites des peuples germains et slaves. Les événements de ces dernières années sont déjà un commencement de confirmation de mon dire. Il y a dix ans, la croyance en l'infaillibilité des tsars était beaucoup plus solide qu'aujourd'hui, après Port Arthur, Tsu-Chima, Moukden et la paix de Portsmouth.

Des cinq cents premières années de l'histoire russe, du royaume de Rurik, de son ascension et de sa chute, des Tartares et de leur puissance, le lecteur de journaux de l'Europe centrale ne sait généralement rien ou presque rien. Il ne se doute pas qu'il y eut un temps où tout le pays compris entre la mer Baltique et la mer Noire était, comme aujourd'hui la Sibérie septentrionale, presque inhabité, où l'on n'y rencontrait que quelques pauvres nomades, bergers et chasseurs, menant le long des fleuves et des marais une existence misérable, et se souciant bien peu qu'à quelque cent kilomètres vînt s'établir, attiré par les rivières poissonneuses, un nouveau colon, d'une autre race peut-être et d'une autre langue. Le lecteur de journaux doit savoir que la domination russe sur les vastes territoires de l'Europe orientale n'est que l'effet d'un pur hasard. Les Varègues auraient tout aussi bien pu introduire leur langue dans le pays, comme ils l'ont fait en Islande et en Angleterre. De même les Finnois, qui dominaient dans le nord entre la Volga, la mer Blanche et le golfe de Bothnie, eussent pu y introduire la leur. Et qu'est-ce qui a empêché les Tartares d'y importer une langue parente du japonais ? Vieux-normand, finnois et tartare avaient les mêmes droits, les mêmes perspectives. C'est la langue russe qui l'a emporté. Il n'en est pas moins vrai que le sang de tous ces peuples est resté. L'empire russe a en Europe 111 millions d'habitants. L'Asie russe n'entre pas ici en considération. Sur ces 111 millions, il y a 50 millions de Grands-Russiens, 27 millions de Petits-Russiens et 7,5 millions de Blancs-Russiens. Les Grands-Russiens dominent sans réserve. Les deux autres branches sont simplement sous le joug. Toutes les places en vue de l'armée, de la marine et de l'administration sont occupées exclusivement par des Grands-Russiens. Que ce soit blessant, cela est incontestable. Que de luttes chez nous pour la soi-disant égalité des droits !

C'est une tâche féconde, pour la diplomatie, de profiter de ces dissensions entre Grands-Russiens d'un côté, Petits-Russiens et Blancs-Russiens de l'autre, pour délivrer les opprimés de leurs oppresseurs.

Le principal lien qui unit les trois branches est la religion orthodoxe grecque. Leur différence réside dans la diversité de leur origine, comme dans la diversité des éléments dont chacune d'elles est formée. Les Grands-Russiens sont pour un tiers slaves, pour un tiers finnois, pour un tiers tartares. Ils sont le peuple dominant sur la Néva, la Dwina, le Don et la Volga. Les Blancs-Russiens habitent sur le haut Niémen, la haute Duna et le haut Dniepr. Ce sont les descendants des anciens Krivitches, rameau slave dans lequel le sang lithuanien entre pour la moitié. Les Ruthènes ou Petits-Russiens se rencontrent sur le bas Dniepr; ils sont le résultat d'un mélange à égales parties de Slaves, de Petchenègues, peuplade turque, et de Tartares. Mais l'influence et le sang polonais y ont aussi joué un certain rôle. Il n'y a donc guère ainsi dans tout l'empire russe qu'une trentaine de millions de Slaves. Sur 111 millions, cela ne fait que le 27 pour cent. C'est un travail vraiment grandiose. Si nous voulions réaliser ces chiffres, nous autres Allemands, nous devrions imposer la langue allemande à la France, à l'Espagne, au Portugal, à l'Italie, à l'Autriche-Hongrie non germanique et à toute la Russie. Ces chiffres sont extraordinairement suggestifs pour le lecteur de journaux allemands, mais ils sont rigoureusement exacts. La chance et l'habileté diplomatique font tout sur cette terre.

Le plus grave dans ce mélange de sangs différents, c'est que seul le sang slave originel peut être considéré comme indo-européen; tout le reste, soit la plus grande partie, est un mélange de sang mongol, turc et tartare. Or Gobineau a une très mauvaise opinion des Mongols et des Finnois, comme vous voudrez bien vous en rendre compte en lisant son ouvrage sur l'inégalité des races humaines. Il y a un proverbe qui exprime naïvement ce mélange de sang chez les Russes : « Grattez le Russe, vous trouverez le Tartare. »

Les Slaves occidentaux affirment que les Russes ne sont pas de purs Slaves, et ils ont raison.

Les Slaves orientaux prétendent que les Polonais et les Tchèques ne sont pas de purs Slaves, mais qu'ils sont à moitié Germains, et qu'ils n'ont pour langue qu'un dialecte ressemblant à la langue slave. En disant cela, les Russes ont raison.

La diversité des multiples éléments de l'empire russe apparaît clairement lorsqu'on compare entre elles les densités des diverses branches de la famille russe. On voit alors que cette densité est relativement très forte dans la vieille Moscovie et au contraire très faible dans la nouvelle Russie, dans le nord, autrefois pays finnois, et dans la partie sud et est des territoires actuellement grands-russiens, sur la Volga et le Don.

Voici un tableau de ces chiffres :

	SUPERF. EN KM²	POPULATION	DENSITÉ
Bassin de la Vistule, Pologne	115 319	10 000 000	74
Provinces baltiques . . .	94 564	2 386 918	25
Lithuanie	95 722	3 746 301	39
Russie blanche	240 665	6 908 941	28
Petite Russie	459 342	23 171 007	41
Russie du Nord, pays des Finnois.	1 835 606	11 855 060	6
Vieille Moscovie	347 091	12 335 400	38
Nouvelle Russie, Tartarie .	1 700 759	31 035 077	17
Russie d'Europe	4 889 062	111 438 704	

Revenons maintenant à notre ami le prince Swatopolk Mirski et, d'après sa méthode, établissons la contre-partie de son système. Nous voulons d'abord prendre ce qui nous touche de plus près. Je déclare expressément qu'il ne s'agit pas d'aujourd'hui ou de demain : le peuple allemand peut attendre. Pour l'individu, c'est très dur. L'individu veut voir les résultats de son travail. Cinquante ans, c'est pour un homme un espace de temps infini. Celui qui est au courant des choses de l'histoire sait que Frédéric-Guillaume Ier a créé l'armée prussienne et que Frédéric-le-Grand a livré ses batailles avec cette armée. Frédéric-Guillaume Ier a semé, Frédéric II a récolté. Nous travaillons depuis 1871. La moisson doit enfin venir.

A vues humaines, nous avons encore du travail pour cinquante ans dans les provinces de colonisation de Posen et de la Prusse occidentale. D'ici là nos amis les Japonais auront ressuscité les temps tartares ; ils auront conquis la Sibérie et combattront les Grands-Russiens sur l'Oural. Il en résultera diplomatiquement un vide entre la mer Baltique et la mer Noire, et nous, Allemands, serons les plus proches pour le remplir. Les Petits-Russiens et les Blancs-Russiens cherchent un appui vers l'ouest. Une fois déjà la puissance tartare est venue se briser contre la valeur allemande. La bataille de Liegnitz refoula les Tartares vers l'est et leur fit respecter dès lors le peuple allemand. Les Finlandais attendent depuis longtemps déjà le moment favorable pour se détacher des Grands-Russiens, leurs ennemis héréditaires.

Les parties les plus précieuses pour nous de l'héritage russe sont les provinces baltiques allemandes, la Courlande, la Livonie et l'Esthonie. Au nord, dans l'Esthonie et dans la moitié septentrionale de la Livonie, demeurent les Esthoniens, dans le sud les Livoniens, de la branche lithuanienne. Esthoniens et Livoniens sont évangéliques et forment la partie principale de la population. Il y a 250 000 Allemands. Mais la culture est allemande et donne au pays un cachet allemand. Dans les campagnes, les gros propriétaires, les pasteurs et les maîtres d'école sont Allemands. Dans les villes, les bourgeois sont Allemands, les ouvriers sont Esthoniens ou Livoniens. Les Russes ne sont représentés que dans les grandes villes, par les fonctionnaires.

C'est au milieu du XIIme siècle que s'élevèrent les premiers établissements allemands à l'embouchure de la Duna. En 1201 Riga fut fondée, et en 1202 l'ordre des Chevaliers du glaive. En 1237, cet ordre s'unit au puissant ordre des Chevaliers de Prusse. On ne pensait pas alors aux Moscovites. De Marienbourg à Riga, il y a 500 kilomètres, de Königsberg à Riga 350. Mais jusqu'à Moscou il y en a 850. Moscou passait alors par des temps difficiles. En 1225 eut lieu la bataille de la Kalka qui mit fin à la puissance des grands princes russes. De Riga à Königsberg, Danzig, Stettin et Lubeck on pouvait communiquer par la mer. La toute-puissance maritime de la Hanse était à son apogée.

Après cette réunion, les terres de l'ordre s'étendent de Thorn à Reval. L'Esthonie fut cédée par le Danemark, et la Samogitie, pays situé entre le Niémen et la Duna moyenne, y fut ajoutée par la conquête. L'ordre réunit donc sous sa domination un territoire considérable, surtout si on le compare à la petite étendue des pays allemands d'alors.

Les chiffres suivants en font foi :

Esthonie	20 248	Samogitie	25 000
Courlande	27 286	Prusse orientale	36 990
Livonie	47 036	Prusse occidentale	20 000

Au total 176 560.

L'empire allemand de 1871 est environ trois fois plus grand. De tous ces pays appartenant à l'ordre, seules la Prusse orientale et la partie de la Prusse occidentale qui en faisait partie sont revenues à l'Allemagne, donc pas même le tiers, et encore de façon tout à fait indirecte.

En 1422, la Samogitie fur perdue ensuite de la malheureuse bataille de Tannenberg. Le domaine de l'ordre des Chevaliers du glaive ne fut plus relié à la Prusse orientale que du côté de la ville de Memel. En 1522, la Réforme y fut introduite. L'ordre avait duré trois cent cinquante ans lorsqu'il succomba à ses ennemis. De nouveau le même chiffre fatidique de l'Orient : c'est en 1172 que fut fondé en Palestine l'ordre des Chevaliers teutoniques. En 1522, l'ordre se dissout. De nouveau trois cent cinquante ans plus tard, en 1871, a lieu le rétablissement de l'empire germanique sous les Hohenzollern. Coïncidence vraiment frappante.

Iwan le Terrible, déjà, voulait conquérir la côte de la Baltique. Il combattit vingt ans, mais il fut défait et dut s'estimer heureux de s'en tirer sans perte de territoire. Le courage l'abandonna, et, chose plaisante à dire, il appela à son secours le pape de Rome. Celui-ci saisit avec empressement l'occasion de se rendre agréable à son collègue le chef de l'Eglise othodoxe grecque, ennemie la plus déclarée de l'Eglise romaine ; il va sans dire avec la secrète espérance d'en être payé en espèces ayant cours chez lui. Grégoire XIII envoya le jésuite Antoine Possevino — il s'appelait aussi Posse-Vino — pour négocier la paix. Le tsar se trouvait en présence d'une coalition extraordinairement naturelle en soi, mais formée de peuples qui, jusqu'ici, n'avaient jamais uni leurs volontés dans un but commun ; il combattait contre une ligue de Suédois, de Polonais, de Lithuaniens et de Tartares. Si celle-ci s'était formée cent cinquante ans auparavant, il n'y aurait jamais eu de Russie dans la suite. Le saint Antoine de Posse-Vino s'était couvert de gloire, mais le payement se fit toujours attendre. Peut-être que dans son zèle il avait tout à fait oublié ce qui l'avait au fond conduit à Moscou. Iwan le Terrible était le meilleur diplomate des deux.

La pauvre Livonie dut payer les frais : elle échut à la Pologne. En comparaison de la vaste Russie, la Livonie n'était pourtant qu'une simple bonne-main. Les Jésuites s'y abattirent avec un zèle d'autant plus grand. Par la ruse, la force, la persuasion et les promesses, ils cherchèrent à gagner à l'église catholique ce pays protestant. Cet événement doit nous intéresser particulièrement aujourd'hui et mérite d'être gravé dans la mémoire de tout Allemand. C'est pourquoi je l'expose ici avec tant de détail. Si tout cela s'était passé au temps du grand prince-électeur, le grand maître Kettler se serait sûrement décidé pour le Brandebourg. Lorsque l'ordre fut placé dans l'alternative de se déclarer pour la Russie ou pour la Pologne, et lorsque, de deux maux choisissant le moindre, il se fut librebrement déclaré pour la Pologne, celle-ci promit solennellement de protéger la religion et les intérêts du peuple livonien. Mais, dès qu'elle en eut pris possession, le pays fut abandonné à l'arbitraire des Jésuites. Une fois que les promesses eurent atteint leur but, on s'en moqua. Les citoyens livoniens, retenus prisonniers en Russie, ne furent pas admis à rentrer dans leur pays. « Moins il y a d'hérétiques, mieux cela vaut. » Le pays fut divisé en « woïwodies », qui furent distribuées en fiefs aux nobles polonais suivant un précédent illustre. Des évêques et des prêtres romains furent appelés dans le pays, et les communautés évangéliques durent payer ces Messieurs. Que diraient Messieurs les Polonais si l'on avait appliqué plus tard dans la province de Posen les mêmes procédés qu'en Livonie ? J'aimerais bien entendre au Reichstag sur ce sujet un discours d'un «gros» du centre, député de la province du Rhin.

La Courlande devint un fief polonais, et fut attribuée au dernier grand-maître de la maison des Kettler. L'Esthonie revint à la Suède, l'île d'Œsel au Danemark.

La domination polonaise ne dura heureusement pas longtemps en Livonie. Les Livoniens appelèrent les Suédois à leur secours. Toute la mer Baltique était alors un lac suédois. La Finlande, l'Esthonie, la Poméranie appartenaient au royaume de Suède, et Stockholm était au centre de celui-ci. La Suède était alors la première puissance protestante, et les Livoniens ne cachèrent pas leur bonheur de cette heureuse annexion. Cependant leur joie ne fut pas de longue durée. Le parti des nobles, alors au pouvoir en Suède, s'inquiéta moins des beaux yeux des Livoniens que de leurs domaines seigneuriaux. A peine la Suède eut-elle établi sa domination dans le pays qu'elle fit proclamer domaines royaux tous les biens dont le propriétaire ne pouvait prouver ses droits par des titres. Or, dans les temps orageux des guerres avec Iwan le Terrible et plus tard avec les Polonais, une foule de titres et de documents s'étaient perdus, ce qui fait que les dispositions du gouvernement suédois étaient tout à fait arbitraires. La noblesse allemande envoya des délégués à Stockholm pour protester contre ces mesures, qui n'étaient prises qu'à l'effet de lui substituer une noblesse suédoise. Le principe semble bien être général qu'un domaine seigneurial n'est partout qu'un fief du monarque régnant, sauf en Allemagne, ou du moins jusqu'ici, dirons-nous par mesure de prudence, en nous réservant d'attendre un meilleur avenir. Les délégués livoniens furent retenus en prison à Stockholm et condamnés à mort. Leur chef, Patkul, réussit à s'enfuir, et, dans sa rage, se fit le négociateur diplomatique volontaire de tous les partis ennemis de la Suède.

A cette époque, régnait en Russie Pierre-le-Grand, le premier monarque de pensée européenne qu'ait eu la sainte Russie. En Suède c'est Charles XII qui était sur le trône. Si Charles avait été aussi bon diplomate que guerrier — car il fut un des plus valeureux de tous les temps — le tsar ne serait jamais arrivé, après de longues luttes sans succès militaires réels, mais seulement par les subterfuges de sa diplomatie, à effectuer l'occupation de la Livonie, de l'Esthonie, de la Carélie, de Viborg et de l'île d'Œsel. La paix de Nystädt fut signée en 1721. Il n'y a donc pas encore deux cents ans que les provinces baltiques sont au pouvoir des Russes.

La Russie n'avait pas le moindre droit à la conquête de ces pays lettes à culture allemande, situés tout à fait en dehors des limites du peuple russe. Mais ce n'était pas l'affaire du tsar Pierre Ier de s'achopper à des circonstances si peu importantes. S'il s'était fait des scrupules aussi niais, la postérité ne lui aurait pas donné le surnom de Grand. La Russie était alors en pleine croissance. La bataille de Moscou, contre les Tartares, en 1572 n'était vieille que de cent cinquante ans.

Ainsi se termina une longue période de guerres, au début de laquelle le tsar Pierre avait déclaré que son vœu le plus ardent était seulement de posséder une fenêtre sur la Baltique. Au commencement, Pierre ne possédait que l'Ingrie avec une bande de côtes de cent kilomètres. Pour une fenêtre, c'était une assez jolie fenêtre. Afin de briser l'influence des Russes à longue barbe, et peut-être par rancune contre Moscou, où il avait enduré tant de souffrances pendant sa jeunesse, Pierrre fonda sur vingt petites îles de l'embouchure de la Néva sa nouvelle capitale, nommée d'après lui St-Pétersbourg.

Cette fondation eût été mieux indiquée trois cents ans auparavant : Novgorod-la-Grande n'ayant jamais été dévastée par les Tartares, il est bien certain que ceux-ci ne se seraient jamais avancés jusque sur la Baltique. On s'est demandé souvent pourquoi le tsar avait placé St-Pétersbourg précisément à l'embouchure de la Néva, à une si haute latitude. Dans le beau et chaud Midi, sur la côte nord de la mer Noire, un climat plus doux l'invitait. Mais le climat eût été à ce moment le seul avantage, car la mer Noire était une mer intérieure turque. Sa sortie était entre les mains de l'ennemi. Le tsar eût tout aussi bien pu fonder sa nouvelle capitale sur la Caspienne. Moscou est, sans doute, passablement plus au sud. Mais, par suite de sa situation continentale, la moyenne de la température est la même que celle de Pétersbourg, soit + 3 degrés. On se figure en général Moscou beaucoup plus au sud. Il est pourtant plus septentrional que Memel, la ville la plus septentrionale de la Prusse. La position de St-Pétersbourg est très avantageuse pour le commerce : elle commande tout le nord de la Russie. La Néva communique par des canaux avec la Volga et la Dvina. Pétersbourg a la même latitude que le Klondique. Pétersbourg est l'héritière de Novgorod-la-Grande et c'est grâce à ce fait — outre, bien entendu, sa situation au bord de la mer — qu'elle l'a emporté sur sa vieille rivale Moscou. La tentative d'implanter en Russie la culture occidentale avait échoué à Novgorod-la-Grande; Moscou et le parti vieux-russe avaient eu le dessus. A ce moment, le tsar en fit de nouveau l'essai, et la Russie fut grande tant que ses successeurs marchèrent dans ses voies.

Le parti vieux-russe fut très mécontent de la fondation de Pétersbourg et de l'acquisition des provinces allemandes et protestantes de la Baltique. Pierre Ier donna un grand essor à Pétersbourg en y transférant toutes les autorités supérieures, en accaparant le commerce d'Arkangel, qui était entre les mains des Anglais, en interdisant les constructions dans tout l'empire russe jusqu'à ce que Pétersbourg fût peuplé, en obligeant les grandes familles de boyards à construire des palais dans la nouvelle ville. De tout le vaste empire et de tous ses peuples, des gens furent réunis de force pour peupler St-Pétersbourg.

Le peuple russe a autant de droit sur l'Ingrie finnoise et sur l'Esthonie, la Livonie et la Courlande de race allemande et lette que le peuple allemand sur Venise et Gênes, points de la côte adriatique et tyrrhénienne les plus rapprochées de nos frontières. L'embouchure du Danube est pour nous ce qu'est pour les Russes l'embouchure de la Néva. Je ne fais que tirer les conséquences des principes du tsar.

Au début, la fenêtre de la Russie sur l'Europe mesurait 100 kilomètres ; par la conquête de l'Esthonie et de la Livonie, elle s'accrut de 550 kilomètres ; l'acquisition de Viborg sur la Côte finlandaise l'augmenta encore de 100. Donc une fenêtre de 750 kilomètres. Pierre Ier appelait cela : la « possibilité nécessaire et urgente de relations avec l'Europe ». Dans toute cette étendue de côtes, il n'y avait pas la largeur d'un pied de sol russe, pas même de sol slave. La distance de Viborg à Riga correspond à peu près à celle de Memel à Lubeck. Si nous voulons faire nôtres les principes du tsar Pierre Ier, nous aurons tout de suite l'échelle de nos prétentions sur les côtes de la mer Noire : de l'embouchure du Dniepr jusqu'à la frontière entre la Roumélie orientale et la Turquie.

Mais le tsar n'était pas encore satisfait de ses conquêtes ; il préparait l'acquisition de la Courlande en mariant sa nièce au duc de ce pays. C'était une nouvelle perspective de 300 kilomètres de côtes pour une future extension.

Justice et injustice sont des mots vides de sens dans le domaine de la haute politique. Avantages et désavantages sont les seuls points de vue déterminants, et d'après lesquels les monarques ont à se diriger. Ce sont les vicissitudes de la haute politique qui ont permis au tsar Pierre d'acquérir 119 000 kilomètres carrés des anciens territoires des Chevaliers Teutoniques et des Chevaliers du Glaive, tandis que la Prusse-Allemagne n'en obtenait, par de longs détours, que 57 000 en Prusse occidentale et orientale.

Pour gagner à sa cause la noblesse des provinces baltiques, le tsar Pierre s'engagea à respecter tous les anciens droits écrits. Mais, dans les négociations, aucune réserve ne fut faite en faveur de la population esthonienne et lette. Le servage régnait en Russie, et seule la noblesse terrienne entrait en ligne de compte. Ces conditions furent reconnues valables aussi dans les nouveaux territoires.

La noblesse allemande parut enfin trouver le repos et put être très satisfaite du changement de maître. Le tsar nomma son gendre, le prince de Holstein-Gottorp, gouverneur du pays. Ainsi furent nouées les premières relations entre la noblesse allemande et la maison princière de Holstein-Gottorp. Lorsque, après la mort du tsar Pierre, la maison de Holstein devint maison régnante, les relations se firent toujours plus étroites pour leur bien réciproque. La Courlande, la Livonie, l'Esthonie devinrent les provinces modèles de tout l'empire. La noblesse allemande donna à la Russie ses généraux et ses hauts fonctionnaires. L'université de Dorpat fut fondée, et fut le modèle de toutes les hautes écoles créées plus tard en Russie. Le pays jouit pendant 150 ans de la tranquillité et de la paix. Même la grande guerre de 1812 épargna les provinces baltiques. La grande armée passa plus au sud, sur la route Vilna-Moscou. Contre Riga s'avança seule l'armée auxiliaire prussienne de Napoléon. La lutte et la résistance furent dignes l'une de l'autre. Les deux armées s'évitèrent le plus possible, et l'un des chefs savait toujours ce que l'autre songeait à entreprendre les jours suivants. Télégraphie sans fil !

L'université de Dorpat échangeait ses professeurs avec les autres hautes écoles allemandes de l'Empire. Les étudiants des provinces baltiques passaient quelques semestres dans les universités allemandes du sud et de l'est, puis retournaient à Dorpat subir leurs examens, pour entrer ensuite au service de l'Etat balte ou russe. On rencontre constamment, dans notre littérature, des relations avec les provinces baltiques. Kant, le philosophe de la raison pure, fit imprimer son premier ouvrage à Riga. Dans cette même ville, Herder fut en ses jeunes années pasteur et professeur à la « Domschule ». Au temps de Goethe, Courlandais et Livoniens fréquentaient les grands de Weimar. Richard Wagner commença à Riga sa carrière théâtrale et musicale. Les relations entre la maison de Gottorp et les pays baltiques étaient de nature plutôt personnelle.

Entre le tsar et les Hohenzollern, les relations étaient les meilleures qu'on pût imaginer. Dans les châteaux de Pétersbourg et de Berlin beaucoup de riches présents, de peintures, d'objets d'art en marbre ou en onyx témoignent de l'estime mutuelle. L'amitié russe était débordante.

C'était ainsi une fois ! Mais lentement, presque imperceptiblement au début, les temps changèrent.

Lorsqu'après la défaite de l'Autriche, en 1866, et celle de la France, en 1870, l'empire allemand acquit puissance et prestige, un changement dans l'opinion se fit sentir petit à petit en Russie. Les Panslavistes, qui s'appelaient autrefois Vieux-Russes, arrivèrent au pouvoir et se mirent, au moyen de leurs journaux, à travailler l'opinion publique dans leur sens. Conscients de la faiblesse de l'Empire russe, dont la formation n'était due qu'au hasard et à la conquête, ils craignirent que les provinces baltiques qui, depuis l'an 1200, ont été presque sans interruption gouvernées par des Allemands, ne subissent l'attraction du grand Empire allemand. En violation de droits et de traités dûment garantis, on ordonna de St-Pétersbourg la russification forcée et la conversion du pays à l'orthodoxie. Les diplomates panslavistes reconnurent très bien le point faible qui promettait le succès à leurs efforts ; les provinces baltiques n'ont que 15% d'Allemands contre 85% de Lettes et d'Esthoniens. La noblesse, entre les mains de laquelle se trouvaient presque toutes les grandes propriétés, le clergé du pays, entièrement protestant, et les bourgeois des villes étaient Allemands. Les travailleurs de la campagne et les ouvriers des villes, en revanche, étaient Lettes ou Esthoniens.

Créer un antagonisme entre propriétaires et travailleurs n'est pas difficile, pour un gouvernement mal intentionné. Les Panslavistes fondèrent un parti populaire lette. L'argent nécessaire fut fourni par les millionnaires russes, marchands de Moscou et de Nijni-Novgorod. De grands propriétaires fonciers de la terre noire donnèrent l'argent pour la fondation d'un parti ouvrier socialiste-révolutionnaire. La fin sanctifie les moyens. On envoya dans les plus grandes villes des fonctionnaires slaves et on exigea que l'on construisît pour eux des églises orthodoxes. Comme l'argent panslaviste affluait sans interruption, ces églises furent spacieuses et superbes. L'Allemand des bords du Rhin en connaît le style d'après la chapelle russe du Neroberg, près de Wiesbaden. Mais les églises étaient trop grandes pour les seuls fonctionnaires russes, et les domestiques qu'ils avaient amenés ; aussi la conversion forcée à l'orthodoxie vint-elle s'ajouter à la russification. Des liqueurs, des futilités, des promesses d'avantages de toute nature au détriment des patrons allemands, provoquèrent des désertions dans les couches inférieures du peuple. Or il existe en Russie une loi merveilleuse. Il est bien permis de passer d'une Eglise étrangère à l'Eglise orthodoxe, mais non de la seule vraie, qui est l'orthodoxe, à une autre. Des pâtisseries ou le fouet, on peut choisir librement. La peine de la prison pour tous les délinquants, surtout pour le clergé évangélique, fit bientôt des martyrs de cette loi brutale. Malgré tout cela, l'Eglise russe n'a pas eu grand succès dans les provinces baltiques.

D'autant plus grand fut le succès qu'obtinrent les excitateurs panslavistes dans les classes des prolétaires contre l'autorité allemande. Il a fallu des dizaines d'années pour que le mouvement, attisé d'en haut dans un si néfaste aveuglement, se répandît dans le pays. Les agitateurs travaillant dans l'ombre, les détails de cette lente évolution échappent à la publicité. Sur ces entrefaites, arriva la guerre russo-japonaise, et l'effondrement de la puissance militaire, panslaviste et antiallemande du tsar. La Russie n'a pas seulement emprunté de la France douze milliards, elle lui a aussi emprunté quelques-unes des conquêtes de sa culture. Après la bataille de Sedan, en 1870, ce fut la Commune. Après les défaites de Port-Arthur et de Moukden, ce furent la révolution socialiste et nihiliste dans la sainte Russie orthodoxe, et sa petite cousine la révolution socialiste esthonienne et lette dans les provinces baltiques.

Brûlant, tuant et ravageant, les bandes révolutionnaires parcoururent le pays ; elles attaquaient les fermes isolées, détruisaient les châteaux des barons allemands, assiégeaient de petites villes, n'épargnaient ni femmes ni enfants, et, à la mode tartare, massacraient tout ce qui se trouvait sur leur passage.

Un cri d'indignation retentit à travers toutes les provinces allemandes. On s'attendait généralement à une intervention militaire allemande pour remettre l'ordre sur les bords de la Duna et de l'Embach. Contre toute attente, il ne se produisit rien de pareil. Finalement, les dépositaires du pouvoir à Pétersbourg se ressaisirent — on en avait presque abandonné l'espérance — et envoyèrent des soldats dans le malheureux pays pour sauver ce qui était encore à sauver. La force armée russe se conduisit très mollement envers les rebelles. Maint officier russe était secrètement d'accord avec les meurtriers et les incendiaires. Cependant, la pression de l'opinion publique de l'Europe entière et le scintillement, à l'horizon, de cinq millions de baïonnettes allemandes eurent pour résultat de faire activer les choses, si bien que, superficiellement du moins, tout rentra dans l'ordre. Mais il n'est plus possible de conjurer les esprits de la révolution lette. Entre propriétaires et travailleurs il ne règne qu'un armistice. Seule la crainte de la force armée tient la bande en échec. Que cette force soit détournée par une nouvelle guerre russo-japonaise, et le carnage et l'incendie recommenceront de plus belle. L'Allemagne contemplera-t-elle l'arme au pied ces horreurs qui se passeront à sa porte ? Non, jamais ! ! Notre patience est à bout.

La seconde guerre russo-japonaise nous mettra en face de la décision. La Russie a laissé passer l'intervalle sans l'utiliser. Elle n'a pas construit de nouvelle flotte. A quoi servirait d'ailleurs une flotte quand on n'a pas d'amiraux, pas d'officiers, pas de marins qui puissent tenir tête aux marins jaunes ? Ce serait vraiment dommage pour l'argent qu'on aurait mis dans les coques d'acier. L'argent français est bon marché sans doute en Russie. Mais dans l'armée de terre non plus, rien d'important n'a été fait. Tous les deux mois, on découvre dans l'intendance russe les plus infâmes détournements. Cela fait craindre le pire quant à l'état actuel des forces russes. Le Slave est né pour obéir et non pour commander. Aussi longtemps que des généraux et des officiers allemands ont prodigué leur peine et leur travail aux masses mi-slaves, mi-tartares des moujiks russes, on a pu, en vertu du nombre, jouer une comédie éblouissante, mais qui n'a pas non plus toujours tenu ce que ses créateurs s'en promettaient. Si l'Allemand vient à être éliminé et que le Russe prenne le dessus, tout est bien fini. C'est ce qui a si bien été fait durant ces dernières dizaines d'années, qu'il faudrait un travail contraire non moins long pour remettre de l'ordre dans ce rude désordre. Mais les braves Japonais ne seront pas si bons que d'en laisser le temps à leurs voisins.

Nous nous trouvons en face de l'écroulement définitif de la

puissance du tsar. La Sibérie deviendra japonaise jusqu'à l'Oural. Les temps tartares vont ressusciter dans un décor moderne.

La Russie occidentale, qui s'appelait autrefois pays de l'ordre des Chevaliers du Glaive, et la Grande-Lithuanie feront défection et chercheront vers l'ouest, vers l'Allemagne, aide et protection.

Le temps est venu pour nous de nous familiariser avec les faits en marche, de peur qu'un jour nous ne soyons surpris par les événements. Mais conquérir et occuper n'est pas un but en soi. Combien de désagréments ne nous a pas procurés la petite Alsace-Lorraine avec ses modestes 15 000 kilomètres carrés ! L'honneur d'entrer dans l'Empire allemand et dans son union douanière, qui domine toute notre vie, doit être payé. L'Alsace-Lorraine nous a apporté en dot quatre milliards de marcs. C'était bien joli, assurément, mais vingt-cinq milliards auraient été mieux encore. Il n'y a pas d'argent à prendre dans l'est, mais il y a autre chose qui a plus de valeur que de l'argent comptant, ce sont les terres, terres de colonisation pour de nouveaux paysans allemands.

Les provinces baltiques, Courlande, Livonie et Esthonie, mesurent 94 564 kilomètres carrés ; elles sont donc six fois plus grandes que l'Alsace-Lorraine. Ce pays est beaucoup plus grand qu'on ne le croit généralement. La Bavière et le Wurtemberg mesurent ensemble 95 408 kilomètres carrés. Mais le nombre des habitants des deux royaumes est de 8 $^1/_2$ millions, tandis que les provinces du nord n'en nourrissent que 2 386 918. La différence est considérable, et jamais on ne réussira à augmenter la densité de la population de manière à ce qu'elle égale celle des pays du sud. Le principal obstacle est la situation septentrionale du pays. Pour avoir un terme de comparaison, il nous faut considérer les provinces voisines de la Prusse occidentale et de la Prusse orientale, où la densité est de 56 et 62 habitants par kilomètre carré. Ces deux provinces n'ont pas une industrie très développée, tout juste ce qu'il en faut pour l'exploitation forestière et agricole et pour le commerce des villes du littoral. Les forêts, qui appartiennent principalement à l'Etat, recouvrent du 25 au 30 pour cent du territoire. On peut espérer atteindre une situation semblable dans les provinces baltiques. Un tiers environ du territoire doit être réservé à l'exploitation forestière, si importante dans le nord, soit comme propriété de l'Etat, des villes ou des villages, soit comme grande propriété privée. Dans la province de Posen et dans la Prusse occidentale, la colonisation a attaché partout une grande importance à ce que les nouvelles localités soient dotées d'aussi grandes propriétés communales que possible. Il est recommandable d'étendre ce procédé à tous les nouveaux pays allemands, non seulement aux villages, mais aussi aux villes, afin de maintenir les impôts locaux à un taux peu élevé. En aucun cas, ils ne doivent dépasser le 100 pour cent des impôts de l'Etat. Dans nos petites villes du nord-est, les impôts communaux élevés, qui ne se justifient par rien du tout, constituent une des charges les plus vivement ressenties ; ils atteignent généralement le 250 pour cent de l'impôt sur le revenu ; ajoutez pour les industriels le 250 pour cent à titre d'impôt industriel, cela fait en certains endroits jusqu'au 500 pour cent de l'impôt sur le revenu. Cette erreur doit être évitée à tout prix dans les nouveaux territoires allemands. Sur le 35 pour cent des forêts, le 5 pour cent peut être alloué aux communes et administré par les fonctionnaires préposés aux forêts de l'Etat. On ne remettra aux communes que le produit, soit en bois, soit en espèces.

L'Etat allemand est le successeur légal de l'Etat russe en ce qui concerne les propriétés forestières. Dans mon exposé sur l'histoire des pays baltes, j'ai intentionnellement attiré l'attention sur le fait que les grands propriétaires fonciers allemands ont toujours été en danger de perdre toutes leurs propriétés, sans l'espérance du moindre dédommagement. Lorsqu'ils occupèrent le pays, entre 1200 et 1300, leurs ancêtres n'ont pas payé non plus le terrain en argent monnayé, mais ils l'ont obtenu grâce aux services rendus à l'ordre des Chevaliers du Glaive. Lorsque le pays tomba entre les mains des Polonais, ils coururent le danger de perdre leurs biens au profit des seigneurs de ce pays, et cela grâce à l'admirable organisation de la colonisation polonaise, qui veut qu'un bien ne soit qu'un fief de la couronne, qu'il y fasse retour lors d'un changement de gouvernement, et qu'une nouvelle répartition ait lieu. C'est un peu fort, je l'accorde, que des lois que vous aviez faites contre d'autres vous soient ensuite appliquées. Au temps des Suédois, les propriétés durent une fois de plus changer de maîtres et devenir suédoises. Au temps des Russes, enfin, plus d'une propriété est devenue russe, et les promoteurs de la révolution socialiste lette n'avaient qu'un seul motif : celui de déposséder les seigneurs allemands de leurs biens, pour la seule raison qu'ils étaient des Allemands et non des Russes. Quand le pays sera allemand, nous aurons pour nous le droit agraire polonais, suédois et russe. Ce serait vraiment le plus simple. Mais il y a encore une autre possibilité.

Celui qui se donnera la peine de réfléchir à ce second moyen me donnera raison.

L'agriculture, dans les provinces baltiques, est extensive. Aussi longtemps qu'elles resteront accouplées à l'Empire russe, il sera impossible de passer à la culture intensive.

Il n'y a pas, en Russie, pénurie de personnes. Les terres sont suffisamment abondantes. Ce qui manque, ce sont les bras pour les travailler et les capitaux d'exploitation. Il est très difficile de comparer les conditions de l'agriculture russe avec celles de l'agriculture allemande. Le mir est une institution extrêmement gênante. En Russie, ce n'est pas le paysan particulier qui possède les terres, mais bien la communauté des hommes d'un village. Chaque année, le territoire est réparti entre les familles suivant le nombre des personnes mâles, hommes, vieillards, jeunes gens et enfants. Comme la possession change chaque année, personne n'a un réel intérêt à l'amélioration du sol. L'engrais chimique n'y est pas même connu de nom. C'est tout juste si l'engrais animal est conduit sur les champs, moins encore pour les fumer que pour s'en débarrasser. Si un paysan a plusieurs fils, il reçoit beaucoup de terres ; s'il n'a que des filles, il en reçoit peu. Pour un paysan russe, c'est donc une bénédiction d'avoir beaucoup de garçons. Le mir ne les nourrit-il pas ? Il en est tout autrement chez le paysan allemand. Quand un paysan a douze enfants, il a des bras à bon marché, mais il ne peut partager sa ferme entre eux douze : ils devront tous aller à la fabrique, à moins que l'un ne soit préféré aux autres. Dans plusieurs parties de l'Allemagne, par exemple en Westphalie, ce n'est pas l'aîné, comme on pourrait s'y attendre, mais le cadet qui reçoit la propriété. Mais en général, chez nous, le droit à l'héritage est le même pour tous les enfants. La grande objection à faire au système russe est celle-ci : les terres mises à la disposition d'un mir restant toujours de la même étendue, les parts revenant à chacun deviennent finalement si petites que les produits ne suffisent bientôt plus à l'alimentation. Mais le paysan russe est bêtement convaincu de l'excellence de son traditionnel mir; aussi sur de vastes territoires ne se nourrit-on qu'insuffisamment, ce qui a de graves conséquences : la mortalité infantile et la dégénérescence générale. Un terrain, même excellent, cultivé extensivement, ne peut nourrir plus de vingt-cinq personnes par kilomètre carré. Cependant, en différents endroits, ce maximum est déjà dépassé dans le mir russe ; ainsi, dans la Petite-Russie, sur le Dniepr moyen et dans la partie sud de la vieille Moscovie, près de Moscou et de Toula. Il y a un seul moyen pour le paysan russe de sortir de cette misère, moyen qui lui répugne, mais auquel il recourt sur une impulsion venue du dehors, sous l'empire de la nécessité : c'est l'émigration dans la Nouvelle-Russie, le pays de la Volga moyenne et inférieure, où la densité de la population n'est que de 11. Ces territoires de la Nouvelle-Russie ont 33 millions d'habitants, tous venus pendant ces trois derniers siècles de la Grande et de la Petite-Russie. La différence entre Grands et Petits-Russiens s'y est passablement effacée. Depuis cent ans il y a en plus l'émigration en Sibérie.

Il y a loin de l'antique système de la pâture à la culture à trois assolements pratiquée en Allemagne, aussi loin que de cette dernière à la culture au moyen de la charrue à vapeur, telle qu'on la pratique de nos jours, par exemple dans la plaine de Magdebourg, sur la Gillbach près du Rhin inférieur, ou encore près de Lubeck.

L'agriculture russe en est encore, pour une partie du moins, aux moyens de culture les plus primitifs, cela en raison de la nature du pays, qui permet d'étendre à l'infini les propriétés campagnardes, ainsi que de l'attachement du moujik pour tout ce qui est traditionnel, attachement qui ne lui permet pas de se libérer de la vieille routine implantée depuis des siècles. Une autre question est de savoir si, par suite de son origine finno-tartaro-petchenègue, le paysan russe est capable de passer à la culture intensive. Les gens intelligents, et que leurs expériences ont mis à même de le savoir, en doutent du moins.

L'agriculture, dans les pays baltiques, est maintenue à un degré inférieur par l'obligation où elle se trouve de rester au niveau de l'agriculture russe en ce qui concerne le prix de ses produits, bien qu'elle travaille dans de tout autres conditions. Conséquemment les prix du terrain restent bas.

En Allemagne, au contraire, les terrains sont très chers ; cela provient d'une part de la culture, qui est excellente, qui met à profit les moindres avantages et ne craint ni la peine ni la dépense; d'autre part, des prix des produits agricoles, que le système de notre politique douanière maintient élevés. Il sort du cadre de mon travail de parler plus amplement de notre politique douanière. Je dirai seulement que, dans les circonstances présentes, je la tiens pour justifiée, et pour une condition essentielle au maintien de notre force défensive.

Supposez maintenant que l'Allemagne recule ses frontières vers l'est ; d'un seul coup le prix du terrain dans les nouveaux territoires augmenterait considérablement, et tendrait à se rapprocher de celui du reste du pays, tandis que dans l'Allemagne actuelle les prix baisseraient quelque peu.

Il est très difficile de donner des chiffres précis. A titre d'essai, je donnerai les prix qui ont été payés en 1909 pour les domaines prussiens, et qui permettent une évaluation. L'hectare de terrain rapportait dans la :

Prusse orientale	21,20	de fermage, correspondant à un prix de			1050	Mk.
Prusse occident.	25,—	»	»	»	1250	»
Prov. de Posen.	37,60	»	»	»	2000	»
Poméranie	43,—	»	»	»	2150	»
Saxe	89,10	»	»	»	4500	»
Hanovre	57,60	»	»	»	2850	»
Hesse-Nassau	40,20	»	»	»	2000	»
Brandebourg	44,—	»	»	»	2200	»

Si donc l'arpent *(Morgen)* de terre coûte en Prusse orientale 250 marcs, en Prusse occidentale 300 marcs et dans la province de Posen 500 marcs, c'est que, dans ces deux dernières provinces, la colonisation a fait monter les prix. Mais on peut admettre comme valeur réelle moyenne 250 marcs par arpent, sans crainte de faire erreur, étant bien entendu que nos tarifs douaniers restent ce qu'ils sont.

Dans les provinces baltiques, l'arpent de terre coûte en moyenne 20 marcs sous le régime russe. Les propriétaires du sol devront-ils par le fait, et au moment du passage de ces territoires dans notre union douanière, gagner 230 marcs par arpent ? Grâce à l'étendue souvent fabuleuse de leurs domaines, les barons allemands sont déjà des gens très riches d'après l'évaluation russe. Leurs richesses se trouveraient multipliées par vingt. Il ne peut être question de cela. Il doit leur en revenir un certain avantage, mais dans des limites plus modestes.

Selon estimation, la valeur totale du terrain dans les provinces baltiques est, déduction faite des terrains incultivables, de 500 millions de marcs ; du jour de l'incorporation à l'empire allemand, cette valeur montera à cinq milliards. Ce sont des chiffres fantastiques, mais ils correspondent à la réalité. Il s'agit de chercher un accommodement.

Les domaines des familles dirigeantes sont si démesurément grands que ce fait, à lui seul, constitue un grand obstacle à l'introduction des méthodes agricoles usitées et seules justifiées en Allemagne. Cependant toute violence doit être absolument évitée.

Lors de leur entrée dans les limites douanières de l'Allemagne, la propriété foncière des trois provinces sera taxée par des gens compétents. La valeur établie sera garantie aux propriétaires. De quelle manière, c'est chose à voir. On ne peut, pour aujourd'hui, que faire des propositions.

Le propriétaire foncier recevra, d'une banque provinciale à créer à cet effet, la valeur de ses terres en cédules hypothécaires au 4 pour cent, d'après l'estimation à l'ancienne valeur, plus un 10 pour cent d'indemnisation pour manque à gagner.

Ou bien la propriété sera reprise à son ancienne valeur par une banque immobilière provinciale et remise à ferme à l'ancien propriétaire. Payement en cédules hypothécaires avec permission d'en vendre immédiatement le 20 pour cent afin d'avoir l'argent liquide nécessaire pour passer de l'ancienne exploitation à la nouvelle. Aucune ferme n'excédera 1500 arpents. Les propriétaires fonciers dont les biens sont plus considérables en abandonneront l'excédent à son ancienne valeur, et contre cédules hypothécaires, au profit de la colonisation de la province.

Les propriétaires pouvant prouver que leurs biens sont depuis cent ans dans leur famille seront autorisés, après transcription hypothécaire en faveur de l'Etat, pour régler la différence entre l'ancienne valeur et la nouvelle, à garder 9000 arpents en toute propriété. Ces 9000 arpents seront divisés en six parties, dont cinq devront être données à ferme.

Les dix premières années, il n'y aura pas d'intérêts à payer, puis ils augmenteront du 10 pour cent de trois en trois ans jusqu'au remboursement intégral de la nouvelle valeur du terrain. La valeur totale devra être entièrement remboursée au bout de quarante ans. L'intérêt de l'Etat passe avant l'intérêt des majorats.

L'empire allemand apporte aux grands propriétaires des garanties contre la révolution letto-esthonienne, et exige en retour des terrains pour y établir l'excédent de sa population rurale.

Le territoire rendu disponible de cette manière deviendra propriété des autorités de colonisation des diverses provinces, et sera petit à petit distribué à des paysans allemands. Tout Allemand peut demander à être colon. Cependant les hommes qui auront fait leur service militaire auront la préférence. Chaque année de service comptera pour 500 marcs. Le cavalier, avec ses trois années de service, aura donc sur le fantassin un avantage de 500 marcs. Après cinq ans de service, un sous-officier pourra prétendre à une avance de 2500 marcs. Pour l'officier, à partir du jour de l'entrée au service, les années seront comptées à 1000 marcs jusqu'à un maximum de 20 000 marcs.

Dans chacune des trois provinces, on fondera une banque de colonisation et une banque immobilière pour les deux sortes de colonisation. Ces banques auront le droit d'émettre des obligations foncières et des cédules hypothécaires. Pour éviter une inondation subite du marché, les cédules seront estampillées de manière à laisser tous les cinq ans le 10 pour cent disponible pour la vente. Ce qui fait qu'au bout de cinquante ans la dernière pourra être changée contre de l'argent liquide.

La propriété rurale, dans les provinces baltiques, en partie en mains d'Allemands, mais principalement de Lettes ou d'Esthoniens, sera traitée d'après les mêmes principes. L'étendue de chaque ferme variera suivant la valeur du sol et sera de 50, 75 ou 100 arpents. L'excédent sera repris à son ancienne valeur au moyen de cédules hypothécaires. La colonisation reprendra ce surplus, contre payement du 20 pour cent de la plus-value, et livrera ainsi les fonds nécessaires pour l'exploitation intensive du sol.

Les terrains à coloniser seront examinés par des experts et divisés en trois classes, suivant leur valeur. Aux fermes formées de terrain de première classe, on adjugera 50 arpents, à celles dont le terrain sera de la seconde classe, 75 arpents, aux autres 100 arpents. L'arpent sera compté à 100, 75 ou 50 marcs; ce qui fait que le terrain de chaque ferme aura une valeur de 5000 à 5250 marcs. Tout Allemand ayant travaillé pendant dix ans comme valet de ferme ou journalier chez un paysan ou un grand propriétaire, aura le droit d'acheter une de ces fermes. La «Sachsengängerei» ne pourra entrer en ligne de compte, car c'est plutôt un travail de fabrique. Le nouveau colon devra payer au comptant 500 marcs à la colonisation. Les anciens soldats seront dispensés de ce payement; en outre, il leur sera déduit 500 marcs par année de service. Si bien qu'un soldat qui aura servi pendant deux ans aura pour 4000 marcs d'hypothèques, un autre ayant trois de service, 3500 marcs; un sous-officier avec cinq ans de service payera l'intérêt de 2500 marcs. Le bois nécessaire à la construction de la maison, de la grange et des écuries sera livré gratuitement par l'intendance impériale des forêts. L'abatage et le transport seront à la charge du colon. Le sol fournira la pierre. Le colon cuira lui-même ses tuiles dans des fours de campagne, suivant l'exemple de ceux de la Prusse occidentale et de la province de Posen. Lors de l'établissement des villages, on introduira un style uniforme, mais qui pourra varier d'un endroit à l'autre. Constructions contiguës ou dispersées. Maison d'habitation et locaux de ferme sous le même toit ou séparés. Le style des églises et des écoles se rapprochera de celui qu'on a adopté dans les provinces orientales. Fondements en pierre de taille, corps de bâtiment en style ogival primaire, toit élevé. Ce style s'est imposé à cause des conditions climatiques du nord-est ; la longueur de l'hiver, l'abondance de la neige sans intervalles de dégel exige une architecture spéciale. Le prix du terrain est établi de manière à ce que la moitié de la plus-value qu'on est en droit d'espérer revienne au colon et l'autre moitié à l'Etat, c'est-à-dire à la généralité. Pour faciliter le crédit personnel, on établira une caisse d'avances dans chaque arrondissement. Il n'y aura pas d'intérêts à payer les dix premières années, mais à partir de la dixième année, ils monteront du 10 pour cent de trois en trois ans, afin que la valeur entière soit remboursée au bout de quarante ans. En cas de vente, l'Etat aura droit de priorité.

Dans le cas le plus favorable, le jeune colon sera âgé de vingt-six ans, en supposant qu'il ait fait deux ans de service et qu'il ait commencé à travailler à la campagne à l'âge de quatorze ans. C'est tout à fait l'âge désirable. Il devra être marié et avoir au moins deux enfants. La femme sera d'origine allemande.

Grâce à ces conditions, le travail à la campagne comme valet de ferme ou journalier sera si recherché, qu'à l'avenir une pénurie d'ouvriers agricoles ne sera plus à redouter en Allemagne. D'un autre côté, ces conditions sont indispensables afin d'écarter des gens qui, n'ayant aucune idée du travail, ne seraient poussés que par la manie du nouveau ou le désir de faire fortune rapidement et sans grand'peine. Les agitateurs socialistes seront écartés de la colonisation.

Les trois provinces baltiques ont 2 386 918 habitants. Le 15 pour cent, soit 355 000, sont des Allemands. Lors de l'annexion, un grand nombre de Lettes et d'Esthoniens aisés se rappelleront tout à coup qu'ils ont dans les veines un peu de sang allemand, ce qui fait que le chiffre de leur population sera d'environ deux millions. La colonisation devra amener dans le pays 2 600 000 Allemands. Il y aura ainsi 3 millions d'Allemands en face de 2 millions d'étrangers. Comme les Lettes et les Esthoniens sont protestants, leur germanisation n'offrira pas de grandes difficultés, pour peu que l'Etat la veuille sérieusement.

La province d'Esthonie sera augmentée au sud des territoires de l'Embach et de la Pernau, ce qui portera sa superficie de 20 000 à 40 000 kilomètres carrés ; elle atteindra donc celle de la Silésie, qui est la plus grande province prussienne. Elle comprendra ainsi tout le pays esthonien. Reval, la vieille ville de commerce du littoral, autrefois membre important de la Hanse, deviendra la capitale et le siège des autorités supérieures : présidence de la province, commandement militaire, direction des chemins de fer, direction supérieure des postes, bureau principal des douanes, écoles supérieures de province. Outre Reval, Dorpat et Pernau seront chefs-lieux de districts gouvernementaux. Reval comprendra la partie nord de la province, le pays arrosé par les rivières qui se jettent dans le golfe de Finlande. Dorpat, le bassin de l'Embach et du lac Peipus, avec ses petits affluents venus de l'ouest. Dorpat aura dans ses murs l'université de province et obtiendra encore le tribunal suprême de toute l'Esthonie. L'arrondissement de Pernau comprendra le versant occidental de la province, le bassin de la Pernau. Chaque arrondissement sera divisé en huit à douze cercles ; chaque cercle mesurera de 1200 à 1500 kilomètres carrés et possédera, outre le chef-lieu, deux autres villes ; de cette façon il y aura tous les 400 ou 500 kilomètres carrés un centre d'approvisionnement, un médecin, un pharmacien, un point de croisement des lignes de chemin de fer, avec ses voies d'accès. Chaque arrondissement gouvernemental aura deux ou trois tribunaux ; chaque cercle deux ou trois cours de première instance.

Par compensation pour les territoires cédés dans le nord, la Livonie sera étendue vers l'est en remontant le cours de la Duna. La frontière passera à cinq kilomètres en amont de la ville de Disna sur la Duna. Cette province comprendra le bassin de la Duna inférieure et de l'Aa de Wolmar. Sa capitale sera la vieille ville hanséatique de Riga, qui a déjà plus d'un quart de million d'habitants. Riga deviendra le siège de toutes les autorités supérieures de la province, ainsi que du tribunal suprême. On y fondera une haute école technique. La province sera divisée en quatre arrondissements gouvernementaux, Riga, Kreuzbourg et Dunabourg, comprenant chacun la partie correspondante du bassin de la Duna, et au nord Wolmar. Subdivision en cercles comme en Esthonie. La Livonie mesurera environ 40 000 kilomètres carrés et aura ainsi à peu près la superficie de sa voisine du nord.

La Courlande mesure 27 286 kilomètres carrés, elle sera

augmentée au sud d'environ 13 000 kilomètres, partie de l'ancienne Samogitie, et comprendra les bassins de l'Aa de Mitau, de la Windau et de la Bartau. Sa capitale sera Mitau, l'antique résidence des ducs de la famille des Kettler. Là siégeront les autorités supérieures de la province et le tribunal suprême. Outre Mitau il y aura encore deux villes : Goldingen pour la région de la Windau et Bauske pour l'est. Chaque arrondissement comprendra de dix à douze cercles avec les autorités correspondantes. Libau sera port de guerre de l'Empire.

La construction de chaussées, de routes pavées et de chemins de fer sera entreprise immédiatement aux frais des provinces et hâtée de manière à ce qu'au bout de trente ans le plan, établi à l'avance, soit exécuté ; ce plan devra autant que possible tenir compte des intérêts des petites villes futures, chefs-lieux de cercles et d'arrondissements.

Les écoles supérieures existantes seront reprises par l'Etat et augmentées petit à petit jusqu'à une vingtaine par province, afin que chaque chef-lieu de cercle soit fourni. Les écoles supérieures et les deux universités n'accepteront que des enfants de parents allemands ; les enfants de Lettes et d'Esthoniens ne seront acceptés que si les parents adoptent un nom allemand et déclarent en outre en justice vouloir être Allemands, eux et leurs enfants. La condition primordiale sera que les parents parlent l'allemand à la maison, et que les pères se fassent porter sur les listes électorales allemandes. Les parents devront s'engager à rembourser éventuellement 500 marcs par enfant et par année d'études dans une école supérieure et 2000 marcs par an pour ceux qui suivront les cours de l'université. Les garçons s'engageront dans ce contrat sitôt qu'ils auront atteint la seconde inférieure du collège, les filles à l'âge correspondant. A partir de la signature de ce contrat, l'engagement sera double.

Dans l'espace de trois ans, l'instruction générale obligatoire sera introduite dans les trois provinces. L'enseignement sera donné en allemand. En ce qui concerne les Lettes et les Esthoniens, le but de l'école sera la propagation de la langue allemande. La fréquentation de l'école sera obligatoire de la 6me à la 14me année. Seuls, les enfants qui auront suivi l'école pendant huit ans et auront obtenu un certificat attestant qu'ils possèdent à fond la langue allemande, auront le droit d'hériter la propriété du domaine paternel. Cette loi entrera en vigueur dix ans après l'occupation des provinces baltiques.

Aucun journal ne devra être publié en langue lette ou esthonienne, car cela constituerait une superfluité ; les journaux ou livres lettes et esthoniens ne pourront non plus être introduits du dehors et seront exclus du service postal.

Pendant les dix premières années de la domination allemande, le service divin sera célébré pour les Esthoniens et les Lettes dans les langues parlées par eux, puis, au fur et à mesure des progrès de la germanisation, les cultes en langue étrangère seront réduits ; au bout de trente ans, il ne sera plus prêché qu'une fois toutes les quatre semaines en langue lette et esthonienne pour les vieilles personnes.

Comme le droit de participer aux votations ainsi que la succession à l'héritage paternel dépendront du degré de germanisation, on peut prévoir que celle-ci sera terminée au bout de trente ans.

Les autorités n'useront que de la langue allemande, non seulement les autorités supérieures du pays, mais aussi celles des villes et des villages. Le droit d'avoir un interprète ne sera octroyé que contre payement d'une taxe ; l'argent sera versé à la caisse de la colonisation. Le montant de la taxe se réglera d'après la fortune de l'intéressé.

Dans l'espace de trois ans, les villes, les villages et les fermes isolées ; les mers, les golfes, les détroits et les îles ; les rivières, les ruisseaux, les lacs et les ponts ; les montagnes, les vallées, les bois, les prés et les champs recevront des noms allemands.

Chaque année, l'excédent des naissances se monte en Allemagne à un million d'individus. Si, pendant cinq ans, un demi-million émigrent annuellement dans les provinces baltiques, il en restera encore deux millions et demi dans le pays. Un demi-million sera disponible chaque année pour la colonisation des nouveaux territoires. L'important est et reste qu'il y ait des territoires disponibles touchant à la patrie.

Les modifications à apporter au régime des nouvelles provinces sont réservées au Landtag de Prusse. Les dix premières années, le pays sera administré par un gouverneur résidant à Riga et investi de pouvoirs illimités.

Lorsque l'organisation de la propriété sera terminée et que la grande œuvre de civilisation sera arrivée à un point permettant d'en voir bientôt la fin, les trois provinces seront reçues dans la confédération des Etats prussiens et éliront les cinquante députés au Landtag et au Reichstag, correspondant à leur population de cinq millions d'habitants. Comme les Allemands seront seuls électeurs et éligibles, on peut prévoir que les élections seront favorables au parti vieux-prussien.

En conservant les conditions de fortune de la population sédentaire allemande des provinces baltiques et en mettant à profit la plus-value des terrains, on crée un état de choses qui donne des garanties de sécurité aux grands propriétaires fonciers allemands, aux ecclésiastiques et aux bourgeois des villes. Un retour de la révolution socialiste letto-esthonienne, avec toutes ses horreurs, est impossible dans l'Empire allemand. Les agitateurs seront bannis, et la masse du peuple, consciente de son avantage, n'opposera aucune résistance à la germanisation.

L'Allemagne acquiert ainsi trois grandes provinces et passe de 540 743 à 660 000 kilomètres carrés.

Les provinces baltiques ont toujours occupé une place importante dans la pensée et dans les sentiments du peuple allemand. Le grand public ne demande pas s'il n'y a vraiment que le 15 pour cent d'Allemands dans le pays ; pour lui, ce sont tout simplement les provinces allemandes de la Baltique, et le peuple a raison, car depuis 700 ans les détenteurs de la terre sont Allemands et la culture a toujours été allemande.

Mais que sont trois provinces, même de 120 000 kilomètres carrés, quand l'excédent des naissances sur les décès se monte annuellement à un million ? En cinq ans, les provinces baltiques seront germanisées. Les conditions intérieures y sont des plus favorables. Le sol est entre des mains allemandes. Seule la grande propriété foncière entre en ligne de compte. La masse du peuple à germaniser est protestante. Ces trois circonstances rendront le travail facile. A cela s'ajoute ce fait qu'il n'y a pas de classe moyenne lette ou esthonienne et que la culture est purement allemande.

La Vieille-Lithuanie, qui rentre aussi dans nos plans, offre des conditions moins favorables. Ce pays comprend le bassin du Memel, dont le cours inférieur et l'embouchure forment la partie nord de la Prusse orientale. L'ensemble du bassin du

Memel mesure 90 000 kilomètres carrés, donc 5000 kilomètres carrés de plus que le bassin de la Duna. Là encore la grande propriété foncière est de beaucoup prédominante. La densité de la population y est un peu plus forte que dans les provinces baltiques, 39 habitants au lieu de 25 par kilomètre carré. C'est une conséquence de sa situation plus méridionale, correspondant à celle de la Prusse orientale, ce qui fait que nous pouvons aussi compter sur une densité future de 55. Une troisième circonstance, très importante pour nous, est que la moitié occidentale du pays appartient à l'Eglise catholique romaine. L'est professe déjà la foi catholique grecque des Blancs-Russiens.

Une partie du territoire qui nous intéresse, le sud de l'ancienne Samogitie, comprenant environ 12 000 kilomètres carrés, sera réunie à la Prusse orientale dont elle formera un quatrième arrondissement, celui de Tilsit. La région du Memel, de son embouchure à Wileny, avec le bassin de ses affluents du nord, le Dange, le Minge et le Jura, formeront le district gouvernemental de Tilsit. Lorsque la frontière douanière aura disparu, la ville de Memel prendra un grand essor comme port d'importation et d'exportation de ce vaste hinterland. Il en sera de même pour Königsberg lorsque le canal qui le relie au Memel aura été dragué à deux mètres de profondeur. La région du cours supérieur du fleuve sera divisée en deux provinces : la Lithuanie du nord, région de la Wilija, et la Lithuanie du sud sur le Memel, en amont de son confluent avec la Meretchanka.

La Lithuanie du nord aura pour chef-lieu Vilna et comprendra les districts de Vilna, Kauen et Wileika. La Lithuanie du sud aura pour chef-lieu Grodno, avec les districts de

Grodno, Slonim et Neu-Grodek. Chacune des deux provinces aura 35 000 kilomètres carrés et 2,5 millions d'habitants. Là-dessus, un demi-million, soit le 20 pour cent, est juif. En Allemagne, nous avons un pour cent de Juifs. Il est impossible que le pays nourrisse autant de Juifs. Il se produit depuis vingt-cinq ans une forte émigration volontaire de ces Juifs polono-lithuaniens en Angleterre et dans les Etats-Unis de l'Amérique du Nord. Ils vivent dans leur patrie dans des conditions misérables, indignes d'êtres humains. Il est très difficile d'exprimer une idée nouvelle sur ce sujet ; je dirai seulement que si nos Juifs de Berlin ou de Francfort étaient transportés à Vilna ou à Kauen, ils y deviendraient bientôt antisémites. Il leur arriverait comme à ce docteur Lessing, qui publiait dernièrement dans des journaux libéraux les expériences faites au cours d'un voyage en Galicie. Celui qui veut se rendre compte sans parti pris du degré de culture de ces Juifs lithuaniens en général, n'a qu'à se rendre à la gare des émigrants de Ruhleben, près de Spandau, et à y examiner, avec les yeux d'un officier de recrutement, ces figures misérables et tremblotantes, habillées d'un caftan d'une repoussante saleté, de bottes huileuses et de *Peiseles*. Mais des yeux, des yeux vifs comme ceux des loups de la patrie lithuanienne. En Russie, l'émigration est liée à de grandes difficultés. Afin d'éviter les désagréments du passeport et d'épargner un rouble, beaucoup franchissent dans l'obscurité de la nuit la frontière allemande, mais plus d'un laisse ainsi sa peau entre les mains des gardes-frontières russes. Une fois l'émigration permise et même encouragée par les autorités, des milliers partiront librement pour l'Amérique, et nous en ferons cadeau au cousin Jonathan, qui a fait de son beau pays germanique, dans les cinquante dernières années, un lieu de débarras pour toutes les races inférieures de l'univers. Un demi-million de Juifs devront quitter la Lithuanie, de même qu'un demi-million de Lithuaniens et autant de Blancs-Russiens, afin que nous soyons en état d'y donner au Deutschtum une prépondérance des trois quarts de la population.

La Vieille-Lithuanie a beaucoup de forêts, ou du moins ce que les indigènes aiment à appeler de ce nom ; mais elles ressemblent très peu à ce que notre œil exercé d'Allemands entend par forêts. De culture forestière par l'Etat, pas trace.

Supposons qu'un demi-million de Lithuaniens et autant de Blancs-Russiens restent dans le pays, et admettons la possibilité d'une densité de 50 habitants par kilomètre carré, il faudra ainsi 2,5 millions d'Allemands en quête de terres, soit un demi-million par année pendant cinq ans de suite.

La valeur du terrain est encore moindre que dans les provinces baltiques.

Comme le système de la grande propriété est prédominant, il n'y a pas à prévoir de difficultés pour son acquisition. Cette opération se fera de la même manière que dans les provinces baltiques : estimation à l'ancienne valeur, payement au comptant et au moyen de cédules hypothécaires. Seuls les Allemands pourront acquérir des biens. Par le fait de l'établissement de colons allemands, les ouvriers indigènes perdront leur travail, mais comme ces gens devront vivre, il faudra leur donner les moyens d'émigrer ou de se tirer d'affaire autrement, les transporter gratuitement en Amérique et accorder un secours à chaque famille suivant le nombre des enfants.

A titre de comparaison, je rappelle comment l'Etat russe procède à l'égard des grandes propriétés qui lui déplaisent. Le prince de Hohenlohe, troisième chancelier de l'Empire, avait épousé une princesse de Wittgenstein. Cette famille princière possédait en Russie, surtout en Lithuanie et dans la Russie-Blanche, des propriétés à perte de vue. Lorsque la famille s'éteignit, après avoir donné à la Russie nombre de ses plus brillants généraux et hommes d'Etat, la princesse de Wittgenstein, dernière du nom, et son mari le prince de Hohenlohe, chancelier de l'Empire, héritèrent de ces immenses domaines. Mais les Russes ont une loi merveilleuse, qui interdit aux étrangers d'avoir une propriété foncière en Russie. En Allemagne, nous appelons cela d'un ton indigné une loi d'expropriation. Un délai d'un an fut donné au prince de Hohenlohe pour vendre ses terres, mais comme il n'y avait personne en Russie qui pût payer comptant un aussi vaste domaine, il fallut s'en défaire à vil prix.

En considération des grandes difficultés à surmonter, il faut compter dix ans à partir de l'annexion jusqu'à la germanisation complète, donc deux fois plus de temps que pour les provinces baltiques.

Les grands propriétaires des deux provinces sont de culture polonaise et appartiennent à l'Eglise romaine. Ils sont Lithuaniens de race. Ce n'est que lorsque Jagellon, grand prince de Lithuanie, fut devenu roi de Pologne, que la religion catholique et la langue polonaise furent imposées au pays de la manière qu'on connaît. Le pays était alors encore païen. La culture polonaise fut acceptée de propos délibéré, par opposition à l'ordre des Chevaliers Teutoniques. Si je mentionne cela, c'est uniquement pour montrer que les classes dirigeantes de ce pays ont déjà une fois changé de langue.

Pour des raisons pratiques, il serait recommandable de ne

laisser s'établir dans le pays lithuanien, dans le district de Tilsit, dans le sud de la province de Courlande, dans la Lithuanie du nord et du sud, que des Allemands protestants; ceci pour couper court à toute tentative éventuelle du clergé polonais en Vieille-Lithuanie de vouloir persuader aux catholiques allemands du Rhin et de l'Ems qu'ils sont des Polonais — car être catholique, c'est être Polonais — même en pays lithuanien. Conformément aux expériences faites, on n'est pas en droit d'attendre des hautes autorités ecclésiastiques une préoccupation spéciale des âmes allemandes. Dans les autres provinces de colonisation il y a assez de terres pour y en assigner aux catholiques allemands.

Les lois introduites dans les provinces baltiques en faveur du Deutschtum seront aussi appliquées ici, ce qui fait que dans un temps limité les Lithuaniens et les Blancs-Russiens seront germanisés.

Il est de grande importance pour ce pays que le Memel soit rendu navigable. Le fleuve recevra une profondeur minimale de deux mètres, de son embouchure jusqu'à son point le plus méridional, c'est-à-dire jusqu'à son confluent avec la Schara. La Schara sera canalisée, et le canal qui conduit au Pripet sera approfondi jusqu'à deux mètres, de manière à ce que les chalands de l'Oder, remontant le Pripet avec leur pleine charge, puissent atteindre le Memel et de là les ports d'exportation de Königsberg et de Memel.

A l'acquisition des pays baltes et de la Vieille-Lithuanie, succédera plus tard l'occupation de la Grande-Lithuanie, conséquence des défaites constantes des Russes par les Japonais, nouveaux Tartares. Ce sera la dernière et la plus grande des trois provinces de colonisation. Elle comprendra le cours supérieur de la Duna et du Dniepr, au sud jusqu'au confluent du Teterew avec son affluent de l'est le Sosch, ainsi que la partie occidentale de la Bérésina et du Pripet.

La Grande-Lithuanie a une étendue de 360 000 km. carrés; elle sera divisée en neuf provinces d'environ 40 000 km. carrés chacune. Sous la domination russe, le pays ne compte que 11,5 millions d'habitants dont le 20 pour cent, soit 2,5 millions, sont des Juifs. Après l'émigration des Juifs en Amérique, il restera 9 millions de Blancs-Russiens de religion catholique grecque, représentant une densité de 25 habitants seulement par kilomètre carré. On est surpris de la faiblesse de ce chiffre lorsqu'on sait que la densité de la Silésie est de 116, celle de la Saxe de 112, celle de la Westphalie de 158 et que celle de la Province du Rhin atteint jusqu'à 213. Amenons provisoirement par la colonisation cette densité au chiffre de 55, et cela suffira pour faire faire à la cause allemande un grand pas en avant et pour lui assurer la domination sur le pays.

Le climat correspond à celui de la Prusse orientale. La distance maximum du nord au sud est de 750 kilomètres, celle du sud-ouest au nord-est, de 850 kilomètres. Ces grandes dimensions occasionnent une différence climatique de 3 degrés centigrades entre le nord et le sud, c'est-à-dire entre la région de la Duna supérieure et celle du Teterew.

Comme les districts gouvernementaux s'étendent tout à fait arbitrairement d'un bassin à l'autre, il n'y aura aucune raison, lors de la nouvelle division du pays, de tenir compte des limites et des noms usités dans l'administration russe. Quelques-uns des districts sont d'ailleurs si grands qu'ils devraient être partagés. Des cinq provinces russes, on fera neuf provinces allemandes de la grandeur que nous leur **donnons** habituellement.

La province située sur la Duna supérieure se nomme *Vandale* en l'honneur de l'ancien peuple germanique des Vandales, disparu en Afrique.

La province *Suève* va de la source du Dniepr jusqu'à la ville d'Orcha, où le fleuve quitte la direction est-ouest pour la direction nord-sud, comme le Rhin à Bâle. Il faut y rattacher aussi le cours supérieur de son principal affluent de l'est, le Sosch.

Quade se trouve plus au sud, sur le cours inférieur du Sosch, sur son affluent de l'est, l'Ipur, et sur la partie sud du Dniepr allemand.

Alain est le nom de la province située sur le Dniepr moyen.

Teuton comprend le cours supérieur de la Bérésina, l'affluent nord-ouest du Dniepr. *Cimbre* est située sur les affluents nord du Pripet.

Au sud du Pripet suivent de l'ouest à l'est : *Wisigoth, Ostrogoth* et *Marcoman*.

Ainsi sont appelés à une nouvelle vie, par le second printemps des peuples allemands, les noms d'anciens rameaux germaniques disparus au temps des migrations des peuples.

La germanisation de ces vastes territoires exigera de longues années. La pays est bon, mais d'une culture très arriérée. Les quatre provinces situées sur le Pripet et au nord entre la Bérésina et le Dniepr sont marécageuses. Mais la région de l'Oder était aussi un marais autrefois, de même que la dépression de Dantzig. Dans les marais de Rokitno, la densité de la population descend jusqu'à 20 habitants par kilomètre carré.

La colonisation se fera d'abord dans l'est, dans les provinces de Vandale, de Suève et de Quade. Sur la Bérésina et le Pripet, il faudra d'abord procéder à des desséchements. La construction hydraulique et l'industrie des machines allemandes trouveront là un champ de travail d'une extrême fécondité sous tous les rapports.

Il s'agit d'un territoire immense, puisque le pays est aussi grand que tout le royaume de Prusse. A l'ancienne valeur, l'arpent de terre coûte peut-être 10 marcs. Rattaché à l'union douanière, il vaudra au bout de dix ans 200 marcs, ce qui fait vingt fois plus. Un accroissement de valeur de 30 milliards. Il est parfaitement inutile de faire tomber tout cet argent dans l'escarcelle des anciens propriétaires, alors qu'ils n'auront contribué pour rien à l'acquérir. Ce serait agir directement contre nos intérêts. Nous avons déjà fait une fois cette faute à nos dépens dans la province de Posen et en Prusse occidentale, où nous avons rendu plus fort notre ennemi en faisant hausser les fonds dans le pays.

Si chaque année un demi-million d'Allemands sont établis ici, cela fera au bout de 21 ans 10,5 millions d'Allemands contre 9 millions de Blancs-Russiens. La densité de la population sera alors montée à 55, ce qui est le chiffre normal pour un pays qui n'exporte pas de produits industriels. Les lois protectrices en usage dans les provinces baltiques et en Vieille-Lithuanie seront aussi appliquées ici dans le but d'y germaniser la population actuelle.

C'est ici encore un pays de grands seigneurs polonais. Les grands propriétaires fonciers, de religion catholique romaine, sont arrivés dans le pays au temps où dominait la république royale de Pologne. Leurs sujets sont des Blancs-Russiens de religion grecque orthodoxe.

La translation de la grande propriété foncière entre les mains de la colonisation allemande se fera de la manière que nous avons longuement décrite pour les provinces baltiques. Le but principal n'est pas de remplacer la grande propriété polonaise par la grande propriété allemande, mais d'y établir des paysans allemands qui assurent au pays à tout jamais un avenir allemand.

La construction de chemins de fer et de chaussées devra être entreprise immédiatement. Comme les uns et les autres brillent par leur absence, le travail à faire sera considérable. Pour l'industrie allemande, cela représente un gain rémunérateur pour des dizaines d'années.

La région du Pripet, du Dniepr et du Memel a déjà passé par toutes sortes de vicissitudes. Au début des grandes invasions des peuples, elle était allemande. C'est là qu'habitaient les Goths. Lorsque ceux-ci, dans leur fol aveuglement, eurent quitté le pays pour se rapprocher du sud, ce pays resta inhabité pendant longtemps. Un espace vide d'êtres humains. Mais petit à petit, cherchant des prairies, vinrent du nord-ouest les Lithuaniens, du nord-est les Kriwitches et du sud les Petchenègues, de race turco-tartare. Vers 900, les Normands traversèrent le pays et fondèrent plus au sud la ville de Kiew. Les premiers qui le revendiquèrent politiquement furent les Lithuaniens ; ils occupèrent un temps le pays jusque sur les bords de la mer Noire, puis arrivèrent, vers 1250, les Tartares qui tuèrent tout ce qui n'avait pas trouvé un refuge dans les marais. Lorsque la horde dorée se fut retirée dans la Haute-Asie et en Chine, le pays redevint presque vide pour une longue période. Après la réunion de la Lithuanie et de la Pologne, la Grande-Pologne occupa le pays jusqu'à la mer Noire.

C'est vers 1600 qu'y commença le travail de la colonisation polonaise, expropriation violente sans dédommagement aucun. On pourrait écrire tout un livre sur ces événements. En 1763, la Russie acquit la partie est du territoire du Dniepr. Ce n'est que par le premier et le second partage de la Pologne qu'elle obtint la puissance politique sur la partie occidentale de ce territoire. Il n'y a que cent cinquante années que Witebsk, Smolensk et Kiew sont possession russe. De tous les maîtres qui ont passé dans le pays, c'est la domination des Russes qui a duré le moins longtemps. La plus longue fut peut-être celle des Goths.

Nous, Germains d'aujourd'hui, nous n'entrons pas dans un pays pour y pratiquer la rapine, nous y entrons pour en prendre possession pour l'éternité. Nous partageons le pays entre des paysans, parce que nous savons par expérience que c'est l'état libre des paysans qui fournit le plus fort contingent de soldats et le plus gros chiffre d'impôts.

Le partage du pays sera le suivant : 30 pour cent à l'Etat, en nature de forêts ; 5 pour cent en biens allodiaux aux villes et aux villages ; 10 pour cent à la grande propriété foncière et 55 pour cent aux paysans.

L'industrie apporte de l'argent ; elle est nécessaire pour satisfaire aux besoins de la vie aussitôt que le travail manuel ne suffit plus. Introduire des produits de l'industrie étrangère, c'est gaspiller de l'argent. Une industrie qui ne travaille que pour l'exportation peut procurer une brillante considération apparente, mais l'homme qui réfléchit ne se laisse pas séduire par ce tableau, car il sait que le hasard ou le caprice de puissances étrangères peut faire la pluie et le beau temps. Nous n'avons qu'à rappeler les rapports de notre industrie avec l'Amérique pour montrer combien un tel état de choses peut devenir désagréable.

Seule l'acquisition de terres peut nous venir en aide.

1922 n'est plus très éloigné, et le nombre, si important pour l'histoire de l'Europe orientale, de 350 années sera de nouveau écoulé. Onze ans seulement nous séparent encore de l'effondrement définitif de la puissance moscovite dans le pays situé entre la mer Baltique et la mer Noire.

D'après le recensement de 1910, l'Allemagne compte 65 millions d'habitants. Comme elle augmentera chaque année d'un million, en 1922 elle aura très vraisemblablement 77 millions d'habitants. Je prendrai ce chiffre comme base de mes calculs.

Comme la moitié seulement de l'accroissement annuel de notre population doit être établie dans les territoires de la Nouvelle-Allemagne, toute perturbation de notre agriculture indigène par l'industrie et par le commerce sera évitée. L'accroissement n'est réduit que d'un million à un demi-million. Ce n'est point un mal si nos grandes villes augmentent un peu plus lentement. Les hypothèques d'Etat dont seront grevées les terres des nouvelles provinces empêcheront que les colons ne déversent leurs produits agricoles sur le marché allemand à des prix inférieurs à ceux qui auront cours dans le pays. Cependant elles laisseront, par une juste répartition des devoirs et des droits, assez d'encouragement à tenter la chance de devenir indépendant et maître absolu sur son propre terrain. La frontière douanière entre la Prusse orientale d'une part; la Courlande, la Lithuanie du nord et celle du sud d'autre part, ne s'ouvrira que petit à petit, afin d'éviter tout ébranlement.

Voici un tableau qui nous montre sommairement comment les choses se modifieront jusqu'à l'année 1952.

1922	Superficie en km.²	Allemands	Polonais	Lettes et Esthoniens	Lithuaniens	Blancs-Russiens	Durée de la colonisation allemande
Allemagne	540 743	74 000 000	3 000 000	—	—	—	
Pays baltes	120 000	3 000 000	—	2 000 000	—	—	5 années
Tilsit	12 000	300 000	—	—	100 000	—	
Vieille-Lithuanie	70 000	2 500 000	—	—	500 000	500 000	5 "
Grande-Lithuanie	350 000	10 500 000	—	—	—	9 000 000	21 "
Accroissement dans l'empire allemand en 31 ans.		15 500 000	—	—	—	—	
Statistique de l'année 1953	1 092 743	105 800 000	3 000 000	2 000 000	600 000	9 500 000	31 années

Par ce doublement de notre sol à proximité de l'Empire allemand, l'alimentation de notre peuple est assurée pour l'avenir. Nous ne sommes plus dépendants de l'étranger pour nos importations de céréales et de bétail de boucherie. Nous augmentons le bien-être du peuple. Non seulement celui qui émigre, mais aussi celui qui reste dans le pays y trouve son avantage. La propriété rurale ne continuera pas à se morceler comme cela s'est déjà produit en partie dans le Palatinat et dans le Wurtemberg. Nous encourageons la jeunesse au travail et à la bonne volonté, nous donnons aux adultes, par l'acquisition d'une propriété de colonisation, la possibilité d'arriver au bien-être et à la considération. Nous donnons un essor à la vie du travailleur rural, et au patron un ouvrier docile et intelligent.

A l'industrie, nous donnons du travail en doublant le marché intérieur.

Les navires de Hambourg, Brême, Rotterdam et Amsterdam n'amèneront plus les céréales de l'Amérique du Nord, d'Egypte et des Indes ; ils iront à Königsberg, Memel, Libau,

Riga, Pernau et Reval. La Baltique deviendra une Méditerranée allemande. A travers les plaines basses qui s'étendent entre la Duna, le Dniepr, le Pripet et le Memel, nous creuserons des canaux de deux mètres de tirant d'eau, afin que nous puissions, en temps de guerre, au moyen de notre navigation intérieure, enlever à l'ennemi toute possibilité d'entraver le ravitaillement du pays. Par le Curisch-Haff, le canal du Pregel, le Frisch-Haff, la Nogat ou Vistule de Dantzig, le Memel est relié à la Vistule, au canal de la Netze, à la Warthe, à l'Oder, aux canaux du Brandebourg, à la Spree, au Havel et à l'Elbe. Les temps nouveaux ne nous apporteront pas seulement le doublement de notre territoire national, mais aussi l'indépendance de la Petite-Russie, la libération des Petits-Russiens de la domination tyrannique des Grands-Russiens. La Petite-Russie en est réduite à compter sur nous, son puissant voisin du nord, pour la protéger contre les Russes et les Japonais, les Tartares d'aujourd'hui. Nous nous ferons payer notre protection par des traités de commerce favorables, nous assurant les produits bruts de la terre noire du Dniepr inférieur, que nous payerons par les produits de notre industrie.

Depuis 1880, les relations diplomatiques entre l'Allemagne et la Russie laissent beaucoup à désirer. Dans sa détresse financière, la Russie s'est tournée vers le grand banquier européen, la France, notre ennemie héréditaire depuis des siècles. L'emprunteur a dû se convertir aux idées politiques de son prêteur. La Russie a renié son passé. L'empire des tsars a transformé en hostilité l'amitié historique qui le reliait à l'Etat prussien. Les Panslavistes ont la haute main dans la politique intérieure ; jadis on les appelait Vieux-Russes.

Depuis les temps de Pierre-le-Grand, ils sont les ennemis du germanisme, et spécialement des Allemands de Russie. Les barons allemands des provinces baltiques ont créé la Russie d'aujourd'hui. Mais l'ingratitude est leur récompense. Aujourd'hui, ce n'est plus une recommandation, pour obtenir une charge d'Etat en Russie, de porter un nom allemand. Les Slaves orientaux sont devenus les vassaux des Français et sont liés à leurs destinées.

Depuis quarante ans, la France attend le moment où elle croit pouvoir tomber sur l'Allemagne avec quelques chances de succès. Dans tout ce que nous entreprenons dans le monde, nous rencontrons une résistance déterminée qui doit toujours être attribuée à la France. Avec son argent, la France se tient derrière le plus petit et le plus misérable intrigant, pourvu qu'il se dresse contre le peuple allemand.

La Russie a emprunté douze milliards à la France. L'énormité de la dette est l'échelle à laquelle se mesure l'appui que la France attend de la Russie.

La patience du peuple allemand est à bout. La réunion imminente de tous les Allemands en un seul empire fera oublier à la France la prudence qu'elle a observée jusqu'ici. Elle jouera tous ses atouts de grand banquier et appellera à la lutte contre nous tous ses preneurs de fonds. La défaite de la France, pauvre en hommes, entraînera celle de la Russie. La Russie ne pourra résister à la double attaque de l'est et de l'ouest, et devra expier sa défaite par des cessions de territoires.

L'avenir ne se décidera pas par une seule guerre. Après la première guerre de l'Allemagne et du Japon contre la Russie, il en viendra une seconde.

La première apportera à l'Allemagne les territoires du Memel, de la Windau, de la Duna et de l'Embach. La seconde, le bassin du Dniepr supérieur. Pour nous les terres ont plus de valeur que l'argent.

La Russie est notre premier adversaire, le second c'est la France. La Russie apportera les territoires, la France l'argent.

2. — La France.

Au début de mon travail sur l'Autriche-Hongrie, j'écrivais : « Tous les efforts de la haute politique depuis quelque cent ans ont tendu à empêcher le peuple allemand de faire ce qu'ont fait tous les grands peuples civilisés : réunir en un même État les hommes de même nationalité. » Nos voisins vivent dans une peur bleue de nous voir atteindre ce qu'ils ont tous atteint déjà depuis longtemps : l'unité du peuple et de l'État, la confédération douanière et l'unification de l'armée et de la flotte.

La puissance de la plus grande Allemagne sera si considérable que toutes les autres puissances pâliront à côté d'elle.

	1911	1935
Empire allemand	540 777 km²	889 052 km²
Hollande, Belgique, Luxembourg, Suisse	105 924 »	
Autriche allemande	242 351 »	
Italie	286 682 »	286 682 »
France	536 464 »	536 464 »
Angleterre	314 339 »	314 389 »

En 1936 l'Allemagne égalera en superficie la France et l'Angleterre réunies. En Europe ! Mais en dehors d'Europe, il se produira aussi entre-temps des événements qui changeront la situation ridiculement indigne d'aujourd'hui.

Voici un second tableau qui montre encore plus clairement au-devant de quels formidables déplacements de forces nous marchons.

	Nombre d'habitants en 1911.	Accroissement annuel de la population	Accroissement en 25 ans.	Nombre d'habitants en 1935.
Empire allemand.	65 000 000	1 000 000	25 000 000	
Hollande, Belgique Luxembourg, Suisse	15 614 000	116 000	2 900 000	133 014 000
Autriche allemande	19 500 000	200 000	5 000 000	
Italie	34 269 764	232 000	5 800 000	40 069 764
France	39 252 267	—?	—	39 252 267
Angleterre	45 526 009	352 000	8 800 000	54 326 000

L'accroissement annuel de la population a été calculé sur la moyenne de 10 années. En 1936, dans 25 ans, la plus grande Allemagne aura autant d'habitants que l'Italie, la France et l'Angleterre ensemble. Nous aurons alors 12 millions de soldats, en calculant d'après l'échelle d'aujourd'hui. Que nos voisins s'efforcent d'enrayer ce développement naturel, c'est naturel, mais cela ne leur servira de rien. La France n'a pas pu empêcher que l'Allemagne ne passe de 40 millions en 1870 à 65 millions en 1911, alors qu'elle n'a pas même depuis lors pu se récupérer de la perte subie par la cession de l'Alsace-Lorraine.

Je n'ai pas fait figurer la Russie dans les deux tableaux ci-dessus parce que je lui ai consacré un chapitre spécial. La puissance de la Russie n'est qu'apparente. L'empire des tsars possède une excellente représentation diplomatique, et il est toujours à son apogée à la fin d'une longue période de paix.

L'Italie est un pays pauvre, et depuis les anciens temps les Italiens ne sont plus guerriers. En 1859, ils furent partout défaits, et ils laissèrent aux Français le soin de battre les

Autrichiens. Il en fut de même en 1866 : la Prusse vainquit l'Autriche, et les Autrichiens les Italiens. Cependant les Français victorieux de 1859 et les Prussiens victorieux de 1866 procurèrent aux Italiens de nouvelles provinces. Plus vivant encore dans le souvenir des contemporains est l'insuccès des Italiens contre les Abyssins en Erythrée ; en Chine cela ne leur réussit pas mieux.

Le ressort moteur de toutes les entreprises dirigées contre la puissance et la fortune du peuple allemand est la France, notre ennemie héréditaire. Ce peuple doué des plus belles qualités, ce pays favorisé par la nature d'un climat et d'un sol merveilleux, sont décidément en train de marcher à leur ruine. Le nombre tue. Aussi longtemps que la France a eu l'hégémonie, elle en a abusé jusqu'à l'extrême. D'après les calculs de l'Anglais Lewis Carnac, j'apporte les chiffres suivants.

Parlent en Europe :

	1500	1600	1700	1800	1911
Allemand . .	10 millions	15	15	25	87,0 allemand, hollandais, flamand.
Français . .	10 »	14	20	31	42,5 français et wallon.
Italien . .	9,5 »	10	13	15	34,0
Espagnol . .	8,5 »	11	18	18	20,0
Anglais. . .	4,0 »	7	8	20	43,0

Une fois déjà, la langue allemande avait dépassé les autres en Europe. Mais par la guerre de Trente ans son développement fut arrêté à tel point que le français et l'espagnol prirent les devants. Lors des guerres napoléoniennes, la France augmenta encore sa supériorité en réunissant l'Allemagne occidentale dans la Confédération du Rhin. La Prusse, seul des Etats allemands qui dès le début opposa une sérieuse résistance, avait alors cinq millions d'habitants allemands. Cinq millions d'Allemands vivaient en Autriche et quinze millions habitaient dans les Etats de la Confédération du Rhin. Les habitants polonais de la Prusse se détachèrent immédiatement, et l'on sait qu'en Autriche il n'est pas possible, en cas de guerre, de compter sur les habitants non allemands, lorsqu'il ne s'agit que d'intérêts purement autrichiens.

En 1870, la France et l'Allemagne se faisaient face avec un chiffre presque égal de population. Les deux pays avaient environ 40 millions d'âmes. A la paix, la France perdit un million et demi d'habitants, qu'elle n'a pas pu remplacer jusqu'à aujourd'hui. De 1870 à 1895, l'excédent des naissances en Allemagne était de 1 pour cent, puis, pendant une série d'années, de 1 $^1/_2$ pour cent et maintenant de 1 million par année. En France, de 1870 à 1895, cet excédent a été du 0,2 pour cent, soit de 61 000 naissances par année. Depuis lors, le pour cent a encore baissé, pour devenir nul en 1910. Ces chiffres sont naturellement très désagréables aux Français, et ils parlent et écrivent le moins possible sur ce sujet. En France, dans les classes aisées, règne le système d'un enfant par famille. Les paysans et les ouvriers imitent les riches. Si cela continue ainsi, la France diminuera de trente en trente ans de la moitié de ses habitants. La réalité est cruelle, surtout maintenant que l'obligation de servir est générale. Ainsi, en pleine paix, la France a perdu son rang de puissance mondiale. Très intéressant à ce sujet est le livre de Zola, *Fécondité*, dans lequel l'écrivain dépeint avec une saisissante réalité ce système qui ruine le peuple français. Les parents français considèrent comme un devoir de laisser à leurs enfants une fortune telle que la nouvelle génération puisse vivre de ses rentes. Les Anglais se placent à un point de vue diamétralement opposé. Le père ne croit devoir à son fils que son instruction, et quelqufois même il s'en fait rembourser les frais.

On voit déjà par l'accroissement des villes principales à quel point la puissance s'est déplacée. En 1800, Paris avait 650 000 habitants, en 1911 il en a 2 850 000. En 1800, Berlin avait 170 000 habitants, en 1911, 3 710 000. Les dix plus grandes villes allemandes ont ensemble 8 506 000 habitants, les dix plus grandes villes françaises 4 903 000 habitants. L'Allemagne a 48 villes de plus de 100 000 âmes, la France n'en a que 15.

Le bien-être hérité permet à la France de sauver encore les apparences pendant quelques dizaines d'années. La richesse joue un grand rôle dans l'économie mondiale. La France est encore un des pays les plus riches du monde, et elle possède aussi une industrie importante. Mais dans la plupart des branches, l'Allemagne lui est de beaucoup supérieure, comme le montrent les chiffres suivants :

	Importation.	Exportation.	Commerce total.
Allemagne	7 670 millions	6 400 millions	14 070 millions
France . .	5 040 »	4 533 »	9 573 »

Nous sommes donc de beaucoup supérieurs dans l'importation et dans l'exportation.

L'Allemagne et la France ont une superficie presque égale ; cependant, les produits de l'agriculture allemande, en tant qu'ils ne dépendent pas du climat, dépassent de beaucoup les produits français.

Les deux pays possèdent :

	Chevaux.	Bœufs.	Porcs.	Moutons et chèvres.
Allemagne .	4 360 000	19 330 000	22 150 000	11 240 000
France . .	3 650 000	13 950 000	7 000 000	18 880 000

Dans la statistique des chevaux, on comprend, en France, les ânes et les mulets, espèces qui sont très peu répandues chez nous. La France n'a l'avantage que dans le nombre des chèvres et des moutons. Mais un agronome expérimenté envisagera cela plutôt comme une faute, et vous dira que cela annonce le commencement de la destruction des forêts. On sait qu'elles ont beaucoup souffert de ce chef dans les pays romans du sud, et que l'Italie et l'Espagne en ont gravement pâti.

Dans la production des vins, la France nous est naturellement supérieure, grâce à sa situation plus méridionale. Par contre, nous sommes au premier rang pour la production de la bière. L'agriculture française n'est décidément pas à la hauteur de l'agriculture allemande.

Production en millions de quintaux métriques :

	Froment et orge.	Seigle.	Avoine.	Pommes de terre.
Allemagne	73	107	77	429
France	118	14	51	139

Au point de vue de la culture générale la France est aussi restée en arrière :

	Nombre des envois postaux.	Par habitant.
Allemagne	8 817 300	145 envois.
France	3 049 000	78 »

Sur 1000 jeunes gens qui doivent se présenter au recrutement, il y a en France 35 illettrés ; en Allemagne, 0,3. Dans cette affligeante chose, la France nous est 117 fois supérieure.

Au point de vue de la navigation, la France ne peut pas non plus se mesurer avec l'Allemagne :

	La marine de commerce jauge.	Passent le canal de Suez.
En Allemagne	4 110 562 tonnes.	600 navires allemands.
En France	1 761 783 »	231 » français.

Cette dernière constatation est d'autant plus significative que la France, avec sa longue côte méditerranéenne, devrait au moins avoir ici la supériorité.

Mais les faits nous montrent aussi un stupéfiant recul de la France dans les productions les plus importantes pour l'industrie et le commerce mondial :

	Production de fer brut.	De charbon.
Allemagne	129 millions de quint. métriq.	2057 quint. métriq.
France	36 » » »	368 » »

Depuis l'année 1880 environ, la France est dépassée par nous sur les marchés mondiaux. Qui aurait cru, il y a 40 ans, que nous battrions la France dans le commerce, l'industrie et la navigation ?

Malgré tout, la France veut sauver les apparences ; elle entretient en temps de paix une armée permanente de 600 000 hommes, égale à celle de l'Allemagne, bien que nous soyons pourtant plus riches en habitants, et de combien de millions ! Il est cependant impossible que les 39 millions d'habitants de la France fournissent autant de soldats que les 65 millions de l'Allemagne.

	Sur 100 sujets au recrutement on en prend	Un soldat actif sur	Chaque tête de population paye pour l'armée
En Allemagne	48	92 habitants.	20 marcs.
En France	84	65 »	23 »

Personne ne peut pourtant soutenir sérieusement que les Français soient plus sains et plus forts que nous, Allemands. Le pour cent plus élevé résulte du fait que l'on est moins exigeant. Mais cette manie d'égaler les Allemands se vengera amèrement lorsque l'heure solennelle aura sonné.

Nous devons être sur nos gardes du côté de la France. Seule, elle ne peut plus marcher contre nous. Mais partout où, dans le monde, nous rencontrons des difficultés, la France est là, railleuse et provocante derrière nos ennemis.

La France a, au cours des dernières années, prêté à la Russie 12 milliards de marcs. C'est une somme énorme, et cela nous montre combien nous avons été sots en 1871 de nous contenter de 4 milliards de marcs, soit 5 milliards de francs. Eussions-nous exigé 30 milliards de marcs et appuyé nos prétentions par une occupation durable du nord de la France jusqu'à la Seine, nous aurions obtenu les 30 milliards et la France n'eût pas été en état de prêter 12 milliards à notre cher voisin de l'est pour s'armer contre nous. Celui qui connaît les Russes, sait que les Français ne reverront jamais leurs milliards. Les intérêts sont couverts par de nouveaux emprunts. Avec les milliards français, la Russie a payé la guerre contre le Japon, et le contribuable français a vu avec effroi ses économies sombrer avec les vaisseaux russes à Tsu-Chima dans les abîmes les plus profonds de la mer Jaune. L'amour de la France et de la Russie n'est plus maintenant que théorique.

Tels les grands, tels les petits et les plus petits. Ce qui est bien pour le grand cousin est bien aussi pour le petit imitateur slave de Bohême. La ville de Prague fait ses emprunts à Paris et, en retour, elle fait venir de la ville de Zola, de la ville-lumière, les tuyaux de ses cloaques.

C'est une ironie de l'histoire que la France, après l'effondrement de ses espérances en la puissance militaire russe, toujours en quête de secours et d'appui, ait dû se tourner vers son ennemie héréditaire, l'Angleterre, initiatrice du Japon à l'art de la guerre navale. Il n'est pas absolument incertain que des officiers anglais aient commandé la bataille navale d'Extrême-Orient. Ce ne seraient naturellement que des gentlemen en congé. Les mauvaises langues prétendent même que des vaisseaux anglais auraient contribué, dans les rangs japonais, à la ruine et à l'engloutissement de la puissance maritime russe et des milliards français. La magnanime Albion pratique des petites saignées comme celle-là non seulement sur ses ennemis, mais encore sur ses amis.

La France a agi avec beaucoup de précipitation, mais dans l'angoisse et la détresse de son impuissance et de sa mauvaise conscience, elle a passé l'éponge sur le souvenir de toutes les humiliations que lui a infligées l'Angleterre, et dont la dernière, présente encore à toutes les mémoires, est celle de Fachoda. Jusqu'ici elle n'a rien obtenu, si ce n'est la satisfaction puérile de voir l'Angleterre abolir le terme de Fachoda, et donner un autre nom à cet endroit et à cette région du Nil. C'est absolument comme si les Français débaptisaient la ville de Sedan pour prétendre ensuite qu'il n'y a jamais eu de bataille de Sedan. Peut-être suffirait-il que je le propose, pour que la ville des tisserands de la Meuse reçoive le beau nom de Gloire.

Que serait-il bien arrivé si l'Allemagne, depuis 1871, n'avait pas augmenté, et si la France, entre-temps, avait porté sa population à soixante-cinq millions d'habitants? Nous n'aurions sûrement pas eu quarante années de paix et le palais de la Paix à La Haye n'aurait jamais été construit.

Trente années durant, la France s'est dissimulée derrière le large dos de son amie la Russie. Mais le peuple du tsar blanc a refusé de marcher. Insensiblement, la France le comprend. La frontière orientale de la Russie est aujourd'hui plus menacée que sa frontière occidentale; aussi le tsar commence-t-il à retirer les troupes qu'il avait entassées sur la

Vistule aux beaux temps de la pluie des milliards, pour les transporter vers le centre et l'est, afin de les avoir sous la main quand viendra le jour de la lutte décisive avec les Jaunes de l'empire du soleil levant ; nouvelle lutte, comme aux temps anciens de la horde dorée, entre le tsar blanc et le tsar jaune pour la suprématie dans l'Asie septentrionale et orientale. Les braves Japonais sont nos chers amis et nos alliés dans la lutte contre les Slaves orientaux. Une fois les Russes mis hors de cause pour la grande guerre dans l'Europe centrale, personne ne nous disputera, à nous Allemands, la suprématie sur les Romans et les Slaves de l'ouest et du sud. L'amitié russe n'a apporté à la République Française que des préjudices. Outre les pertes d'argent, elle lui a valu la fausse assurance d'une revanche sur le voisin de l'est et, par suite, une attitude si insolente et si effrontée, que personne au monde ne devrait s'étonner si nous tirions maintenant vengeance de toutes les piqûres d'épingle des quarante dernières années.

La France n'a pas de chance avec ses amies. Ce que l'Angleterre lui rapportera, personne ne peut le dire aujourd'hui. Mais sûrement rien de bon. Il est intéressant de se rendre compte de ce que, dans ces derniers siècles, l'amitié anglaise a rapporté à la chère France.

Il fut un temps où l'Angleterre s'était incorporé d'une manière durable la moitié occidentale de la France d'aujourd'hui. Toulouse, Bordeaux, Clermont, Tours, Nantes, Le Havre étaient des villes anglaises. Ces luttes avec la France ont duré cent ans. En souvenir de ces temps-là, les Français d'aujourd'hui ont admis comme sainte dans leur ciel républicain la pucelle d'Orléans, brûlée comme sorcière par les Anglais. La guerre pour la domination sur la Loire et la Garonne dura de 1338 à 1453. Les Anglais furent victorieux à Crécy en 1346, à Poitiers en 1356 et à Azincourt en 1415.

C'est le début historique de la grande amitié qui unit aujourd'hui l'Angleterre et la France. Les temps qui suivent sont délicieusement dépeints dans les romans de Walter Scott, particulièrement dans *Le Couvent*, *L'Abbé* et *Waverley*, ainsi que dans *Les trois Mousquetaires*, de Dumas, et leur continuation. En Angleterre, les protestants et les catholiques luttaient pour le pouvoir, et la France était toujours prête à soutenir le parti catholique. Je ne fais que rappeler la rivalité entre Elisabeth d'Angleterre et Marie Stuart. Elisabeth, la dernière des Tudors, posa la base de la moderne puissance coloniale et mondiale des Anglais.

Dans ce domaine, les ennemis constants de l'Angleterre ont été les Français. Il fut un temps où les Français parurent devoir l'emporter dans la lutte pour la puissance coloniale. Ils possédaient dans le nord de l'Amérique le Canada, et dans le sud des Etats-Unis la Louisiane, vaste plaine du Bas-Mississipi. Leur plus ardent désir était de réunir ces deux territoires. Mais ils entrèrent en conflit à cette occasion avec les Anglais, qui venaient d'arracher aux Hollandais les Etats actuels de l'est, avec New-York, qui s'appelait alors New-Amsterdam. Cette nouvelle conquête parut insuffisante aux Anglais ; ils entrèrent en lutte avec les Français pour la possession du pays situé entre le Haut-Mississipi et les grands lacs. Les deux partis surent gagner à leurs intérêts quelques tribus indiennes et menèrent la guerre pour la suprématie dans l'Amérique du Nord avec une cruauté digne de leurs alliés Indiens. Contre toute attente, la victoire resta à l'Angleterre.

Aujourd'hui encore, vivent au Canada, sur le Bas-St-Laurent, un million et demi de Français, descendants des colons établis à cette époque ; ils forment le 30 pour cent de la population. Les villes de la Nouvelle-Orléans, d'Orange et de Baton-Rouge témoignent encore aujourd'hui par leurs noms de leur origine française. St-Louis, sur le cours moyen du grand fleuve, rappelle cette tentative de réunion avec le nord. Montréal, l'ancienne capitale de la Nouvelle-France, est aujourd'hui encore le centre des habitants de la région du St-Laurent. Beaucoup de villes et de rivières canadiennes ont encore de nos jours des noms français.

C'est ce qu'on appelle en France et en Angleterre amitié historique. Les mots ne coûtent pas cher ; quand l'avantage du moment l'exige, les locutions nécessaires se trouvent d'elles-mêmes.

De son ancienne splendeur, il n'est resté à la France en Amérique que la Martinique — pour autant que le Mont-Pelé le permet, — la Guadeloupe et Cayenne.

L'Angleterre n'a pas acquis le Canada par ses victoires d'Amérique, mais par le fait qu'en Europe elle a toujours soutenu les adversaires de la France. Non pas qu'elle ait fait combattre ses troupes sur le continent. Ah non, elles étaient bien trop précieuses pour cela ; mais lors de la conclusion de la paix, les Anglais surent toujours s'arranger de manière à être du côté du vainqueur et, comme compensation pour leur non-intervention, ils recevaient chaque fois quelques colonies françaises.

Le même tableau nous est offert par la conquête de l'Inde, qui forme aujourd'hui la base de la puissance mondiale de l'Angleterre. Là aussi, il y eut un temps où les succès remportés par les Français sur les princes hindous étaient si grands, qu'on pouvait croire que l'Inde deviendrait une colonie française.

Pendant la guerre de Sept ans, l'Angleterre soutint la Prusse: elle y gagna l'Inde et obtint par le traité de Paris, en 1763, que la France ne débarquât plus de troupes en Inde. Voilà quelle fut toujours l'amitié des Anglais pour la France. L'Angleterre gagne ses batailles sur le terrain diplomatique.

Depuis trois cents ans, il n'y a pas eu de guerre en Europe sans qu'à la conclusion de la paix l'Angleterre ne se soit enrichie aux dépens des deux puissances belligérantes. La grande lésée fut toujours la France, car les autres puissances ne pratiquaient pas alors de politique coloniale.

De même dans les guerres de 1793 à 1815, l'Angleterre a toujours été aux côtés des ennemis de la France. A la conclusion de la paix, l'Angleterre s'adjugea les derniers restes des colonies françaises. Elle fit aussi l'« acquisition » de l'île hollandaise de Ceylan et du Cap de Bonne Espérance. La colonie la plus importante était le Cap, qui plus tard s'étendit et devint l'Afrique méridionale anglaise, mais qui, en 1815, valait surtout comme point d'appui entre l'Angleterre et les Indes ; il en fut de même et pour les mêmes raisons de l'Ile de France.

Lorsque l'Angleterre ne put plus ravir de colonies à sa chère amie la France parce que celle-ci n'en possédait plus, elle choisit un autre moyen, qui lui a aussi profité d'une manière durable.

Quand l'hégémonie de la Russie en Europe devint un sujet de préoccupation pour l'Angleterre, et que les projets du tout-puissant tsar Nicolas sur l'Inde apparurent clairement au peuple anglais, l'Angleterre chercha parmi ses chers amis et voisins s'il ne s'en trouverait pas un qui tirât pour elle les marrons du feu. Elle choisit la France comme étant la plus digne. En d'autres termes, l'Angleterre, au moyen des victoires françaises de Crimée, porta au tsar Nicolas, qui se croyait tout-puissant, le coup mortel. Le tsar Nicolas ne put supporter les défaites de Sébastopol et mourut prématurément.

Ainsi l'Angleterre a toujours su d'une façon ou d'une autre profiter de la France ; mais cela cessera tout d'un coup. Un jour viendra où la France s'apercevra avec horreur que l'amitié anglaise n'est qu'un vain son.

Voilà le second des adversaires que nous rencontrons sur le chemin de la plus grande Allemagne. L'Angleterre pourrait être le troisième. Seulement il me plaît de douter que l'Angleterre veuille l'être en tout état de cause. Cela dépend des circonstances du moment et de ce que nous pourrons lui offrir

3. — L'Angleterre.

Le troisième de nos adversaires, en apparence le plus redoutable, c'est notre chère cousine germaine, l'Angleterre. Redoutable, parce que nous ne pouvons la combattre que sur mer. Sur terre, nous sommes habitués à vaincre depuis cinquante ans. Les batailles navales sont quelque chose de nouveau pour le peuple allemand. En gens prudents, nous n'abordons qu'avec méfiance tout ce à quoi nous ne sommes pas accoutumés.

L'Angleterre hait le Peuple allemand. L'Angleterre hait le nouvel Empire allemand, qu'elle considère comme le représentant le plus heureux du Peuple Allemand. Les Anglais sont habitués à compter sur la bêtise des autres peuples comme sur une chose qu'ils ont le droit d'exiger. Depuis 1864, ils ne peuvent se remettre de l'effroi qu'ils ont éprouvé à voir que le Peuple Allemand ne veut pas commettre les bêtises dont la Vieille Angleterre a besoin.

Les Anglais ont le bonheur d'habiter en Europe, mais non dans le territoire où se livrent les batailles de l'Europe. Le peuple anglais a pu se multiplier dans son île sans y être dérangé. Depuis 1500, le nombre des Anglais s'est multiplié par 11, tandis que nous, Allemands, nous ne sommes que 8 fois et demi plus nombreux. Ce que les guerres européennes nous ont coûté en hommes, l'Angleterre l'a cédé à ses colonies. Il y a aujourd'hui dans le monde 120 millions d'hommes qui parlent l'anglais, mais, dans ce nombre, il en est beaucoup qui ont adopté la langue anglaise quoique descendants d'une autre race. Du reste, en cas de brouille, nous n'aurons pas affaire avec toute la race anglo-saxonne, mais seulement avec l'Angleterre. Les Etats-Unis constituent un pays à part ; peut-être même feraient-ils des vœux pour nous, parce qu'ils ont sans doute conscience qu'après une défaite de l'Angleterre, ils prendraient la direction de la race anglo-saxonne dans les colonies, ou tout au moins dans celles qui pratiquent l'agriculture. L'appui des colonies est d'ailleurs chose très douteuse. Voyez-vous l'Angleterre succomber dans une guerre européenne : les colonies anglaises n'ont rien de plus pressé que de se détacher de la métropole et de se gouverner elles-mêmes. Les Etats-Unis occupent le Canada, qui leur fait frontière. Le Sud-Africain devient boer. L'Australie et la Nouvelle-Zélande forment une république sur le modèle des Etats-Unis. Ce que l'Angleterre doit attendre de ses colonies, elle le sait parfaitement bien. L'Angleterre défend dans ses colonies l'argent qu'elle y a placé. Les habitants des colonies ont peu d'intérêt pour elle; ses propres besoins passent avant. Pour les deux plus grandes et plus importantes colonies agricoles, pour l'Australie et pour le Canada, la question mongole est plus sérieuse que toutes les guerres européennes dans lesquelles l'Angleterre pourrait être entraînée.

La comparaison de l'Angleterre avec l'Allemagne n'est pas aussi facile que la comparaison de l'Allemagne avec la France, qui est si instructive.

L'Allemagne a 540 777 km² et 65 millions d'habitants.

La G^{de}-Bretagne a 314 339 km² et 42 millions d'habitants.

La dette publique des deux Etats est à peu près égale.

L'Allemagne a une dette de 18 930 millions de marcs.

La Grande-Bretagne a une dette de 15 400 millions de marcs.

La dépense annuelle pour l'amortissement de cette dette est aussi égale.

L'Allemagne rembourse chaque année 768 millions de marcs.

La Grande-Bretagne rembourse chaque année 570 millions de marcs.

La part de chaque individu à la dette publique est de 312 marcs en Allemagne et de 366 en Grande-Bretagne.

Etant donnée la grande richesse de l'Angleterre, sa dette est relativement minime. On évalue la richesse de l'Angleterre à 300 milliards; elle repose uniquement sur la possession de ses immenses colonies et sur les biens acquis dans le commerce depuis trois cents ans. L'argent placé dans les colonies rapporte du 50 et du 100 pour cent. Au cours de quelques générations, cela produit une fortune énorme. C'est le commerce qui règne dans les Etats du roi Georges V.

	Importation.	Par tête.	Exportation.	Par tête.	Commerce total.
Allemagne	7 670 m.	126 m.	6 400 m.	106 m.	14 070 m.
Angleterre	12 100 »	287 »	9 320 »	221 »	21 420 »

Le commerce et l'industrie dominent absolument toute la vie de l'État britannique. L'agriculture a été sacrifiée au commerce et à la grande industrie, au grand dam de l'État.

	Chevaux.	Bœufs.	Brebis et chèvres.	Porcs.
L'Allemagne possède	4 360 000	20 630 000	11 240 000	22 150 000
La G^{de}-Bretagne »	2 090 000	11 630 000	30 010 000	3 970 000

Ainsi l'Angleterre ne nous dépasse que pour le nombre des brebis et des chèvres. Mais la raison en est qu'aucun autre animal ne prospère sur les hauts plateaux écossais. Les brebis et les chèvres sont hostiles à la sylviculture. L'Allemagne a 26 pour cent de forêts, la Grande-Bretagne 4 pour cent seulement.

La Grande-Bretagne est bien, bien plus en arrière de nous dans la production des céréales et des pommes de terre que dans l'élevage du bétail.

	Froment et orge.	Seigle.	Avoine.	Pommes de terre.
L'Allemagne produit	73 mill.	107 mill.	77 mill.	463 mill.
La G^{de}-Bretagne »	27 »	0,1 »	20 »	40 »

de quintaux métriques.

L'agriculture recule d'année en année en Angleterre. En 1909, le labourage a perdu en chiffres ronds 26 000 hectares, dont 14 600 ont passé à la pâture ou ont été transformés en prairies. La surface cultivée a donc diminué de 11 400 hectares dans le Royaume-Uni. Au cours de la dernière génération, la surface que sillonnait la charrue s'est réduite d'à peu près un million d'hectares, au profit des prairies et des pâturages. Comparez à cette situation celle qu'offre l'Allemagne. Chez nous, depuis une génération, les produits agricoles accusent une augmentation énorme par rapport à l'étendue du sol.

L'Angleterre a introduit de l'étranger en 1910 pour 5 milliards de vivres : farine et orge pour 1546 millions de marcs; viande et bétail pour 976 millions; vivres et boissons, francs de droits, pour 1444 millions; soumis à des droits pour 1094 millions.

Cet énorme écart ne s'explique nullement par une surface cultivable moindre en Angleterre, en Écosse et en Irlande. L'agriculture est sacrifiée au commerce et à l'industrie; elle n'est pas rentable, il ne vaut plus la peine de s'y livrer. Le sol est utilisé un tantinet pour des chasses au renard et pour l'élevage du mouton, histoire de ne pas le laisser tout à fait sans emploi. C'est un crime à l'égard du peuple. L'Angleterre a le libre-échange : le libre-échange a tué le paysan anglais, dépeuplé les campagnes, transformé la petite ville en grande ville. Or c'est un fait que l'ouvrier de fabrique doit être remplacé par de nouveaux arrivants de la campagne : au bout de trois ou quatre générations, il s'éteint. En Angleterre, les mesures protectrices, les assurances diverses contre la maladie, l'incapacité de travail et la vieillesse sont loin d'être aussi développées que chez nous. Où se recrutera donc la masse des ouvriers anglais si la campagne est dépeuplée? Les champs de blé qui nourrissent l'Angleterre sont situés dans l'Amérique du Nord, au Canada, dans l'Argentine, aux Indes, en Australie. Les ouvriers agricoles, les paysans de ces contrées n'ont aucune raison, aucune envie, et pas même le devoir patriotique d'abandonner leurs foyers et leur travail au soleil pour devenir ouvriers de fabriques dans les villes obscurcies par la fumée de la Vieille-Angleterre. Ces pays producteurs de blé ne sont d'ailleurs habités qu'en partie par des Anglo-Saxons. Qu'est-ce que les embarras de la Vieille-Angleterre peuvent faire aux ouvriers agricoles de l'Argentine, qui parlent l'espagnol ou l'italien ? L'Hindou ne supporterait pas le climat rude et nébuleux du Nord. Dans les autres pays fournisseurs de nourriture, la population est si peu dense que celui qui veut travailler trouve à toute heure un travail bien rétribué dans sa patrie. En Australie, on importe temporairement des ouvriers chinois; l'Australie ne peut céder aucun homme de race anglo-saxonne. Il faut aussi tenir compte du fait que dans les pays qui fournissent du blé à l'Angleterre, on cultive le sol d'une tout autre manière que chez nous. Le blé est produit par l'exploitation en grand, comme les objets que livrent nos fabriques. Les semailles et la moisson se font au moyen de puissantes machines, qui ne nécessitent qu'en une bien faible mesure la très chère main-d'œuvre humaine.

L'Angleterre est pays industriel depuis plusieurs siècles déjà. D'où viennent donc les ouvriers nécessaires pour combler les vides ? Ceux que la question intéresse n'ont qu'à se rendre à l'Eastend de Londres ; ils y verront des individus au nez recourbé, aux genoux flageolants et aux pieds larges, dont les foyers étaient dans le lointain Orient, en Scandalicie ou dans la Grande-Lithuanie ; voilà comment la noble race anglo-saxonne répare ses pertes. Tant mieux pour eux qu'ils aient échappé au knout du Petit-Père le tsar ; tant mieux pour nous qu'ils ne soient pas restés collés chez nous comme Abraham Eierweiss. Les chemins de fer de l'Etat prussien ont déjà assez à faire à désinfecter les wagons qui transportent — en évitant le grand jour — ces nobles représentants de la race sémitique d'Eydtkuhnen, d'Alexandrowo ou de Sosnowice aux ports d'émigration de la mer du Nord par Ruhleben, au moyen de trains spéciaux.

La Grande-Bretagne ne connaît pas le service militaire général et obligatoire. L'armée anglaise se recrute par engagements volontaires. Or c'est un fait que des jeunes gens qui sont nés dans les villes de fabriques, et dont les ascendants, parents, grands-parents et aïeux plus éloignés encore, ont été ouvriers de fabriques, sont très peu propres au service militaire. A l'appui de cette affirmation, je me contente de citer un fait. La province de la Prusse orientale, avec deux millions d'habitants, fournit chaque année à l'Empire allemand environ 36 000 recrues, tandis que la grande ville de Berlin, qui compte plus de trois millions d'âmes, n'en fournit que 12 000. Encore faut-il noter que si la plupart ne viennent pas de la campagne, ils descendent de parents qui en sont venus. En Angleterre, il ne peut pas en être autrement que chez nous quant aux aptitudes des enfants des grandes villes pour le service militaire. Eh bien, je le demande, où la Grande-Bretagne prendra-t-elle les recrues pour ses guerres futures ?

L'Angleterre n'est plus capable de faire combattre ses troupes avec celles d'une grande puissance européenne. L'Allemagne, la France, la Russie et l'Italie mettent en campagne des troupes bien plus grandes et mieux exercées.

Quelle raison y a-t-il pour que la France, maintenant que la Russie est mise hors de cause par le Japon pour un temps indéfini, recherche pour alliée notre cousine l'Angleterre ?

Sur les côtés faibles de l'Angleterre, sur ses défauts, son orgueil, son hypocrisie, sa perfidie, sa fausse piété, son manque d'esprit scientifique, son égoïsme, sa brutalité, sa fausse humanité, on a tant écrit dans les journaux allemands pendant les dix années du règne d'Edouard VII, que je puis bien m'épargner un examen plus détaillé des très nobles qualités de caractère de notre chère cousine, branche capitaliste de la maman Germania.

En Angleterre, précisément, tout est affaire.

Le père du célèbre ministre Gladstone a fait sa fortune comme marchand et comme maître d'esclaves. Le fils se retira des affaires avec la fortune héritée de son père, et se fit parlementaire. Il entra dans la corporation législative avec des idées archi-conservatrices, et quand il vit qu'il ne pouvait ainsi faire aucune affaire, il se livra à un petit changement d'opinion, et se présenta aux élections suivantes comme libéral. Comment le *great old man* a-t-il pu s'émouvoir des massacres d'Arménie et des troubles de la Bulgarie, lui, le fils de son père, le marchand d'esclaves? Le petit-fils est ministre dans le Sud-Africain, et il se refuse à laisser pendre les nègres condamnés à mort par le tribunal pour avoir violenté des femmes blanches.

En Angleterre, précisément, la politique est aussi une affaire.

Je souscris à tout ce qui a été dit et écrit sur l'Angleterre depuis la guerre des Boers, mais il s'en faut de beaucoup que ce soit un motif pour nous de devoir faire la guerre à l'Angleterre! Sur terre, l'Angleterre est impuissante contre nous. Dans la guerre continentale, l'Angleterre a fort peu fait depuis deux cents ans; elle a toujours combattu avec des alliés qui faisaient le plus gros de la besogne, par exemple à Malplaquet, à Waterloo et en Crimée. Dans la guerre contre les Boers, elle s'est déshonorée au delà de toute expression; finalement, elle les a vaincus par la masse, car elle avait envoyé dans le sud de l'Afrique autant de soldats que le peuple boer comptait d'hommes, de femmes et d'enfants. Mettre des années pour remporter une victoire quand on est cinq contre un, ce n'est pas une action héroïque.

Sous le règne du feu roi Édouard VII, la rivalité économique entre l'Allemagne et l'Angleterre s'est manifestée souvent avec plus de vivacité que ce n'était autrefois le cas. Pour expliquer le désaccord croissant, on a allégué diverses causes : on l'a attribué à l'attitude de personnalités dirigeantes ou à l'attitude du peuple allemand pendant la guerre contre les Boers. Mais il est impossible que le vrai motif soit là, car Russes et Français, le monde entier était en pensée du côté des Boers. Il se peut bien que tout cela ait contribué à envenimer la situation. Quand s'approche le moment d'une crise universelle, des détails de ce genre sont collectionnés par les journalistes zélés comme preuves d'une tendance déterminée. Mais pour l'Anglais, qui est avant tout homme d'affaires, ce n'est pas une raison de mettre en jeu « tout » ce qu'il a dans une guerre sur le continent.

La politique anglaise ne dépend que d'une chose, à savoir si les affaires commerciales vont bien ou mal. Les affaires vont mal. Toutes les gazettes se demandent pourquoi. A quoi cela tient-il ? A la concurrence ! Un déplacement de puissance s'est produit dans le domaine économique, qui porte de plus en plus préjudice à la situation de l'Angleterre sur le marché mondial. Le commerce intermédiaire anglais, qui a rapporté beaucoup d'argent à la Grande-Bretagne, perd peu à peu de son importance, parce que, en particulier, le fabricant et le grand négociant allemand s'en affranchissent de plus en plus. Une tentative désespérée a été faite pour arrêter ce déplacement : nous voulons parler de la loi en vertu de laquelle tous les produits de l'industrie allemande devaient porter l'indication de leur lieu d'origine. Le marchand anglais espérait que le Breton des colonies serait assez patriote pour préférer la chère marchandise anglaise, même si elle était défectueuse, à la marchandise allemande, bien que celle-ci fût meilleur marché. Mais, pour les Anglais des colonies, tout est aussi affaire, et ils achètent maintenant, le sachant et le voulant, la marchandise allemande qui portait autrefois une étiquette anglaise. Mais comme une faible partie seulement des articles anglais, le 15 pour cent, est acheminée sur les colonies, et que la grosse part est absorbée par les peuples civilisés indépendants de la terre, les négociants de ces divers peuples ont appris par cette loi merveilleuse ce qu'ils ignoraient, à savoir que les marchandises qu'ils faisaient venir d'Angleterre étaient des produits allemands. Que peuvent faire aux Américains du Sud, qui parlent l'espagnol ou le portugais, les doléances de la Vieille-Angleterre sur le *Made in Germany* ?

A combien se monte cette perte, nous le voyons bien au recul de la part que la Grande-Bretagne a eue dans la dernière décade à notre commerce extérieur. En 1900, cette part constituait encore le 13,9 pour cent de notre importation et le 19,2 pour cent de notre exportation, et même en 1904, le 14 pour cent de l'importation et le 18,7 de l'exportation ; en 1908, elle est tombée respectivement à 9,1 et 15,6 pour cent et en 1909 elle n'était plus que de 8,5 et 15,4 pour cent.

Auparavant, la Grande-Bretagne venait en second rang dans notre importation ; maintenant, elle n'occupe plus que le quatrième. Dans notre exportation, elle tient toujours, il est vrai, la première place, mais tandis qu'en 1900 sa part dépassait celle de l'Autriche de 8,5 pour cent, et celle des États-Unis d'Amérique de 9,9 pour cent, elle ne dépassait plus, en 1909, celle de l'Autriche que de 3,8 et celle de l'Amérique que de 6,2 pour cent. Etant donné l'essor de notre commerce extérieur dans son ensemble, on ne peut donc méconnaître une transformation aux dépens des échanges de marchandises entre l'Allemagne et l'Angleterre. Cela se montre aussi dans les chiffres absolus du commerce. Tandis qu'en 1900, nous tirions encore pour 840,7 millions de marcs de marchandises de la Grande-Bretagne, il s'est produit les années suivantes — avec quelques oscillations — un tel recul que notre importation d'Angleterre n'atteignait plus, en 1909, que 720,7 millions. Donc, baisse de 120 millions. En 1910, l'importation paraît avoir diminué encore davantage; du moins l'importation du charbon et du fer brut, articles principaux que nous tirons d'Angleterre, accuse-t-elle une régression considérable. Dans le développement de notre exportation en Grande-Bretagne, il n'y a pas eu de baisse proprement dite, mais l'augmentation de la dernière décade a été étonnamment faible. En 1900, nous expédiions en Angleterre pour 912,2 millions de marcs de marchandises; en 1909 nous n'en avons expédié que pour 1014,99 millions. Comme l'exportation du sucre, qui occupe la première place dans nos envois, a fortement diminué en 1910, il n'est pas impossible que cette année-là accuse même un recul.

Or, comme, en Angleterre, tout est affaire — par les bons comme par les mauvais jours, — certains journalistes anglais ont résolu d'anéantir l'Allemagne dans l'intérêt de leurs abonnés. Il n'est pas niable que l'on ait quelque expérience en Grande-Bretagne dans ce domaine. Mais on a toujours été assez prévoyant pour choisir à cet effet de faibles États. L'Angleterre aime bien une fois par génération, pour inspirer un effroi salutaire, montrer en prenant pour cible quelque ville innocente située sur une côte ouverte et en se plaçant assez loin pour ne rien risquer, comme ses canons tirent bien. Je ne rappellerai que le bombardement d'Alexandrie en 1882. Mais on choisit toujours pour cela, par précaution, un État de troisième ou de quatrième rang En 1890, les Anglais menacèrent Lisbonne du même sort, mais le Portugal se soumit à leurs conditions, et Lisbonne attend encore un second tremblement de terre.

Très instructif à cet égard est le traitement que l'Angleterre a fait subir à son ami le Danemark, qu'elle a si jalousement protégé depuis. Comme, en 1801. une ligue se formait contre l'Angleterre parce qu'elle prétendait au droit de visite sur mer, les Anglais avisèrent le plus petit et le plus vulnérable de leurs adversaires : 54 vaisseaux anglais firent leur apparition devant Copenhague. Nelson dit que le combat qu'il livra à la flotte danoise fut le plus terrible qu'il eût vu En 1807, suite et fin de 1801. Une des plus grandes flottes qui aient jamais quitté l'Angleterre parut devant la capitale danoise avec 33 000 hommes de troupes, et la bombarda en pleine paix, sans déclaration de guerre, du 1er au 5 septembre. Vingt-huit rues furent réduites en cendres et 2000 hommes tués. Alors la ville se rendit sans conditions. Les Anglais détruisirent tout le matériel de guerre qu'ils ne purent pas transporter chez eux, et emmenèrent 63 vaisseaux danois ou — suivant leur expression, charmante comme toujours — ils les prirent sous leur garde, de peur de les voir tomber aux mains de leurs ennemis. Copenhague est le Danemark ; qui possède la capitale voit tout le Danemark à ses pieds. Copenhague renferme dans ses murs le 20 pour cent de tous les Danois.

La chose ne serait peut-être pas si simple s'il s'agissait de l'Allemagne. Berlin n'est pas plus ville maritime que Leipzig. Les villes côtières allemandes sont autant que possible défendues par des batteries ; elles ont d'ailleurs été favorisées par la nature. La côte de la mer du Nord est, en l'absence des signaux, une des plus dangereuses qui existent, à cause des bas-fonds et des îles qui la bordent. Nos grandes villes maritimes sont toutes au bord de fleuves, à une forte distance de la côte, ou sont protégées — celles de la Baltique — par des lacs intérieurs. La nature est de notre côté.

La chose n'est pas si simple que s'il s'agissait de Copenhague, de Lisbonne ou d'Alexandrie ! Nous sommes d'ailleurs sur nos gardes, avertis par les multiples tentatives du roi Édouard pour nuire politiquement à l'Allemagne.

Avec l'invention du nouveau type de navires, des *dreadnoughts*, l'Angleterre croit pouvoir déjouer à l'avenir toute rivalité. Mais cette tentative a eu aussi peu de résultat pour l'Angleterre que l'introduction du *Made in Germany* n'en produit dans les relations politico-commerciales. Car ce que les Anglais peuvent, nous le pouvons toujours. Nous avons construit, nous aussi, des dreadnoughts, au grand étonnement des constructeurs et des bâilleurs de fonds anglais. Peut-être les nôtres sont-ils un peu meilleurs que ceux de la concurrence anglaise, mais cela n'est pas absolument certain. On essaye, en Angleterre, de se procurer des renseignements sur ce que nous pouvons faire, en introduisant en grand secret des spécialistes anglais dans les délégations, au nom tout à fait innocent, que les Etats corsaires de l'Amérique du Sud envoient en Allemagne pour examiner nos chantiers avant de nous faire leurs commandes.

En Angleterre, on parle tout à fait ouvertement de la nécessité qu'il y a d'anéantir la flotte allemande, comme on a anéanti il y a cent ans la flotte danoise. Seule, l'impossibilité de réaliser ce projet empêche qu'on en fasse l'essai.

Une feuille libérale très considérée, le *Manchester Guardian*, fait, en réponse à des élucubrations de journaux conservateurs, un exposé très digne d'attention, où elle énumère les sacrifices que l'Angleterre aurait à faire pour être à même de lutter contre l'Allemagne. On y lit : « Rendons-nous une bonne fois compte de tout ce qui nous est nécessaire, si nous admettons l'hypothèse que l'Allemagne ait à notre égard des intentions hostiles, hypothèse qu'en ce qui nous concerne nous écartons. D'abord, nous devons être en situation de défendre la neutralité de la Hollande et de la Belgique, ce qui nécessite non une flotte, mais une armée. Ensuite il nous faut une alliance avec la France, et pour cela introduire le service militaire obligatoire pour tous, car nous ne pouvons exiger de la France qu'elle livre sans nous nos batailles en Europe. Le prix auquel nous devons payer le maintien de notre supériorité sur mer est donc une politique d'alliances continentales et l'introduction du service obligatoire. Mais ce n'est pas encore tout. Voici la Russie, avec laquelle il nous faut nous unir pour faire la guerre à l'Allemagne, parce que sans cela elle s'allierait elle-même à notre ennemie. Mais ce que comporte une entente avec la Russie, nous en avons déjà eu un avant-goût en Perse. La Perse devrait faire les frais de cette alliance, et avec toutes nos relations avec ce pays, nous perdrions notre situation politique et stratégique en Inde. Est-ce tout ? Pas encore. Car ces alliances ne sont pas compatibles avec le maintien de la porte ouverte en matière commerciale. Nous mettrions encore en péril nos bons rapports avec l'Amérique. Les préparatifs d'une guerre victorieuse comportent donc : service militaire obligatoire, perte de la Perse, sacrifice de notre situation en Turquie et en Inde, difficultés avec l'Amérique et renonciation au principe de la porte ouverte en matière commerciale. Dommage causé à notre industrie avec répercussion sur la patrie. Tout cela est impliqué dans une guerre victorieuse pour l'Angleterre. »

Sur les conséquences qu'entraînerait une guerre perdue, les feuilles anglaises se taisent. Faire entrevoir ne fût-ce que la possibilité d'une défaite, cela coûterait trop d'abonnés.

Comme j'aime l'exactitude, je veux, pour l'édification et le profit des lecteurs anglais de mon livre, exposer les suites probables d'une guerre défavorable à l'Angleterre.

Le Canada s'unit volontairement aux Etats-Unis d'Amérique, et est par conséquent perdu à jamais pour l'Angleterre. La flotte des Etats-Unis occupe immédiatement les îles Bermudes et les îles Bahama, la Jamaïque et le Honduras britannique.

L'Australie et la Nouvelle-Zélande se déclarent indépendantes et forment un Etat fédératif sur le modèle de la république nord-américaine.

La Russie occupe l'Inde, la Perse, le Thibet, l'Afghanistan et le Beloutchistan.

Le Japon s'empare des possessions anglaises de l'Indochine.

L'Allemagne reçoit une indemnité de guerre de cinquante milliards, toute l'Afrique anglaise, l'Egypte, le Soudan, l'Est africain britannique, l'Afrique centrale, le Transvaal, l'Orange, le Natal. le Cap, la baie de la Baleine, la Nigéria, la Côte d'Or, Sierra-Leone, le Sénégal et Berbéra. Dans l'Amérique centrale et méridionale, Barbade, la Trinité, la Guyane britannique et les îles Falkland. En Asie, le sud de l'Arabie, Ceylan, Malacca, la moitié nord de Bornéo et Hong-Kong. En Australie, la Nouvelle-Guinée et les îles de la Polynésie.

Que peut nous prendre l'Angleterre ? L'ensemble de nos colonies, et nos vaisseaux voguant sur mer avec leur cargaison, ce qui représente une valeur de trois milliards. Comme l'Angleterre ne peut nous nuire que sur mer, que, dans l'état actuel des choses, les décisions sur le continent européen ne tourneront jamais qu'en notre faveur, et que nous avons dans la France un gage de deux cents milliards pour nous récupérer des dommages qui nous seraient causés sur l'eau, nous pouvons envisager avec tranquillité le cours ultérieur des événements.

L'Angleterre s'imagine être, dans son île, à l'abri de toutes les éventualités des guerres européennes. Jusqu'ici il semblait réellement en être ainsi, tant que la flotte britannique dominait les mers, et que les importations venaient régulièrement alimenter un pays qui ne peut nourrir sa population que deux mois sur douze. Mais en ces dernières années, il a été fait dans un domaine qui passait jusqu'ici pour exclu, celui de la dirigeabilité des ballons, des inventions d'une portée si considérable, qu'on peut bien se demander si l'isolement de l'Angleterre dans son île durera toujours ! Je ne dis absolument pas que l'Angleterre puisse être aujourd'hui ou demain mise en péril par des ballons de guerre allemands, mais on peut prévoir que, grâce aux inventions et aux expériences des dernières années, des perfectionnements pourront être apportés aux ballons, et que nous allons au-devant d'un avenir où il sera possible d'anéantir des vaisseaux de guerre étrangers sur mer en jetant sur eux des bombes, et où nous réussirons, en nous mettant sous la protection de ballons, à conduire à l'île britannique une grande flotte transportant à son bord plusieurs corps d'armée allemands, auxquels les royaumes unis ne pourront rien opposer d'équivalent.

Une fois les premiers pas faits dans un domaine donné, les inventions se succèdent dans la règle avec une vitesse toujours plus grande. Il en sera ainsi en ce qui concerne les dirigeables. A l'époque de la guerre de Crimée, on a vu les premiers cuirassés, qu'on appelait des batteries flottantes. Dans l'espace de cinquante ans, tant d'inventions ont été faites, tant de perfectionnements apportés à ces navires que nous avons aujourd'hui les dreadnoughts.

L'Angleterre a encore un point sensible dont on a fort peu parlé jusqu'ici. L'Egypte et le canal de Suez sont pour l'Angleterre un bijou dont la perte la frapperait peut-être aussi douloureusement que celle des Indes. L'Egypte est accessible par la voie de terre, à travers l'Asie Mineure et la Palestine. Le consentement de la Turquie devrait lui être arraché. Les lignes de chemin de fer sont bientôt terminées, et la distance en est fortement réduite. A cause du climat, l'attaque devrait commencer en octobre, afin que les mois d'hiver puissent être utilisés pour opérer l'occupation. L'Egypte est le refuge de tous ceux qui, pour des raisons de santé, doivent fuir les rigueurs de l'hiver septentrional. Pourquoi serait-il donc impossible à nos soldats de supporter le climat de l'Egypte ? Les Egyptiens accueilleraient avec enthousiasme ceux qui viendraient les délivrer du joug de l'Angleterre.

Mais tout ce que je dis là, je le dis seulement pour montrer que l'Angleterre n'est nullement inattaquable et invulnérable comme elle paraît l'être, parce que, dans ces cent dernières années, elle a anxieusement évité de se frotter à une des grandes puissances continentales, si ce n'est lors de la guerre de Crimée, où elle est d'ailleurs restée à l'arrière-plan aussi longtemps qu'il s'agissait de gagner des batailles.

Le temps du roi Édouard est passé : ce souverain s'en est allé d'une façon tout à fait inattendue là où il n'est plus question de politique. Le temps de son règne a mis notre patience à nous, Allemands, à une terrible épreuve par ses coups d'épingle. Il ne s'est guère passé de semaine où nos journaux ne nous apportassent la nouvelle de quelque mesure du roi d'Angleterre, que nous ne pouvions regarder que comme inamicale pour nous. Après sa mort, qui fut pour nous une vraie surprise, nous avons constaté avec étonnement que nos gazettes avaient tout à coup une foule de choses élogieuses à raconter sur le feu roi d'Angleterre. Édouard VII n'avait qu'un défaut, un grand, et ce défaut était d'être roi d'Angleterre, et non pas chancelier de l'Empire allemand !

Ce revirement subit dans les journaux allemands montre bien combien artificiel, au fond, est l'antagonisme entre l'Allemagne et l'Angleterre, et j'exprime l'espoir que le nouveau roi suivra une autre politique que son père.

Il y a place, dans le monde, pour l'Angleterre et pour l'Allemagne. A côté l'une de l'autre ! Nous voulons conquérir une place au soleil dans le domaine des possessions coloniales et du commerce mondial. Nous ne voulons pas de guerre avec l'Angleterre ! Et aussi pour cette raison que le sang germain est trop précieux pour être répandu sans utilité, aussi longtemps qu'il y a encore d'autres peuples qui se trouvent sur notre chemin ! D'autres missions attendent le peuple allemand, qui lui promettent une plus haute récompense.

Dans les premières années de la guerre de Sept ans, l'Angleterre soutenait Frédéric-le-Grand ; ensuite, elle le laissa dans l'embarras. Pendant les longues guerres contre la République Française, et plus tard contre Napoléon Ier, l'Angleterre était l'adversaire le plus acharné de la France. Au congrès de Vienne, elle s'allia avec la même France contre la Prusse et la Russie. Seule, la fuite de Napoléon de l'île d'Elbe empêcha qu'une guerre n'éclatât contre les deux puissances du nord de l'Europe. La marche de Napoléon contre les troupes anglo-hanovriennes mit fin à ces projets. En récompense, la Prusse sauva le duc de Wellington à Waterloo. La bataille gagnée, l'Angleterre changea encore une fois de parti ; pendant les négociations de Paris, elle fut du côté de la France, et sut faire perdre à l'Allemagne et à la Prusse le fruit de leurs victoires. La variété plaît. Au début de la guerre de 1870, l'Angleterre était du côté de l'Allemagne ; après la prise de Sedan, elle fit volte-face, et livra à la France des fusils, des canons, des munitions et des approvisionnements. Changer de parti dès que l'avantage le conseille, voilà un des principes de la politique anglaise. Il en a toujours été ainsi. Pourquoi en serait-il tout à coup autrement ? Les belles phrases coûtent peu, et elles se présentent d'elles-mêmes en cas de besoin, suivant la cause et le but. Une fois, il s'agit de délivrer des populations opprimées, une autre fois de protéger la légitimité ou bien encore d'aider au triomphe du droit. La maxime : « Le sang est plus épais que l'eau » est bonne aussi parfois à appliquer ! En réalité, il n'y a en Angleterre qu'un principe, et c'est celui-ci : « Avantage du commerce et de l'industrie. »

C'est la perfidie de l'Angleterre qui a fait sa grandeur. J'admire l'Angleterre et sa politique ! Un des moyens auxquels elle recourt dans l'application de ce principe de la perfidie, c'est le changement fréquent du parti au pouvoir. L'adversaire qu'on a eu jusqu'ici offre-t-il plus que l'allié, le ministère se retire, le roi renvoie les parlementaires chez eux et ordonne de nouvelles élections. L'autre parti est victorieux, un nouveau ministère arrive aux affaires et fait une nouvelle politique. Tous ces incidents sont entourés d'une si grande masse de particularités à moitié incompréhensibles, et par conséquent d'autant plus merveilleuses, et sur lesquelles on insiste tellement, que le peuple anglais peut se donner l'illusion que tous ces détails sont la chose principale. Du changement dans la politique extérieure, on parle le moins possible ; la chose essentielle est traitée comme chose accessoire. Les Anglais sont des gens d'affaires de premier ordre ! Qu'en serait-il donc si nous essayions de faire paraître encore une fois avantageux un changement de politique ? Il nous suffit, pour cela, d'offrir plus que notre adversaire la France. Je ne nomme que la France parce que, dans l'opinion générale du peuple allemand, c'est là qu'il faut chercher la cause de tous les maux dont nous avons été victimes depuis quarante ans ; nos autres adversaires ne sont que les emprunteurs et les débiteurs obéissants du banquier universel. Le roi Édouard, l'irréconciliable, est mort. Vive Georges V ! Il se peut bien qu'il tente autre chose.

Une guerre entre l'Allemagne et l'Angleterre n'a vraiment aucune raison d'être. Serait-ce pour établir laquelle possède les canons qui portent le plus loin et ont la plus grande force de pénétration ? La guerre est un sport. En quoi l'Angleterre a-t-elle à se préoccuper des embarras de la France pauvre en hommes ou de la manie des grandeurs des petits peuples slaves et des Magyars ?

Les politiciens anglais concéderont bien que l'Angleterre n'a aucune prise sur nous sur terre, ni par des mercenaires anglais, ni par des mandataires belges, disons français ou russes. De même je crois pouvoir compter sur l'assentiment des politiciens allemands si je prétends qu'il est improbable que nous réussissions à battre l'Angleterre sur mer, avec nos moyens actuels, de façon à pouvoir la soumettre d'une manière durable à notre volonté. Nous nous nuirons réciproquement en bombardant des vaisseaux de type vieilli. Mais les Anglais ont aussi bien de vieilles boîtes que nous. Et ne serait-ce pas une insanité que d'engloutir dans les abîmes de la mer du Nord une si grande partie de la fortune des deux peuples ? Dans une guerre navale, l'Angleterre peut nous enlever nos colonies, ou, plus exactement, elle peut couper leurs relations avec la métropole et les déclarer anglaises. Mais de cette déclaration possible à une occupation définitive, il y a encore loin. L'Angleterre peut capturer notre flotte de commerce, pour autant qu'elle vogue sur les mers lointaines. Nous, de notre côté, nous pouvons causer un très gros préjudice au commerce anglais, notamment en rendant la mer Baltique impraticable au moyen de mines. Et qu'en adviendra-t-il du commerce anglais si nous établissons pour les marchandises anglaises une nouvelle espèce de blocus continental ?

Mais quelle raison d'être auraient toutes ces mesures ? Si

j'y insiste avec tant de complaisance, c'est uniquement pour montrer qu'une guerre possible n'offre pas des avantages pour l'Angleterre seule, comme certains journaux anglais voudraient le faire croire à leurs lecteurs.

Qu'est-ce que l'Angleterre a fait — en prévision d'une attaque éventuelle de l'Inde par le Japon — pour assurer son principal empire colonial ? Le Japon a en Corée une puissante armée sur le pied de guerre. Les chemins de fer de la Chine sont achevés dans leurs lignes principales. Comment l'Angleterre peut-elle empêcher que le Japon ne transporte cette armée à travers la Chine sur la frontière septentrionale de l'Inde ? L'Angleterre se trouvera peut-être un jour en présence de ce fait, que les fils du soleil levant descendront des hauts passages de l'Himalaya, sans qu'elle se soit doutée le moins du monde qu'une armée japonaise avait quitté la Corée. Etant donné le caractère fermé des Mongols, c'est une possibilité avec laquelle il faut compter. L'Angleterre ne peut pas se lancer dans une guerre avec des puissances européennes, parce que ses armées ne sont pas en état de combattre contre celles du continent avec quelque chance de succès, et qu'en second lieu l'Angleterre a besoin de ses troupes pour protéger ses colonies. Cent mille hommes sont une puissante armée pour l'Angleterre. Dans une guerre européenne, la Grande-Bretagne ne peut faire aucune impression avec une armée pareille. Dans les Tropiques, on peut déjà faire quelque chose avec ça, à moins que, par hasard, l'adversaire ne s'appelle le Japon.

Contre ces dangers qui la menacent de toutes parts, il n'y a de salut pour l'Angleterre que dans une alliance avec l'Allemagne. Une guerre entre nous serait aussi insensée pour la race germanique que l'a été autrefois la guerre de Trente ans. Le sang germain est bien trop précieux pour que nous nous tuions réciproquement, à la grande joie des ennemis, les Romands et les Slaves. Ce à quoi nous devons viser, c'est à la paix avec l'Angleterre, à une alliance entre les maisons de Hohenzollern et de Hanovre-Cobourg. Les temps sont favorables pour cela. Le roi Georges V veut et doit faire quelque chose de nouveau. Il est très difficile d'être le digne successeur de deux souverains aussi remarquables que l'ont été le roi Édouard et la reine Victoria.

CHAPITRE VI

Le peuple allemand
et la lutte pour l'empire du monde.

Si nous nous représentons la population des peuples de l'Europe en jetant un coup d'œil sur la carte politique, nous constatons qu'à l'heure actuelle les peuples de l'Europe occidentale, Anglais, Français, Italiens, atteignent chacun à peu près la moitié de la population du peuple allemand. Comme la densité de la population de ces pays est sensiblement la même que chez nous, nous voyons qu'aucun danger ne nous menace de ce côté, aussi longtemps que nous leur restons égaux en force intérieure. Sous ce dernier rapport il n'y a rien à craindre, ni maintenant, ni pour un temps indéterminé. Comme les intérêts de ces différents peuples sont directement opposés, il n'est pas probable non plus qu'il se forme des alliances hostiles. Le développement ultérieur de l'industrie nous permettra peut-être d'arriver à la densité de la Belgique, mais là se trouve la limite, et il nous faudra chercher d'autres voies.

Dans la période de 1832 à 1910, six millions d'Allemands ont émigré aux Etats-Unis de l'Amérique du Nord. Le nombre des Allemands qui y sont domiciliés s'élève au total à dix millions. Les chiffres de l'émigration pour les différentes années sont très variables; c'est ainsi que ce chiffre est monté de

30 000 en 1875 à 250 000 en 1881 pour redescendre graduellement, avec de courtes irrégularités, à 20 000. La raison du chiffre élevé de 1881 se trouve dans les mauvaises conditions du commerce de cette époque, tandis que la diminution graduelle du nombre des émigrés s'explique par l'amélioration des affaires en Allemagne, par l'industrialisation de notre pays et par le fait qu'il n'y a plus en Amérique de terrain à distribuer gratuitement, ce qui autrefois a attiré des millions de Germains. Or avoir du terrain, encore du terrain, un domaine à soi, tel est le but de tout ouvrier allemand qui réfléchit. L'industrie n'est qu'un expédient, tout au moins telle qu'elle est maintenant et telle qu'elle restera probablement, puisqu'elle est forcée de rester ce qu'elle est pour pouvoir lutter avec la concurrence de l'étranger.

Tout cela, je l'ai dit expressément pour mettre dans leur vrai jour mes idées hérétiques. Supposons que l'Etat puisse forcer les fabricants à n'établir de nouvelles fabriques qu'à la campagne: le fabricant devrait mettre à la disposition de chaque ouvrier marié une maisonnette pour un ménage avec un nombre déterminé de pièces et deux ou trois arpents de terrain pour en faire un jardin. Pour une fabrique de 1000 ouvriers, il faudrait déjà un domaine seigneurial de 2000 arpents. S'il était possible d'exécuter cette proposition, on supprimerait d'un coup presque toutes les objections que l'industrialisation soulève. L'ouvrier reviendrait à la nature; dans ses heures de loisir, il devrait cultiver son jardin; il n'aurait ni le temps ni l'envie même de prêter l'oreille aux théories stupides, abrutissantes, stériles, dégradantes et hostiles au travail de la social-démocratie. Les dangers auxquels l'industrie expose les ouvriers seraient supprimés par le transfert des fabriques à la campagne.

Mais aux beaux temps de l'industrie en peuvent succéder de mauvais. Le danger d'un revirement soudain s'est aggravé outre mesure, car dans le cours des quarante dernières années, les grandes puissances ont pris toujours plus conscience de leur force économique et l'ont exploitée sans la moindre considération, comme nous le voyons par l'Amérique du Nord.

Les grandes puissances manifestent depuis quarante ans la tendance à agrandir leur sphère économique et à la mettre à l'abri de toute concurrence du dehors. En Europe, une extension n'est donc possible qu'autant que les limites des peuples et des Etats coïncident approximativement. Le nombre maximum des étrangers vivant dans un pays ne devrait pas dépasser le 15 % de la population indigène, sans quoi il devient un danger pour le peuple dominant, le niveau de culture des uns et des autres étant d'ailleurs à peu près le le même. Pour sortir de ce dualisme entre le vouloir, le devoir et le pouvoir, il y a plusieurs moyens : l'un d'eux est l'acquisition de terrains en continents étrangers.

La comparaison des Etats peuplés d'Européens — parmi lesquels il faut compter aussi les Etats-Unis — nous montre un gauchissement complet des rapports qui devraient exister entre l'importance des puissances européennes et leurs colonies. L'Allemagne est tout à fait à l'arrière-plan. Aussi la conviction s'impose-t-elle à notre esprit que cette incompréhensible pauvreté en colonies l'expose aux plus grands dangers si l'on ne travaille pas, avec la plus grande énergie, à changer cette situation.

La France, qui ne compte en Europe que 39 ¼ millions

d'habitants, en gouverne 50 millions dans ses colonies. L'Angleterre, avec 42 millions, possède un empire colonial de 374 millions. La petite Belgique, avec 6,9 millions, gouverne dans ses Etats du Congo une population triple de ce nombre, et la Hollande, avec 5,1 millions, domine même sur plus de 38 millions d'étrangers. Au rang des concurrents nouveaux se trouvent encore les Etats-Unis, avec un domaine peuplé de 90 millions d'habitants, et la Chine, avec 400 millions.

Dans les dernières décades, les grandes puissances ont passé du libre-échangisme d'autrefois au protectionnisme. L'Allemagne, la France, la Russie et l'Amérique du Nord élèvent leurs droits d'entrée d'année en année. L'Angleterre, qui a tiré du libre-échange un profit sans bornes, tant qu'elle était la seule nation industrielle du monde et qu'elle pouvait fixer à volonté le prix de ses marchandises, l'Angleterre est sur le point de suivre l'exemple des autres Etats. Elle a déjà fait un premier pas dans ce sens en excluant ses colonies des traités de commerce qu'elle négocie. Les « Jingoïstes » sont en train de travailler en connaissance de cause à unir à la mère-patrie les colonies éparses dans le monde entier, en vue d'établir un domaine économique dont l'étendue soit équivalente à celle de tous les Etats de l'Europe, y compris leurs colonies. L'exécution de ce projet changera complètement la face du commerce mondial, et une sage politique doit se préoccuper de ce point noir qui grandit et chercher à le dissiper.

La Russie est sous certains rapports une des grandes puissances de l'Europe les plus favorisées, parce que ses colonies touchent à la mère-patrie sur une immense limite, et ne sont en quelque sorte que le prolongement oriental de l'empire russe à travers la moitié septentrionale de l'Asie. Il est vrai que la possession de la Sibérie entraîne le voisinage avec le Japon, qui est aussi avide de terres que nous, Allemands, à cause de sa surpopulation. Avant la guerre russo-japonaise, personne en Europe n'aurait cru que le Japon fût aussi dangereux qu'il s'est montré plus tard.

C'est à tort qu'on représente la Sibérie comme un désert de glaces et de neiges. Grâce à son immense étendue, elle offre les plus grands contrastes. Il est vrai qu'au nord le sol est gelé jusqu'à vingt mètres de profondeur, mais Sémipalatinsk, sur l'Irtysch, est à la latitude de Cologne. L'écrivain américain Kennan, dans son ouvrage sur la Sibérie, décrit merveilleusement les champs de tulipes et de jacinthes de la région moyenne. Au sud, le tigre se trouve à l'état sauvage. L'Asie centrale est un pays subtropical qui alimente de coton le marché mondial, et la ville de Merw est à la même latitude que Séville. Dans cette contrée, l'émigrant russe se trouve en présence d'un champ infiniment vaste. Se représente-t-on le peuple allemand dans une situation aussi favorable et aussi séduisante ? Quel parti n'aurions-nous pas su tirer de la Sibérie et de la Haute-Asie!

Tout Russe qui émigre dans la Sibérie orientale reçoit du gouvernement 1000 hectares de terrain. La densité de la population dans ce pays est très faible; elle est de 1,9 par kilomètre carré dans la Haute-Asie, et en Sibérie, on ne compte qu'un habitant pour 2,2 kilomètres carrés. Avant l'émigration russe, la densité était encore beaucoup plus faible. Les émigrés sont arrivés très facilement à former la majorité. Les indigènes sont à un degré de culture élémentaire, ils n'ont aucune volonté propre au point de vue national. Leur russification avance à grands pas. Il en résulte un peuple mélangé, dont le manque de volonté et l'aversion pour le travail sont encore bien plus grands que chez le véritable Russe. Par là s'explique l'infériorité de culture du Russe sibérien en regard du Russe d'Europe.

La Russie se trouve dans la situation agréable de pouvoir fermer complètement son domaine économique, et de le mettre à l'abri de l'influence de l'Europe occidentale, et elle fait de cette possibilité le plus large usage. La Russie est un monde en soi. Son industrie, très peu développée, il est vrai, en comparaison de celle de l'Europe occidentale, suffit cependant à ses besoins, et, par suite de la facilité de ses moyens de transport, de l'application, dénuée de scrupules, de ses droits de douane et de ses tarifs, qu'elle règle de la façon la plus arbitraire, elle domine sur toute l'Asie moyenne et septentrionale. Les possessions russes en Asie s'étendent sur une surface de 17,3 millions de kilomètres carrés avec une population de 25 millions d'habitants.

En superficie, la Russie n'est que 42 fois plus grande que l'Allemagne. Vous représentez-vous ce que le peuple allemand, dans sa fièvre de travail, aurait pu faire d'un territoire aussi gigantesque ? Nous aurions bien pris par-dessus le marché le voisinage — sur lequel il y a en vérité quelques réserves à faire, — des Japonais, nouveaux Mongols. Si nous avions 42 fois plus de terrain, en admettant même que la moitié en fût un désert de glace, nous serions les plus grands producteurs de blé du monde entier.

Seuls, les Etats-Unis de l'Amérique du Nord jouissent d'une situation aussi favorable que celle de la Russie. Ils s'étendent sur plus de 9 727 036 km. carrés, soit sur une superficie 18 fois plus grande que celle de l'empire allemand de 1871. On évaluait leur population en 1910 à 90 millions d'habitants. En y comprenant Cuba, ce pays s'étend entre le 20ᵉ et le 40ᵉ degré de latitude septentrionale, ce qui représenterait en Europe la distance de l'île de Rügen à Alexandrie d'Egypte. La distance de l'est à l'ouest est égale à celle de Londres à la frontière de l'Oural, entre la Russie d'Europe et la Russie d'Asie. C'est un territoire vraiment énorme, surtout si l'on songe qu'il est situé en entier dans la zone tempérée ; c'est le meilleur pays du monde au point de vue agricole.

La Havane est à la latitude de la Mecque, la Nouvelle-Orléans à celle du Caire, et New-York à celle de Madrid. Le pays est extraordinairement bon, et le 3 % seulement peut être qualifié de stérile à demeure. C'est un rapport très favorable, si l'on considère qu'en Allemagne le 5 %, en France le 15 %, en Angleterre le 34 % et en Norvège jusqu'au 71 % sont impropres à toute culture. Le graphique ci-après nous montre avec quelle prodigieuse rapidité le nombre des habitants s'est augmenté en regard de l'accroissement des grands Etats de l'Europe. Comment cela finira-t-il ? Si les Etats-Unis arrivent à la densité de la population de l'Allemagne actuelle, ils finiront par avoir 875 millions d'habitants. Où en sera l'Allemagne ? Nous serons alors pour les Etats-Unis ce que la Bulgarie est aujourd'hui pour nous. Il n'y a pas de raisons de croire que ce développement n'aura pas lieu. Jusqu'ici la population des Etats-Unis a toujours doublé en cinquante ans. Si la même progression se maintient, dans 230 ans cette population sera de 875 millions, et la densité sera la même qu'en Allemagne. Où en serons-nous alors ? La possibilité d'un accroissement illimité de la population en Allemagne n'est-elle pas exclue ? Dernièrement la pauvre Amérique s'est décidée encore à acquérir des colonies. Le temps nous montrera si ces conquêtes seront durables. Pour les Etats-Unis, toute possession en dehors du continent américain n'est qu'un éparpillement. En raison de leur situation, les îles Hawaï et Cuba pourront bien par la suite rester acquises, mais l'avenir seul nous dira s'il en sera de même pour les Philippines. Aujourd'hui, il n'y a que les dieux domestiques du mikado qui puissent le dire, et jusqu'à maintenant ils ne se sont laissé interroger par aucun Européen.

Ce qu'il y a de certain, c'est qu'aux Etats-Unis il existe un parti qui voudrait élargir la théorie de Monroë : « l'Amérique aux Américains » et dire : « le monde aux Américains ». Les Etats-Unis et la Russie ont la chance de pouvoir décupler leur population sans éparpiller leurs forces comme les puissances européennes, telles que l'Allemagne, l'Angleterre et la France, sont obligées de le faire.

De ces trois dernières puissances, c'est la France qui est la mieux partagée au point de vue de la situation de ses colonies. La principale d'entre elles, Alger, n'est séparée de la France que par la Méditerranée, mer relativement étroite. L'Algérie, la Cochinchine et la Sénégambie étaient, il y a 40 ans, les seules colonies françaises, et il y avait à ce moment-là des gens clairvoyants en Allemagne qui insistaient pour que ces contrées fussent comprises dans le prix que l'Allemagne réclamait pour ses victoires. Comme on l'a su plus tard, l'opinion française s'était attendue à cette exigence, et elle fut très étonnée de la modestie du vainqueur.

La France a bien utilisé la période de paix qui a suivi 1871 et possède aujourd'hui le tiers environ de l'Afrique. En 1871, la France n'y possédait qu'à peu près 1 million de kilomètres carrés. Aujourd'hui, par contre, elle en a 10 984 770 avec

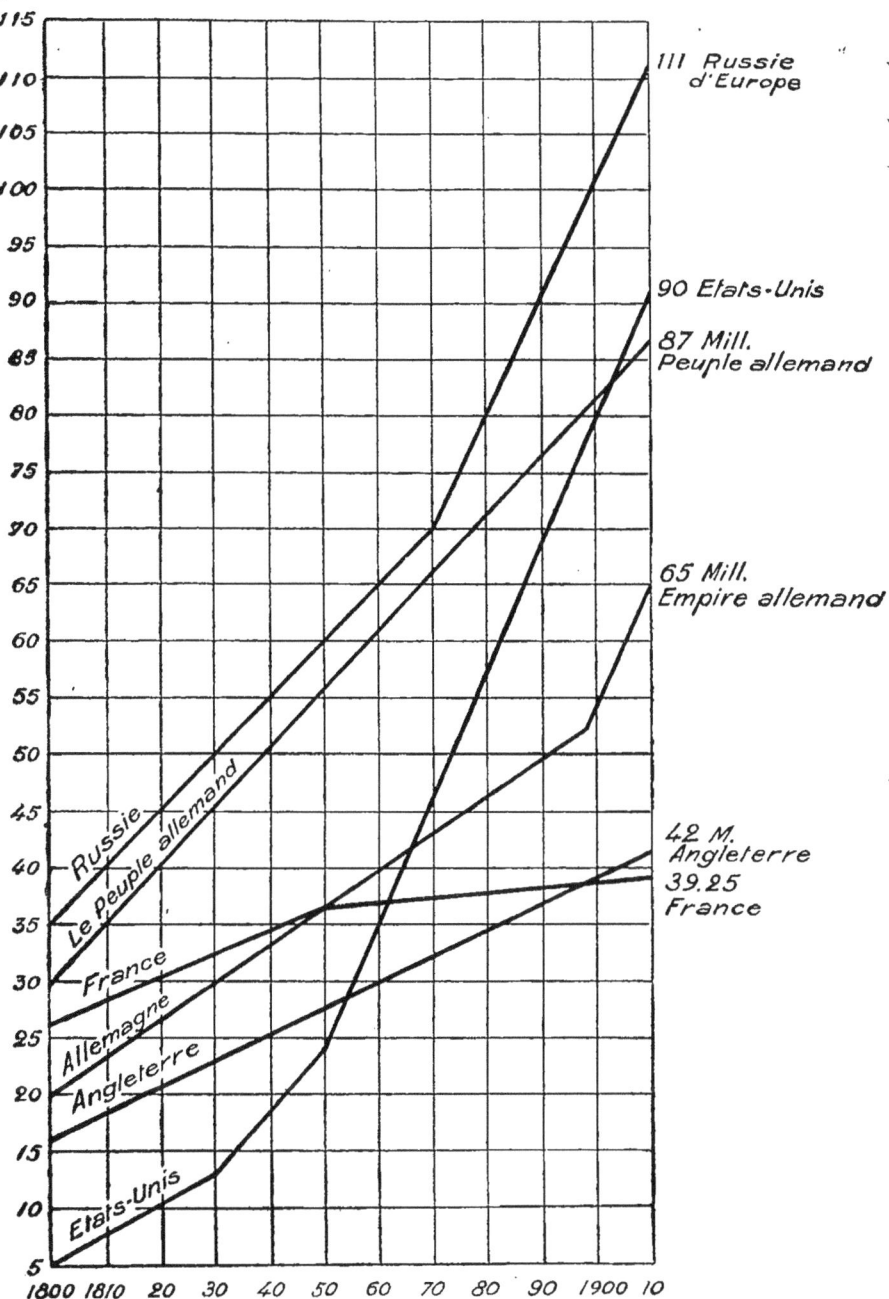

Augmentation des peuples et des Etats de 1800 à 1910.

50 114 000 habitants, et encore la plus grande partie de ce territoire est-elle constituée d'une seule partie au sud de l'Algérie. Avec beaucoup de méthode, la France a su étendre ses possessions, de sorte qu'elle domine aujourd'hui sur tout le nord-ouest de l'Afrique.

Ce territoire se compose des parties suivantes :

Algérie	890 000 km. carrés, avec	5 232 000	habitants.
Soudan et Sénégambie	3 520 400 » » »	20 802 000	»
Tunisie	167 400 » » »	1 820 000	»
Madagascar, Comores et La Réunion	599 545 » » »	2 878 000	»
Afrique centrale	5 037 400 » » »	790 000	»

10 214 745 km. carrés, avec 31 522 000 habitants.

Ces possessions, les Français mettent encore tout leur zèle à les agrandir. Leurs efforts pour englober le Maroc ont failli déclancher la guerre franco-allemande, attendue depuis longtemps.

Ajoutons à cela 663 800 km. carrés en Asie avec 18 075 000 habitants. Cet empire des Indes orientales se compose de :

Annam	135 000 km. carrés, avec	5 566 000	habitants.
Cambodge	96 000 » » »	1 238 000	»
Cochinchine	56 900 » » »	2 844 000	»
Tonkin	119 200 » » »	5 689 000	»
Laos	254 590 » » »	346 000	»
Kouangtschou-Wan	700 » » »	176 000	»
Possessions dans l'Inde	510 » » »	273 000	»

Ici encore, la France a triplé son domaine depuis 1871, et elle considère déjà la partie encore autonome du Siam comme une expectative, ce qui représenterait une augmentation de 634 000 km. avec 6 millions d'habitants. En outre, elle cherche à s'établir au nord du Tonkin, dans la région du Fleuve Jaune, en Chine; l'occupation de Kouangtchou-Wan est un premier pas dans cette voie.

Les possessions de la France en Australie et en Amérique sont relativement peu considérables; elles ne comprennent qu'un territoire de 106 225 km. carrés avec 517 000 habitants.

L'empire colonial français comprend donc au total 10 984 770 km. carrés avec 50 114 000 habitants. C'est un rapport extrêmement avantageux, si l'on se représente que la France elle-même n'a que 536 464 kilomètres carrés et 39 252 000 habitants. La métropole ne forme donc que la vingt et unième partie de l'ensemble de ses possessions. En 1871, la France possédait 1 million de km. carrés avec 5 millions d'habitants. En 40 ans de paix européenne, elle a rendu ses colonies onze fois plus grandes. C'est là un beau tour de force, si l'on songe aux orages qu'elle a dû traverser pendant cette période, combien souvent les ministères de la guerre et des colonies ont changé, et que cet agrandissement s'est opéré en concurrence avec l'Angleterre, reine des mers, et avec l'Allemagne, le vainqueur de 1870. Nous ne pouvons qu'admirer l'activité ainsi déployée.

L'empire colonial anglais est formidable. Il s'étend sur les cinq continents et occupe une superficie de 33 millions de km. carrés avec une population de 374 millions d'habitants. C'est trois fois l'empire colonial français comme surface et sept fois comme chiffre d'habitants. (Voir les tables.) La plus grande partie des colonies anglaises sont des territoires agricoles, tandis que celles de la France, exception faite du littoral méditerranéen de l'Afrique du nord, sont des colonies tropicales, propres au commerce et aux plantations. Le Canada, l'Australie du Sud, la Nouvelle-Zélande et le Cap sont situés dans la zone tempérée.

L'empire colonial britannique se compose des territoires suivants :

Afrique septentrionale et orientale :	Km²	Hab.
Côte des Somalis	176 000	150 000
Afrique orientale	700 000	2 500 000
Ouganda	150 000	1 000 000
Zanzibar	2 560	210 000
Sokotra	3 579	12 000
Egypte	994 300	9 821 045
Soudan	2 400 000	10 000 000
Afrique du Sud :		
Le Cap	756 803	2 501 635
Afrique centrale	103 600	900 000
Natal	90 660	925 118
Pays des Basoutos	31 490	264 000
Orange et Transvaal	419 860	1 200 000
Rhodésie	1 677 967	2 263 247
Afrique occidentale :		
Gambie	10 690	90 400
Sierra-Léone	71 900	108 000
Côte-d'Or	187 900	1 500 000
Lagos	74 900	3 000 000
Nigeria	1 411 650	24 000 000
En résumé :		
Nord et Est-Africain	4 426 439	23 693 045
Sud-Africain	3 080 380	8 054 000
Ouest-Africain	1 757 040	28 698 400
Canada, territoire arctique et Terre-Neuve	10 751 180	5 035 000
Amérique centrale et méridionale, Indes occidentales, Guyane et îles Falkland	298 157	1 835 000
Asie sud-orientale, Inde et îles de la Malaisie	5 227 500	301 742 000
Australie et Océanie	8 258 000	5 683 000
Totaux	33 798 696	374 740 445

Seize millions d'émigrants ont quitté l'Angleterre depuis 1832. Mais ils ne sont pas perdus pour la nationalité anglaise, car dans les colonies britanniques et aux États-Unis, ils trouvent des territoires qui leur permettent de conserver leurs mœurs et leurs coutumes. Le quart de toute la surface de la terre est anglais. Dans toutes les mers il y a des stations britanniques qui surveillent les routes commerciales. Gibraltar, Malte, Chypre, Suez, les îles Périm dans la mer Rouge, Aden, Sokotra, à l'extrémité orientale de l'Afrique, Kuria-Muria, sur la côte orientale de l'Arabie, les îles Laquedives et les Maldives, sont des ports fortifiés sur la route des Indes. Les colonies anglaises forment un anneau autour de la terre : l'Egypte, l'Inde, Malacca, la partie septentrionale de Bornéo, Hongkong, l'Australie, la Nouvelle-Zélande, l'Océanie, le Canada et l'Angleterre. L'empire du sud-est asiatique a la moitié de l'étendue de l'Europe, celui d'Afrique et celui d'Australie ont chacun la superficie de l'Europe, et celui du nord de l'Amérique est même plus grand.

La prodigieuse richesse de la Grande-Bretagne repose sur ses colonies, et surtout sur la possession de l'Inde, qui fut le commencement de la puissance mondiale anglaise. L'exportation des colonies s'achemine, pour la plus grande partie, sur l'Angleterre ; en échange, les colonies tirent de la mère-patrie les objets manufacturés dont elles ont besoin. Comme les intermédiaires de cet échange sont le plus souvent des représentants de la finance anglaise, ils donnent la préférence aux marchandises anglaises, même lorsqu'elles ne répondent qu'à peu près à la qualité désirée. Il faut ajouter à cela le fait que le goût de l'Anglais pour la métropole lui sert de règle à l'étranger, comme d'ailleurs chez lui, et que le citoyen britannique estime n'avoir besoin d'apprendre la langue d'aucun autre pays, tout le monde devant s'arranger d'après lui. Enfin il faut encore tenir compte de l'amour du confort, des habitudes acquises et des traditions nationales.

Mais ce n'est pas seulement le gain prouvé par les rapports d'affaires qui a enrichi l'Angleterre, bien que cela ait été le commencement de sa richesse. Le principal, aujourd'hui, est que les intérêts des valeurs engagées dans les colonies par leurs heureux propriétaires, qu'ils soient acquéreurs ou héritiers, sont dépensés dans le pays. Et ce ne sont pas seulement les intérêts des sommes directement transportées dans les colonies et qu'on y fait valoir, mais à un bien plus haut degré les intérêts des fortunes qui s'y sont amassées. Car dans les pays étrangers l'argent travaille dans de tout autres conditions qu'en Europe. Ce que nous appellerions ici usure, on n'y voit là-bas qu'une indemnité pour les risques de placement et de travail. Et comme ces risques n'ont rapporté jusqu'ici à la mère-patrie que des bénéfices, en raison des intérêts élevés qu'on exige, toute la diplomatie anglaise — et cela lui a toujours réussi — s'est exercée à mettre en jeu les rivalités des peuples sujets et à réduire au minimum possible les frais à supporter par la caisse de l'Etat en avantageant adroitement certaines tribus guerrières.

En cas de danger pressant, le peuple anglais a toujours été prêt à des efforts extraordinaires, comme on a pu le voir lors de la révolution des Cipayes en 1858 ou, de nos jours, lors de la guerre des Boers au sud de l'Afrique. L'armée anglaise ne peut assurément pas soutenir la comparaison avec les armées des grandes puissances continentales, telles que celles de l'Allemagne, de la France, du Japon ou de la Russsie. Même l'Autriche et l'Italie ont une puissance militaire double de celle de l'Angleterre. Il n'y a qu'avec la Turquie qu'on puisse la comparer. Ajoutons que l'armée anglaise se recrute par enrôlements volontaires, ce qui fait qu'elle ne comprend que les classes les plus basses du peuple. Il est d'ailleurs difficile d'en parler, car, depuis un siècle, l'Angleterre a soigneusement évité toute rencontre avec des armées européennes. La faible tentative faite en Crimée s'est terminée d'une façon assez peu glorieuse. Dans la guerre des Boers, l'Angleterre s'est discréditée à tout jamais, malgré sa victoire finale. La puissance terrestre de l'Angleterre est d'une médiocrité ridicule en regard de la population à défendre. Et en outre, relativement la plus onéreuse. En revanche, la flotte anglaise est la plus puissante du monde. La marine et l'armée de terre coûtent annuellement 1260 millions de marcs à l'Angleterre, ce qui représente 30 marcs par tête de population, tandis que la défense allemande ne nous en coûte que 18.

Par le fait que les colonies anglaises — ou tout au moins une partie d'entre elles — ne sont accessibles aux puissances européennes que par mer, parce que la voie de terre serait trop longue et qu'il faudrait, pour les atteindre, la connivence de plusieurs Etats, la flotte anglaise a jusqu'à présent toujours suffi à sa tâche.

En outre, l'Angleterre a la possibilité, en cas de conflit, d'anéantir la partie de la fortune des puissances européennes qui vogue sur mer, et de paralyser leur commerce pendant longtemps. Elle n'a cédé, pendant plusieurs décades, que devant les exigences de la Russie, parce que cette dernière n'a que peu d'intérêts maritimes en jeu, et qu'en outre, l'Inde étant facilement accessible du Pamir, elle pouvait y faire irruption d'un instant à l'autre. Mais depuis que la puissance moscovite a si misérablement échoué dans sa guerre avec le Japon, l'empire des tsars n'est naturellement plus traité avec autant de cérémonie.

Depuis 250 ans, l'Angleterre encaisse les gros intérêts de son empire colonial et agrandit continuellement sa fortune. Depuis 250 ans, le commerce anglais est le plus étendu de la terre. L'Angleterre doit frémir devant la jalousie des dieux.

Le tableau suivant donne d'abord l'étendue des grandes puissances européennes et le chiffre de leur population, abstraction faite de leurs colonies ; et, ensuite, à titre de comparaison, les chiffres de ces mêmes puissances agrandies de leurs colonies. Il nous montre que le rapport qui devrait exister entre la grandeur d'un pays et l'étendue de ses possessions est complètement faussé, et que l'Allemagne se trouve à cet égard dans une situation tout à fait anormale, et qui donne à réfléchir parce qu'elle l'expose aux pires dangers.

Sans colonies :	Km²	Hab.
Angleterre	314 339	41 977 000
Russie	5 389 985	111 300 000
France	536 464	39 252 000
Allemagne	540 777	65 000 000
Italie	286 682	32 480 000
Hollande	32 536	5 140 000
Belgique	29 456	6 900 000
Portugal	92 157	5 423 000
Avec colonies :		
Angleterre	34 113 035	416 717 445
Russie	22 673 585	136 300 000
France	11 521 214	89 366 000
Amérique du Nord	9 727 036	90 000 000
Allemagne	3 137 957	77 617 000
Italie	796 682	33 211 000
Hollande	2 078 183	42 983 000
Belgique	2 412 256	25 900 000
Portugal	2 182 077	12 693 000

Ce rapport devient encore plus tangible si nous jetons un coup d'œil sur les cartes ci-jointes. La première nous montre les Etats de l'Europe et leurs populations respectives ; la deuxième représente ces mêmes états, auxquels on a ajouté la population de leurs colonies. Ces tableaux et ces cartes sont humiliants pour nous. La troisième nous donne les Etats de l'Europe agrandis de leurs colonies.

Il serait nécessaire de reproduire ces trois cartes à des milliers d'exemplaires et d'en remettre un à chaque école populaire allemande, afin que les instituteurs puissent en graver la signification dans le cerveau de chaque écolier de la classe supérieure ; quant aux élèves des établissements secondaires, ils devraient se pénétrer de ces trois cartes de façon à pouvoir les expliquer complètement lorsqu'ils passent les examens pour obtenir le volontariat d'une année.

L'Angleterre, avec 42 millions d'habitants, gouverne un

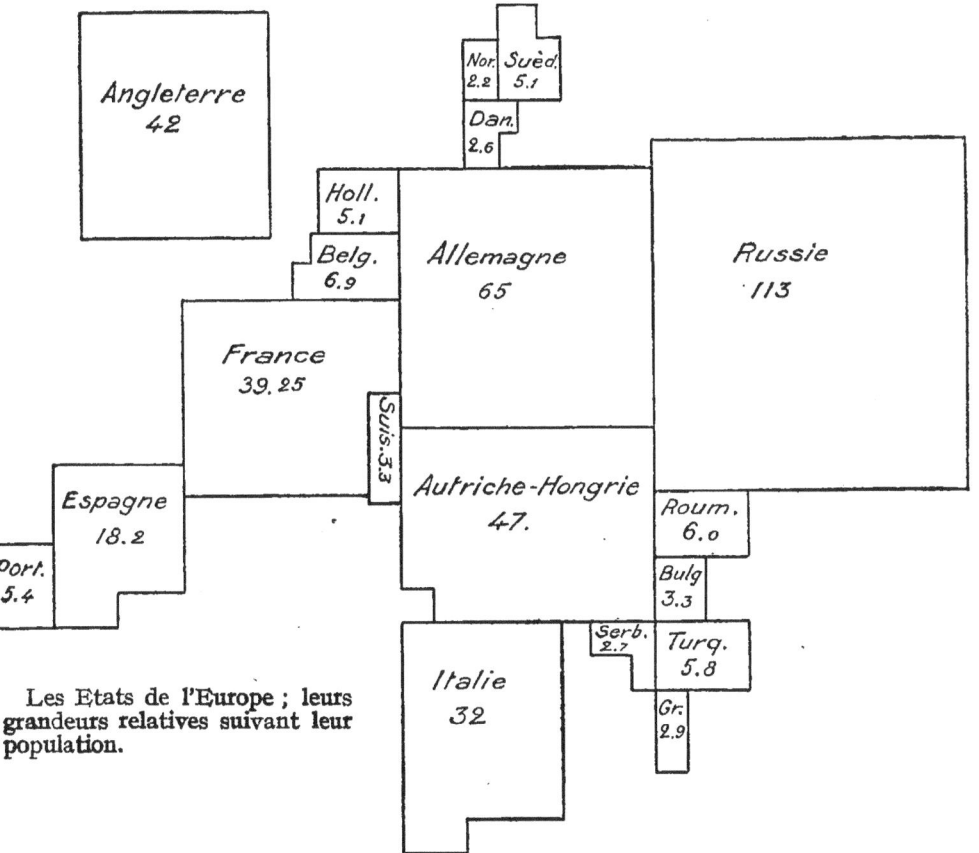

Les Etats de l'Europe ; leurs grandeurs relatives suivant leur population.

empire colonial de 374 millions de sujets. La mère-patrie n'est donc que la 10e partie de tout l'empire.

La France possède une partie de la surface de la terre de la grandeur de l'Europe tout entière.

L'Amérique du Nord poursuit un développement illimité, et

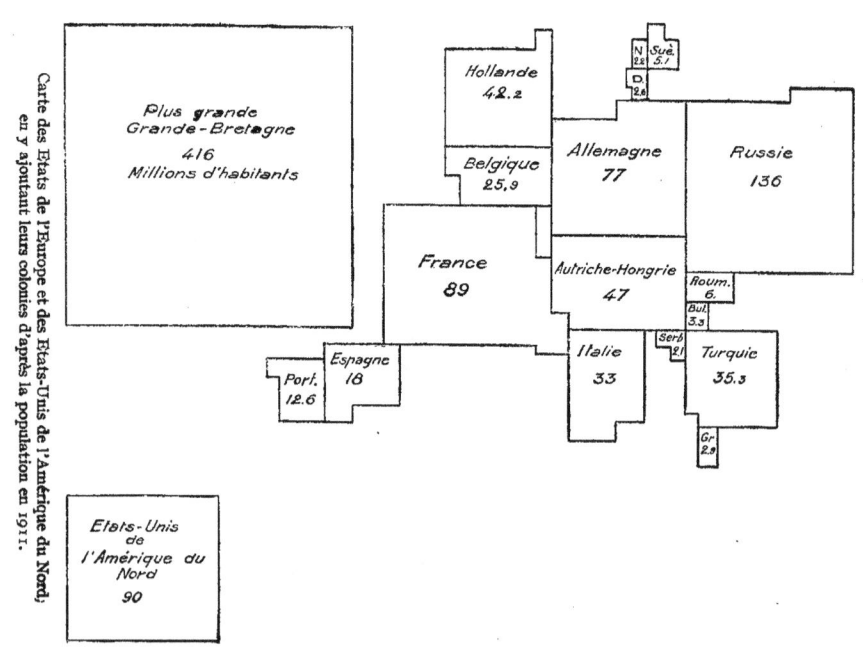

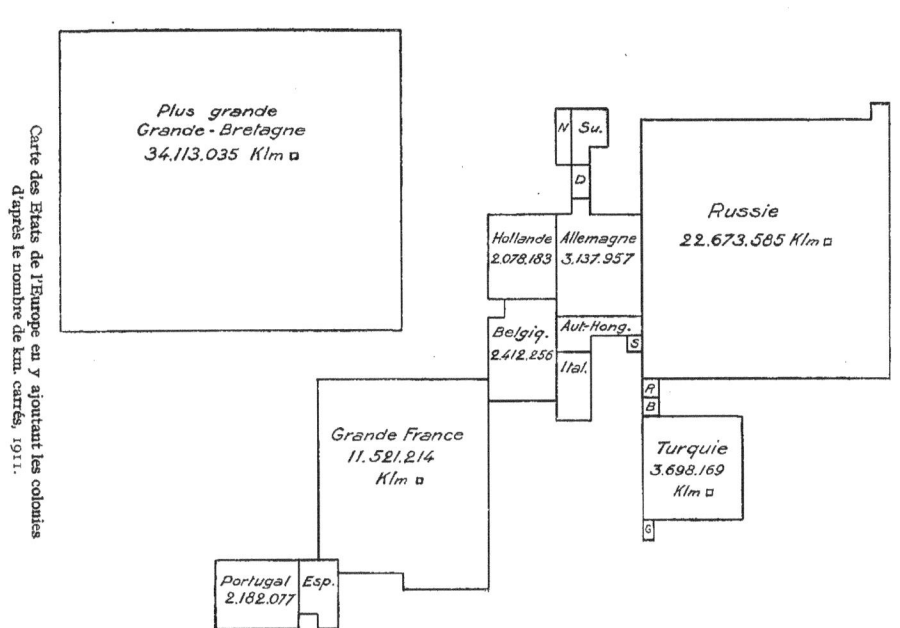

peut porter sa population à 825 millions d'habitants avant d'en arriver à la densité de la population de l'Allemagne.

La Russie possède au nord et au centre de l'Asie un empire équivalent à une fois et demie l'Europe.

Si l'on réalise tous ces faits et si l'on considère ensuite la situation du peuple allemand, qui voit le tiers de sa population vivre en dehors des limites de l'Empire sous une domination étrangère ; si l'on songe en outre que tout notre empire colonial ne s'élève qu'à $2\,^1/_2$ millions de kilomètres carrés avec 12 millions d'habitants, un Allemand ne peut qu'être saisi de rage que les choses soient ce qu'elles sont. Si Alexandre-le-Grand était Allemand aujourd'hui, il n'aurait vraiment aucun motif de prononcer son fameux mot : « Que me reste-il à faire ? »

Si nous nous représentons que le peuple allemand, par ses 87 millions d'âmes, est le double de la population de la France, qu'il n'est inférieur que de 3 millions à celle de la Russie avec ses trois groupes ethniques, Grands-Russiens, Petits-Russiens et Blancs-Russiens, et n'est inférieur que de 120 millions à la race anglo-saxonne, qui d'ailleurs se compose de deux rameaux, celui d'Europe et celui d'Amérique, nous comprendrons toujours moins l'infériorité de notre situation. Si nous nous rappelons en outre que, de tous les peuples de la terre, c'est le peuple allemand qui a la plus haute culture générale et que son armée de terre est, au dire de chacun, la meilleure et la première du monde, cette maudite infériorité de notre puissance coloniale devient pour nous toujours plus énigmatique. Enfin si nous mentionnons le fait que la nation allemande a atteint maintenant au bien-être général du peuple français et anglais, et que nous occupons le 2ᵉ rang pour l'importance de notre exportation commerciale, la place où nous sommes relégués dans le monde deviendra toujours plus incompréhensible, et le peuple allemand tout entier doit arriver à se rendre compte que ses pères lui ont laissé encore beaucoup à faire.

Cette disproportion entre ce que nous pouvons et ce que nous possédons n'est pas précisément flatteuse pour notre diplomatie.

Il ne faut pas incriminer en nous le manque de zèle et d'activité commerciale. Depuis plusieurs décades, le peuple allemand exerce avec un grand succès le commerce et l'industrie, comme le prouve en particulier la progression croissante de nos importations et de nos exportations. Le tableau suivant montre à quel point mes conclusions sont justifiées.

1º *Valeur de l'importation dans les Etats commerçants les plus importants du monde de 1886 à 1909* :

	1886	1891	1896	1908	1909
Angleterre	7 148	8 896	9 026	13 180	12 100
Allemagne	4 681	4 151	4 307	8 640	7 670
Etats-Unis	2 786	3 479	3 275	6 070	5 020
France	3 204	3 862	3 077	4 940	5 040
Hollande	1 860	2 300	2 800	4 290	4 770
Autriche	917	1 051	1 236	2 000	2 153
Belgique				2 795	2 695
Suisse				1 265	1 205

2º *Valeur de l'exportation dans les Etats commerçants les plus importants du monde de 1886 à 1909* :

	1886	1891	1896	1908	1909
Angleterre	4 346	5 050	4 906	8 690	9 320
Allemagne	2 984	3 176	3 525	6 910	6 400
Etats-Unis	2 938	4 021	3 707	8 070	7 820
France	2 632	2 892	2 755	4 540	4 533
Hollande	1 677	1 900	2 350	3 560	3 680
Autriche	1 188	1 339	1 388	1 982	1 926
Belgique				2 183	2 030
Suisse				938	841

3° *Valeur de l'ensemble du commerce extérieur des principaux Etats commerçants du monde de 1886 à 1909* :

	1886	1891	1896	1908	1909
Angleterre	11 494	13 947	13 932	21 870	21 420
Allemagne	7 665	7 327	7 832	15 550	14 070
Etats-Unis	5 742	7 500	6 982	15 140	12 840
France	5 836	6 754	5 832	9 480	9 573
Hollande	3 537	4 200	5 150	7 850	8 450
Russie				3 500	3 640
Autriche	2 105	2 380	2 624	3 982	4 079
Belgique				4 978	4 725
Suisse				2 203	2 046
Italie				3 480	3 760

Nous voyons, d'après l'importance de notre commerce mondial, que nous avons le droit de prétendre à la deuxième place dans la souveraineté du monde, et qu'en toute équité notre empire colonial devrait avoir l'étendue des trois quarts de l'empire britannique, être presque le double de l'empire colonial français ou même le quintuple de celui de notre voisine de l'est, la Russie, ou que nous devrions posséder dans la zone tempérée — telle l'Amérique du Nord, notre égale ou peu s'en faut en importance d'exportation mondiale — un territoire neuf fois plus grand que celui de notre cher Empire allemand. Nous n'avons jusqu'ici pris comme terme de comparaison que les chiffres qui se rapportent à l'*empire* allemand. Mais — ce qui est assurément plus juste — si nous prenons comme terme de comparaison ceux qui concernent le *peuple* allemand, nous arrivons à des constatations plus déconcertantes encore. Il est très difficile ici d'obtenir un chiffre exact, mais je crois pouvoir supposer l'ensemble du commerce germanique égal au commerce de l'Allemagne, augmenté de la moitié de celui de la Hollande, de la Belgique, de la Suisse et de l'Autriche, et admettre que l'autre moitié représente le commerce de ces pays avec l'Allemagne. Nous arrivons ainsi à un total d'affaires de 24 000 millions, chiffre ahurissant par son importance. Nous battons ainsi l'Angleterre de 3000 millions. Ce nombre est seul valable pour assigner au peuple allemand sa position dans le monde. C'est donc la première place qui nous revient comme puissance mondiale et comme domination mondiale. Nos pères nous ont décidément laissé encore beaucoup à faire. La réalité est lamentable en regard de ces chiffres.

En 1883, l'Allemagne a acquis ses premières colonies au sud de l'Afrique, et en 1886 notre extension coloniale a pris fin avec l'occupation de l'île Nauru, près de la Nouvelle-Guinée. Dès lors quelques échanges ont eu lieu, qui n'ont fait qu'amoindrir nos possessions. Le début de nos colonisations est donc bien loin derrière nous, et il semble qu'une ère nouvelle d'acquisitions s'ouvre devant nous. La notion antédiluvienne que la terre est définitivement partagée a été abandonnée de nos jours par l'homme même le plus arriéré, car le fait que la France s'est agrandie pendant ces 40 dernières années de 10 millions de kilomètres carrés, et l'Angleterre d'un plus grand nombre encore, ne peut être contesté.

Le partage de la terre n'est jamais définitif. Le Portugal et l'Espagne étaient, il y a trois siècles, les seuls peuples colonisateurs. Le monde semblait être partagé entre ces deux nations. Si la Hollande et l'Angleterre eussent possédé alors un homme profondément persuadé de la vérité de cette maxime que « le monde est définitivement partagé », le développement colonial de ces trois derniers siècles eût été impossible.

L'Espagne a disparu de la liste des puissances coloniales. Dommage que ses possessions ne soient pas tombées aux mains des Allemands. Le destin était bien disposé envers nous en provoquant à notre intention en 1885 la lutte au sujet des des îles Carolines, mais malheureusement les choses ont tourné autrement. En 1885, Bismarck était un vieillard qui voulait jouir de son repos, et la politique allemande était absolument sénile. Cuba et les Philippines en valaient bien la peine, et les Américains ont eu beau jeu avec les Espagnols. Cuba, la perle des Antilles, est aussi grande que la Bavière, le Wurtemberg, Bade et l'Alsace réunis; au point de vue allemand c'est une étendue de pays dont la possession valait bien une petite guerre. Sa position au sud de l'Amérique du Nord aurait créé une nouvelle relation entre le peuple allemand et les dix millions d'émigrés allemands domiciliés aux Etats-Unis; et, en outre, sa situation nous eût donné la prépondérance dans le golfe du Mexique. L'exportation des petites républiques de l'Amérique centrale, surtout du Nicaragua et du Guatémala, se dirige de nos jours déjà essentiellement vers l'Allemagne. La possession des Philippines aurait tenu loin des îles de la Sonde un voisin désagréable. La possession de ces îles a d'ailleurs par elle-même une importance extrême, et qui ne le cède en rien à celle des autres îles de la Malaisie. Il est triste de penser qu'on a laissé échapper cette belle occasion sans en profiter.

Voici maintenant le détail de nos colonies :

	Km²	Hab.
Nouvelle-Guinée et îles de la mer du Sud	240 826	399 900
Togo	87 200	2 000 000
Cameroun	493 600	2 500 000
Sud-ouest africain	830 960	200 000
Est-africain	941 100	6 847 000
Kiao-Tchéou	501	120 041
	2 597 180	12 116 000

Le Portugal, compagnon d'infortune de l'Espagne, est le second Etat latin qui a perdu ses colonies au profit d'un peuple germanique, ou du moins qui les a déjà perdues en partie. Sur les cartes de 1880, tout le pays situé entre l'Angola, à l'ouest de l'Afrique, Mozambique et Sofala, à l'est, était indiqué comme possession portugaise. L'Angleterre ne possédait alors que le Cap et le Natal. Mais lorsque l'Allemagne occupa la côte occidentale du sud de l'Afrique, l'Angleterre, prise de peur que les Allemands n'étendissent leurs frontières jusqu'au pays des Boers, de même race qu'eux, s'empressa d'occuper le territoire situé entre deux, et, de plus, pour empêcher la réunion des acquisitions allemandes dans l'Est africain avec celles du Sud-ouest africain, elle se hâta d'occuper aussi la région intermédiaire sur le haut et le moyen Zambèze, en quoi faisant, elle oubliait une fois de plus, pour son salut, le principe que le partage du monde est définitif. On ne peut nier que nous aurions aussi pu le faire, mais l'Allemagne s'obstinait aveuglément à ne vouloir posséder que des territoires sans maîtres. Si la France et l'Angleterre avaient voulu s'embarrasser des mêmes scrupules, elles n'auraient certes pas progressé plus que nous. Mais rira bien qui rira le dernier, et l'on continue à partager vigoureusement. La vie, dans le domaine de la haute politique, domaine le plus important, le plus élevé et le plus influent pour l'existence et la prospérité des peuples civilisés, cette vie ressemble à celle qui s'agite dans une goutte d'eau très corrompue. Un observateur superficiel et ignorant ne voit rien de plus dans cette goutte que dans celle qui, chimiquement pure, est tombée du ciel sous forme de rosée. Mais si nous agrandissons par le microscope l'image de la goutte corrompue, et que, par des dispositions convenables, nous la projetions sur un vaste écran, nous voyons avec épouvante une infinité de monstres prendre leurs ébats sur la toile, les gros dévorant les petits. Mais, parmi les petits, il y a aussi des monstres infâmes qui rongent les bras et les jambes aux plus gros qu'eux ; ils grandissent et s'engraissent à vue d'œil. Dévorer et être dévoré, voilà l'état continuel. Pour beau, ça ne l'est pas. Celui qui s'abstient avec dignité et s'imagine pouvoir vivre dans le coin qu'il a hérité, d'une vie tranquille et contemplative, commet l'erreur de celui qui ne sait distinguer une goutte d'eau chimiquement pure de celle où grouillent les infiniment petits.

Les pauvres Portugais ont vécu leurs beaux jours. Le sentiment de leur impuissance leur a fait garder le silence lorsque les Anglais ont fait la découverte que l'hinterland portugais du Zambèze était en réalité un territoire anglais, et ils ont eu l'amabilité de céder encore aux Anglais le territoire du Schiré et Chindé, à l'embouchure du Zambèze, et cela de bon gré, naturellement, quand les Anglais voulaient leur extorquer la baie de Delagoa. C'est ainsi qu'aujourd'hui l'Angleterre a déjà 2 millions de kilomètres carrés des anciennes possessions portugaises, avec une population de 5 millions d'habitants, sans que le Portugal ait laissé percer la moindre mauvaise humeur. Au contraire, maintenant comme autrefois, le commerce du Portugal se fait avec l'Angleterre. Et s'il fallait exhiber un papier établissant nos droits, nous ne serions pas embarrassés, car nous avons, en Allemagne, la moitié des titres portugais, dont la valeur est dépréciée arbitrairement par le Portugal.

Pendant un certain temps, on aurait pu croire que l'Allemagne, en récompense de son revirement dans la guerre des Boers, allait partager avec l'Angleterre le reste des colonies portugaises. Sofala, le Mozambique et la côte est-africaine seraient échus à l'Angleterre, tandis que l'Allemagne aurait eu l'Angola, au nord du Sud-ouest africain. Cela aurait représenté pour nous un agrandissement de 1,3 millions de kilomètres carrés, avec 12 millions d'habitants. Par un trait exquis, les Anglais qualifient toujours les territoires qu'ils possèdent eux-mêmes de pierreux, infertiles et très peu peuplés, afin d'excuser un peu la grandeur de leurs possessions, tandis que la densité de population des pays offerts aux autres puissances est toujours très forte. Par le partage en question, Allemands et Anglais auraient obtenu chacun la moitié, avec cette différence toutefois que l'Angleterre a déjà reçu la plus grande part de sa moitié et que l'Allemagne attend encore toute sa part. Ce qui a empêché ce partage, escompté comme tout à fait certain, nous ne le savons pas. Qu'il ait été projeté, cela est absolument sûr. Peut-être que les sphères dirigeantes n'ont pas pu s'entendre sur le « comment ». Ce qu'il y a de certain, c'est que l'empereur d'Allemagne seul a empêché qu'au temps de la guerre des Boers les Etats du continent ne se coalisent contre l'Angleterre. La Russie et la France étaient prêtes alors à combattre avec l'Allemagne contre l'Angleterre. C'était encore avant la guerre russo-japonaise, et la foi en la force victorieuse des armées colossales du tsar blanc n'était pas encore brisée. Les troupes russes auraient suffi à conquérir les Indes, car il ne pouvait pas y avoir de résistance sérieuse. Les troupes anglaises étant occupées au sud de l'Afrique, l'occasion était tentante ; elle a été négligée pour des motifs qui ne seront connus que dans un siècle, quand les actes secrets sur la situation seront accessibles aux chercheurs de la vérité. En place de la reconnaissance qu'on attendait justement de l'Angleterre, on fut payé de la plus grossière ingratitude. Pour de longues années, le roi Édouard fut notre ennemi le plus acharné. Mais les temps changent, et l'expérience nous a montré que, de temps à autre, au moins tous les dix ans, l'Angleterre modifie sa politique. L'un de ses distingués principes est celui-ci : « Il ne faut jamais laisser un allié devenir trop puissant. » Et la France possède tant, aujourd'hui, qu'elle doit payer bien cher la joie de posséder : n'ayant pas d'enfants, elle ne peut pourvoir à l'administration rationnelle et civilisatrice et à l'exploitation commerciale de ses colonies.

En continuant à examiner la répartition des possessions coloniales africaines, nous arrivons bientôt à nous rendre compte qu'elle ne peut que momentanément rester ce que l'a faite l'évolution des quarante dernières années. De l'embouchure du Sénégal à la frontière du Cameroun, les frontières changent douze fois. La France est représentée cinq fois, l'Angleterre quatre fois, le Portugal une fois ; l'Allemagne figure une seule fois, au Togo, ainsi que l'État libre des nègres de Libéria.

Cette situation nous rappelle beaucoup celle qui existait dans l'Amérique du Nord il y a un siècle et demi. Le Canada, le bassin du Missouri et du haut Mississipi jusqu'à leur confluent, et l'embouchure de ce fleuve, étaient français. Seule la zone étroite du littoral oriental, la région des fleuves côtiers tributaires de l'Atlantique était possession anglaise, les Anglais en ayant chassé les Hollandais. Tout l'ouest du Texas, jusque vers la Californie, était espagnol. Le nord de la Californie faisait partie du monde inconnu. Dans le grand atlas de Hohmann, la carte de l'Amérique de 1752 s'arrêtait à la « Porte d'Or », aujourd'hui San-Francisco, et là finissait la géographie. Les Français, au sud et au nord, tentèrent de réunir leurs possessions en incorporant le territoire du Mississipi moyen à leur empire américain. De ce fait, ils entrèrent en conflit avec l'Angleterre, qui cherchait à s'agrandir à l'ouest. Le morcellement de l'Afrique rappelle cette situation. A cette époque, les Anglais étaient le peuple le plus avancé dans l'industrialisation. Aujourd'hui, ils sont en possession de cinq empires coloniaux, du Canada, de l'Inde avec les pays adjacents, de l'Egypte avec le Soudan égyptien, de l'Australie avec la Nouvelle-Zélande, et des Etats-Unis de l'Afrique du Sud. Ils sont, comparativement à nous qui sommes au même niveau dans le domaine du commerce mondial, un peuple rassasié. Pour nous, c'est une question vitale que l'acquisition d'empires coloniaux qui nous permettent de rester indépendants du bon vouloir de nos concurrents, nous offrent un débouché pour les produits de notre industrie, et nous donnent la possibilité de nous procurer les matières premières si nécessaires et si précieuses qui nous manquent. Je ne citerai pour exemple que le besoin de coton. Il peut nous être tout à fait égal de savoir aux dépens de qui cela arrivera. Il faut que nous les ayons, ces colonies, c'est pourquoi nous les aurons. Que ce soit aux dépens de l'Angleterre ou aux dépens de la France, ce n'est qu'une question de puissance, et peut-être aussi l'affaire d'un peu de hasard.

Pour arriver à nous créer un empire colonial — notre premier — il faudrait joindre à l'Est africain, au Cameroun et au Sud-est africain, l'Angola et l'Etat du Congo. A cela, comme territoire de jonction avec le Cameroun, viendrait s'ajouter le Congo français, ce qui ferait une étendue de 7 500 000 kilomètres carrés en plus de nos 2 265 560. Voilà ce qu'en bonne conscience on peut appeler un empire colonial, riche en produits de la flore tropicale. Le Congo est un des plus grands fleuves de la terre. Ce serait un empire pareil à l'un des cinq que l'Angleterre possède, le premier pas du peuple allemand pour obtenir enfin la situation qui lui revient de droit d'après son importance dans le conseil des nations.

Le Portugal, la France et l'Angleterre se trouvent sur notre chemin, et nous gênent dans l'acquisition de ce premier empire colonial du peuple allemand. Le Portugal et la France seront les victimes. L'Angleterre ne pourra pas l'empêcher. Ce n'est ni pour aujourd'hui, ni pour demain, mais le jour viendra du règlement de comptes européen, où les réservistes de Nîmes feront grève quand les fils des héros de Metz et de Sedan attaqueront sous la pluie, où le canal de la Manche sera pavé des sous-marins français du type réussi du *Pluviose*, quand les dreadnoughts allemands bombarderont les ports français de la mer du Nord.

Toutefois, avant de consacrer à nos adversaires des paroles explicites, occupons-nous plus en détail des autres empires coloniaux dont la possession nous paraît naturelle. L'Egypte est nominalement un Etat tributaire de la Turquie, mais depuis 1882, ce pays est en fait sous l'administration et dans la possession de l'Angleterre. Cette situation n'a pas nui autrement aux rapports amicaux du sultan et de la Grande-Bretagne. On pourrait presque dire que l'Angleterre ne prend rien mal de la part de personne, pas plus de la part de la Turquie que du Portugal. Pour l'empire des Pharaons et les Etats voisins, ce transfert de l'administration aux mains d'un Etat mondial riche en capitaux a été un bonheur. Une augmentation très rapide de la population et une amélioration croissante de son bien-être, résultat d'une sécurité jadis inconnue des personnes et de la propriété, la possibilité de pouvoir utiliser les résultats de son travail et de son économie pour améliorer sa position d'une manière durable, voilà les fruits bienfaisants de l'occupation anglaise en Égypte. Le fait que l'Angleterre a ainsi ajouté trois et demi millions de kilomètres carrés à son domaine économique colonial est une chose à part, qui ne change rien à l'importance des faits qu'on vient d'avancer. Les Anglais ont bien mérité de ce pays épuisé et négligé depuis des milliers d'années en établissant des lignes de chemins de fer, et surtout en construisant dans la haute Egypte de puissants barrages qui permettent de régulariser le cours du fleuve et de réserver l'excédent d'eau des années pluvieuses pour les temps de sécheresse. La prospérité de l'Egypte dépend, comme on le sait, du retour régulier des inondations du Nil.

La situation de l'Egypte, en droit public, est unique en son genre, et, pour mon exposé, c'est un modèle instructif. La Turquie prétend que le pays lui appartient, et elle a raison, car elle n'a cédé aucune part de ses droits incontestés de propriétaire ; le khédive dit la même chose que le sultan, et c'est lui surtout qui a la vérité pour lui. Les Anglais arrivent en troisième rang dans l'alliance ; ils prétendent que l'Egypte leur appartient. On sait que le pays des Pharaons a toujours été plein de mystères. Il se fait donc que le pays des pyramides a trois maîtres, dont le dernier cité est décidément le plus authentique. La chose me plaît plus que je ne peux dire. Nous pouvons toujours apprendre quelque chose de neuf des Anglais. Quand ils ont des vues sur un pays, quelques nobles lords, immensément riches, vont faire une visite à son souverain dans un yacht pourvu des derniers raffinements de la civilisation. Le jeune homme prend goût aux montres à carillon, aux gramophones, aux canons, au téléphone, aux chemins de fer... malheureusement, l'argent lui manque. Mais ses bons amis savent le tirer d'embarras. La vieille Angleterre a beaucoup d'argent et prête volontiers. On se hâte de conclure un emprunt, et l'appétit vient en mangeant. A titre de reconnaissance, parfois même comme condition préliminaire pour un emprunt subséquent, le souverain pousse l'amabilité jusqu'à permettre à son bon ami d'exploiter les trésors de son pays restés sans valeur jusqu'alors. Mais les aimables bailleurs de fonds d'Angleterre ont encore bien plus d'argent. Ils descendent dans leur caveau le plus profond et le mieux garni, et avec l'or qu'ils en retirent sans compter, ils accomplissent des œuvres vraiment remarquables de civilisation. Les peuples primitifs sont enchantés de leur chance. L'étoile du vieux souverain pâlit, et peu à peu la couronne de Grande-Bretagne et d'Irlande prend sa place. Et voilà la plus Grande-Bretagne qui s'est de nouveau agrandie d'un territoire, et le cartographe est obligé, en soupirant, de modifier ses cartes et ses statistiques.

Allah est grand et ses pays sont encore plus grands. Les Anglais ont fait beaucoup de choses, mais le peuple allemand est encore plus grand et a besoin d'un champ de travail bien plus grand. Le peuple allemand est au même niveau au point de vue de la civilisation et du commerce mondial, et a les mêmes droits. Puisque la possession africaine de l'Islam, dans la région du Nil, a passé sous le protectorat de l'Angleterre sans qu'il en soit résulté de refroidissement dans les relations anglo-turques, il est parfaitement équitable et juste que les possessions turques en Asie passent sous la domination allemande, car nous avons avec les Turcs des relations tout aussi amicales. La Turquie pourrait accuser l'Allemagne d'impolitesse si elle s'en tenait aux délibérations préliminaires. Nous ne prendrons rien du tout à la Turquie, car, au sens économique, les Turcs ne sont pas du tout possesseurs des pays turcs de nom : Asie Mineure, Syrie, Mésopotamie, Kurdistan, Arménie et Palestine. Le pays situé entre l'Euphrate et le Tigre était dans l'antiquité le grenier du monde, le pays le plus fertile et le plus riche du vaste empire romain ; aujourd'hui ce n'est plus qu'un marécage et un désert. Les grandes cités mondiales sont tombées en ruines ; c'est à peine si l'on peut retrouver le lieu où elles ont existé ; la poussière de leurs briques a été emportée par le vent. Les canaux qui jadis abaissaient ou élevaient le niveau des eaux, suivant les nécessités, sont complètement ensablés aujourd'hui. Les rivières n'ont point de ponts, le pays est sans routes, le paysan sans blé pour ses semailles et sans bétail. Des garnisons turques d'un pays étranger se tiennent isolées dans leurs nids au milieu des rochers fortifiés, et dépouillent les habitants à l'envi avec le concours des hordes d'Arabes du désert méridional voisin et celui des Kurdes venus du nord, contre lesquels elles devraient protéger ce pauvre pays

Ce qui montre à quel point de dégradation ce pays est tombé, c'est le fait que les Kurdes adorent ouvertement le Diable. Ils allèguent qu'ils voient partout autour d'eux régner le mal, que cela leur a inspiré l'idée de s'arranger à l'amiable avec le démon, et qu'ils s'en trouvent fort bien.

Le pays situé entre l'Euphrate et le Tigre est le désert le

plus misérable de notre époque, car il est prouvé que cette situation est artificielle, et qu'elle n'est que le résultat de l'occupation turque. On peut en dire autant de la Syrie et de l'Asie Mineure, avec l'aggravation que, par la faute de l'égoïsme individuel, on a déboisé inconsidérément ce pays montagneux, ce qui a contribué, avec l'ardeur du soleil du Midi, à le transformer partout en désert. Ces vastes domaines n'attendent que le moment d'être en mains d'un peuple énergique, fortuné et entreprenant pour fleurir de nouveau.

De l'héritage musulman, la France a reçu le nord-ouest de l'Afrique, l'Angleterre le nord-est, l'Egypte et le Soudan, et en outre l'empire du Grand-Mogol à Delhi, en Inde ; la Russie a conquis la côte septentrionale de la mer Noire et la Caucasie. Eh bien, soit ! C'est une affaire faite. Malgré cela, les représentants de la Russie, de l'Angleterre et de la France jouissent à Stamboul, à la cour du sultan et des califes, de la plus grande considération. Le peuple allemand doit, lui aussi, jouir de cette considération qu'on a pour les puissants, et, sous le nom d'exploitation économique et de protectorat, il ramènera à la civilisation les possessions turques en Asie, et cela pour notre bien et le bien des populations indigènes. Comment cela doit se faire ? Parbleu, d'après la méthode anglaise ! Il va sans dire que nous garantirons strictement les droits de la Turquie — exactement comme en Egypte. Les exemples ne nous font pas défaut. Nous ménagerons le plus possible les désirs des habitants du pays, comme l'Angleterre l'a si bien fait.

Les territoires envisagés comprennent :	Km²	Hab.
L'Asie Mineure et l'Arménie	746 662	11 942 661
La Mésopotamie	259 525	1 650 000
La Syrie et la Palestine	298 212	2 000 000
L'Arabie septentrionale	1 500 000	2 500 000
	2 804 399	18 092 661

Ce deuxième empire colonial allemand n'aurait que le tiers de celui d'Afrique, mais il offre l'avantage de permettre aux Allemands d'y vivre en agriculteurs, comme le prouve la colonie wurtembergeoise des « Templiers » établis en Palestine, ce qui, en Afrique, n'est guère possible que dans les régions élevées des sources du Congo et dans la partie méridionale du sud-ouest africain. En outre, l'empire sud-occidental de l'Asie a l'avantage d'avoir pour l'Allemagne une situation analogue à celle de l'Algérie pour la France. Si les 6 millions d'Allemands qui ont émigré dans l'Amérique du Nord depuis 1832, étaient allés dans l'Asie sud-occidentale, le pays serait allemand aujourd'hui. L'Asie Mineure est sous le même degré de latitude que la Californie ; la Mésopotamie et la Syrie sont à celle du Texas. Dans la Californie et le Texas, il y a beaucoup d'Allemands occupés à l'agriculture. En Amérique, nos émigrés sont perdus pour la puissance allemande ; dans le sud-ouest de l'Asie ils seraient restés Allemands.

A l'Allemagne revient un autre empire au sud-est de l'Asie qui, voisin de l'Inde anglaise, forme le domaine colonial le plus riche de la terre, je veux parler de l'Insulinde. Ces îles appartiennent déjà au peuple allemand, mais à son rameau bas-allemand, c'est-à-dire aux Hollandais. Des hommes politiques clairvoyants des Pays-Bas réclament instamment la réunion de la Hollande à l'Empire allemand, et les journaux hollandais énumèrent de temps à autre les avantages que cette union procurerait à la Hollande, car ils se rendent bien compte que la Hollande, avec ses 5 millions d'habitants, est trop faible pour défendre son grand empire colonial contre les grandes puissances. La possession des îles de la Sonde est cause du bien-être de la Hollande : leur perte entraînerait sa ruine. Le *Provinzial-Dagblad* d'Utrecht a le mérite d'avoir clairement exposé cette situation à ses lecteurs en en faisant ressortir l'extrême danger. A qui veut être renseigné sur la valeur de ces lointains territoires, je recommande la lecture de l'ouvrage tout à fait remarquable du Dr Carthaus, *Aus dem Reiche von Insulinde, Sumatra und der malayische Archipel.*

Ces îles s'étendent de l'ouest à l'est sur une immense surface; si nous y faisons rentrer la Nouvelle-Guinée, qui par sa nature en fait encore partie, la distance entre l'extrémité orientale et l'extrémité occidentale est aussi grande que celle d'Astrakan à Lisbonne. L'archipel néerlandais occupe une superficie d'environ 1,5 million de kilomètres carrés et nourrit une population de 37,5 millions d'habitants. C'est de là que les Hollandais retirent les denrées coloniales qu'ils nous vendent; Java, surtout, est cultivé comme un jardin et par conséquent très peuplé.

Ce que l'avenir nous réserve dans les Etats mongols, il serait prématuré de le dire. La prise en possession de Kiau-Tchéou prouve en tout cas que l'Allemagne ne sera pas prise à l'improviste quand la décadence commencera. L'Angletere s'intéresse au Thibet, avant-poste septentrional de l'Inde, la Russie à la Mongolie occidentale, qui touche au sud à la Sibérie, le Japon à la Mongolie orientale, qui est limitée à l'ouest par la Mandchourie. Il reste donc encore la Chine proprement dite, et la question de savoir à qui en reviendra la plus grande partie dépendra de la situation européenne. Pour maintenir l'équilibre, l'Allemagne sera forcée de faire entrer dans sa zone d'influence un morceau aussi grand que possible du bassin des deux grands fleuves chinois, le Hoang-Ho et le Yan-Tsé-Kiang. Le règlement des possessions dans l'Asie orientale mongolique et chinoise sera une affaire difficile pour les puissances mondiales à cause de la culture spéciale, ou, pour parler plus exactement, du manque de culture des Chinois.

En Australie, la répartition des territoires entre les peuples européens est telle qu'il n'y a que peu de changements en perspective. Le continent australien et la Nouvelle-Zélande sont des colonies agricoles anglaises et resteront probablement à tout jamais possession assurée des Anglais, ou du moins du peuple anglo-saxon. Quant à savoir si ces deux notions resteront éternellement synonymes, c'est une autre affaire.

Le peuple anglo-saxon, en Australie, au Canada et dans les Etats-Unis de l'Amérique du Nord, déteste les Mongols, parce que ce sont des concurrents qui travaillent meilleur marché que le blanc. Mais la haute politique du roi Edouard appelait les principaux représentants des Mongols d'aujourd'hui, les Japonais, ses meilleurs amis et alliés. Il est impossible que les colons anglo-saxons abandonnent leur opinion. Le continent australien n'a que cinq millions d'habitants, 0,7 par kilomètre carré. Il y a encore là-bas une place énorme pour ceux qui veulent travailler, bien que le pays ne puisse se comparer au point de vue de la fertilité à d'autres parties de notre terre. Jusqu'à présent, on n'en a utilisé que le 5 % pour la culture. La Chine, avec ses 400 millions de coolies avides de terre, est à proximité immédiate. Le Japon, avec ses armées victorieuses, dont les soldats ignorent la peur, est en train d'infuser à ces masses vides la vie et la volonté. La Chine et le Japon — chaudière à vapeur surchauffée ; — à côté l'Australie, espace où l'air est raréfié. Il n'est pas difficile assurément de se représenter de quel côté se répandra un jour le trop-plein des Mongols.

Les Etats-Unis de l'Amérique du Nord avaient, il y a juste un siècle, 5 millions d'habitants, juste autant que l'Australie aujourd'hui. En 1911, ils en ont 90 millions. Pourquoi l'Australie n'arriverait-elle pas d'ici à 2011 à un développement analogue? Mais où est-il écrit que les immigrants ne seront pas des Mongols? Il en va de même en Australie qu'au Canada. On se rend parfaitement compte de ce grave danger, et le mécontentement est grand quand on voit l'Angleterre exalter la race mongole et nouer amitié avec le Japon. Il est possible que le nouveau roi d'Angleterre adopte une autre politique. Le danger est grand que l'Australie, suivant l'exemple de l'Amérique du Nord, se libère de la tutelle anglaise, qui menace ses intérêts vitaux.

Un changement politique peut s'opérer sans peine dans les colonies tropicales, où le commerce et les plantations sont la seule source de rapport pour les Européens. Les colonies portugaises et françaises de l'Afrique sont une propriété facilement transmissible. Aucun peuple européen n'enlèvera sans doute la possession du continent australien et de la Nouvelle-Zélande aux Anglo-Saxons. Il en est autrement du péril mongol!

Dans les années 1884 et 1886, l'Allemagne a conquis en Australie tout ce qui s'y trouvait disponible, et elle n'a plus à espérer d'accroissement ultérieur que dans la Nouvelle-Guinée hollandaise. En Australie, nous arriverons bien un jour à marcher en second rang. Il est vrai que l'écart entre nous et la Grande-Bretagne est de 7,5 millions de kilomètres carrés « seulement », ce qui, il est vrai, pour deux peuples civilisés et à droits égaux, est une différence difficile à supporter.

Lors de la conquête de l'Australie, les Anglais ne se sont

pas non plus tranquillement arrêtés au principe que le partage du monde est définitif, car l'Australie était en possession des Hollandais et le continent s'appelait même « Nouvelle-Hollande ».

Dans l'Amérique du Nord, la situation est analogue à celle de l'Australie. Le pays tout entier, à l'exception du Mexique, se trouve entre les mains de la race anglo-saxonne. La moitié septentrionale du pays, le Canada, est sous la domination anglaise ; la moitié méridionale est occupée par les Etats-Unis de l'Amérique du Nord. Dans l'Amérique centrale, le peuple allemand a malheureusement laissé passer l'occasion d'occuper Cuba. Ce qui serait à désirer pour nous, ce serait la conquête d'un ou de plusieurs ports spacieux aussi distants que possible les uns des autres, comme points d'attache pour notre commerce, qui est si important.

Dans l'Amérique méridionale et centrale se trouvent un assez grand nombre d'Etats libres, dans lesquels l'homme est tout que libre. Sur la côte occidentale et au sud règne la langue espagnole ; à l'est le portugais. Ces Etats se sont constitués au commencement du siècle passé, lors de la décadence des possessions espagnoles et portugaises, car alors déjà ces deux peuples s'étaient montrés incapables de gouverner des pays d'outre-mer. Mais il n'en est résulté aucun bien pour leurs habitants, car eux non plus ne sont pas en état de se gouverner. D'ailleurs, la situation de ces pays ne peut guère avoir été pire alors qu'aujourd'hui. Un despote cherche à supplanter l'autre ; de là des révolutions continuelles et des guerres sanglantes, qui ne profitent qu'à un parvenu avide de gloire et de richesse, et dévorent le bien-être d'un peuple opprimé et maintenu dans l'ignorance. Le but des souverains n'est pas de veiller au bien du peuple, mais de pressurer le pays pour en retirer le plus de millions possible, millions qu'ils placent en lieu sûr à l'étranger en attendant la banqueroute qui suivra tôt ou tard, mais infailliblement. Cet état de choses rappelle beaucoup celui de l'Asie Mineure turque et de la Mésopotamie.

L'Amérique centrale et méridionale fait contraste avec l'Amérique septentrionale anglo-saxonne. Dans celle-ci, les indigènes ont presque complètement disparu, tandis que dans celle-là les Indiens sont en si grand nombre que les blancs disparaissent presque dans leur masse. Au Paraguay et au Pérou, par exemple, ces derniers ne constituent que le 14 $^0/_0$ de la population. Dans l'Equateur ce pour cent descend à 7 et, en Colombie, même à 6. Le reste de la population se compose, approximativement et en proportion égale, de métis et de gens de couleur, Indiens ou nègres. Il n'y a donc rien d'étonnant à ce que le caractère général du peuple laisse énormément à désirer, puisque ce caractère allie l'esprit contemplatif et la répugnance au travail des Latins à la rouerie et à la cruauté des Indiens de l'Amérique du Sud.

La densité de la population est très faible. Tout à fait au centre du pays, c'est à peine s'il y a 1 habitant par km. carré. Les côtes sont plus peuplées. Au Brésil, qui est dix-sept fois plus grand que l'Allemagne, il y en a exactement 2 par km. carré. Il y a là encore beaucoup de place pour l'avenir, ce qui est de la plus grande importance, parce que de grandes étendues du pays sont situées dans la zone tempérée.

Les Espagnols et les Portugais ne possèdent en réalité que les régions côtières et quelques vallées fluviales. Etant donnée l'extraordinaire fertilité du pays, il est donc fort à désirer, dans l'intérêt de la civilisation, que cette vaste région soit placée sous la direction économique d'un peuple européen énergique. Les blancs indigènes disparaîtront tout à fait si le courant des immigrants prend, pendant cinquante ans seulement, l'importance de celui qui s'est porté au XIXme siècle du côté des Etats-Unis.

Les établissements allemands du Brésil méridional et de l'Uruguay forment la seule éclaircie dans ce sombre tableau de la civilisation sud-américaine. Là résident 500 000 Allemands, et il est à espérer que par la réorganisation de l'Amérique du Sud, quand les peuples métissés d'Indiens et de Latins auront disparu, l'immense bassin de La Plata, avec les côtes qui s'y rattachent à l'ouest, à l'est et au sud, deviendra territoire allemand. Les Allemands établis dans les forêts du Brésil méridional ont tous — comme les Boers du sud de l'Afrique — en moyenne de douze à quinze enfants, de sorte que, par cet accroissement naturel déjà, le pays est assuré. Dans ces conditions, n'est-ce pas un vrai miracle que le peuple allemand ne se soit pas, depuis longtemps déjà, décidé à prendre possession de ce territoire? Cinq cent mille Allemands, sous un climat tempéré, dans un pays de 5 ½ millions de km. carrés, c'est-à-dire dont l'étendue est neuf fois celle de l'Allemagne! Ce fait ne suffit-il pas ? Une fausse modestie n'est pas de mise dans la lutte pour l'empire du monde. Que, dans une contrée quelconque, un demi-million d'Anglais puissent résider sans tirer argument de leur présence pour former un Etat anglo-saxon, tout homme versé dans la politique le considérera comme une impossibilité. En Inde il n'y a pas un quart de million d'Anglais, et ils gouvernent un empire de 300 millions d'habitants. Il n'y a pas un million d'Anglais dans toute l'Afrique du Sud, et ils n'ont pas eu de repos jusqu'à ce que l'indépendance des Etats boers fût détruite. Dans le sud du continent noir, il s'agissait aussi d'une étendue de 3 millions de km. carrés.

L'Amérique méridionale, au sud du bassin de l'Amazone, mesure environ 5,5 millions de km. carrés avec une population de 12 millions d'habitants, parmi lesquels il y a 8 millions de gens de couleur, Indiens ou nègres et métis. Parmi les 4 millions de blancs, il y a un demi-million d'Allemands. Cette contrée gigantesque nous procure la deuxième possibilité de fonder une colonie agricole, analogue à celles que l'Angleterre possède au Canada, dans le sud de l'Afrique, en Australie; à celle que les Américains, descendants des Anglais, ont fondée dans les Etats-Unis, ou encore à celle que la Russie a établie au sud de la Sibérie et dans la Haute-Asie.

La possibilité d'acquérir un empire colonial correspondant à la puissance politique du pays et à l'importance de sa population est donc démontrée par mon exposé. Il est clair qu'il ne s'agit pas de reculer timidement devant le premier fanfaron venu, qui fait cliqueter son sabre en fer-blanc. Que nous restera-t-il si nous nous retirons poliment dans toutes les occasions, devant plus faibles que nous, comme nous l'avons fait depuis trente ans ? Ce serait pour le peuple allemand une vis sans fin, car, sur terre, tous les peuples du monde sont plus faibles que nous. Seule, l'Angleterre fait exception, car elle possède un armement maritime que nous ne sommes pas habitués à combattre. Il n'y a pas de commune mesure permettant de juger entre nous à cet égard.

Prenons exemple sur notre cousin germanique de la branche des navigateurs ! En Angleterre tout est affaire, même la guerre et la paix. Nous devons apprendre à considérer le métier des armes en partant du même point de vue. Nous nous sommes sottement échauffés au sujet de la guerre des Boers. Quarante-deux millions d'Anglais contre un million de Boers! Les Boers, avec leur mentalité très respectable, mais surannée, ne pouvaient faire du pays que leur avait octroyé le destin ce que l'Angleterre, avec son expérience et son esprit d'entreprise, en a fait dès lors. C'est pourquoi l'Angleterre a eu raison dans sa conquête, et nous autres Allemands nous nous sommes fait de la bile inutilement. Très inutilement, puisque, depuis la guerre, les Boers et les Anglais ont réussi à s'entendre et sont unis dans l'administration du pays sud-africain.

Je n'ai parlé de ces événements de l'Afrique du Sud que pour en tirer la conclusion — en pensant à notre avenir dans l'Amérique du Sud — que, pour le peuple des républiques héritières des Espagnols et des Portugais, ce ne sera qu'une bénédiction de tomber au pouvoir des Allemands. Elles seront bientôt réconciliées avec la domination allemande et seront joyeuses de participer à la gloire du nom allemand dans le monde entier.

Nos pères nous ont encore laissé beaucoup à faire. A cet effet, le peuple allemand occupe parmi les nations européennes une situation qui lui permet, par un élan rapide, d'atteindre d'un seul coup ce qui lui est nécessaire. Le peuple allemand se trouve de nos jours dans une situation analogue à celle de la Prusse au début du règne de Frédéric-le-Grand, qui éleva son pays au rang de grande puissance européenne. Il s'agit aujourd'hui pour l'Allemagne de passer de l'état de puissance européenne à celui de puissance mondiale. Nous sommes parmi les premiers sous le sextuple rapport de la population, de l'instruction, de la technique, de l'armée, de l'industrie et du commerce international. Toutes les conditions requises pour être une puissance mondiale, nous les remplissons, et nous ne faisons que réaliser nos droits en cherchant à obtenir la place qui nous revient parmi les Etats coloniaux.

L'Angleterre n'a que des troupes mercenaires et gouverne le plus grand empire colonial du monde. La France, dans sa légion étrangère, composée en grande partie d'Allemands avides d'aventures, possède une armée mercenaire qui, dans ces derniers quarante ans, lui a conquis un territoire de 10 millions de km. carrés, plus étendu que l'Europe, et elle ne recourt qu'en cas de besoin pressant à son armée européenne. Nous autres Allemands, avec notre forte population, nous avons assez de gens aimant la guerre qui, leur service terminé dans leur patrie, continueraient à porter les armes pour former une troupe coloniale distincte et nombreuse, si on leur offrait la perspective de pouvoir trouver, après un nombre déterminé d'années, une situation assurée de colon dans le pays à conquérir, comme cela se fait déjà de nos jours en petit dans l'Afrique du Sud. La nation allemande, aussi grande en population que l'Angleterre et la France réunies, a beau jeu de créer une grande armée coloniale, et cette armée lui rendra les mêmes services que ceux que l'Angleterre et la France ont demandés et obtenus de leurs troupes mercenaires.

Le peuple allemand doit jeter son dévolu sur l'Afrique centrale, dès l'embouchure du fleuve Orange au lac Tchad, et des monts du Cameroun à l'embouchure du fleuve Rovouma, — sur l'Asie Mineure, — sur l'archipel Malais dans l'Asie sud-orientale — et, finalement, sur la moitié méridionale de l'Amérique du Sud. Alors seulement, il possédera un empire colonial en rapport avec sa situation de puissance.

La politique de sentiment est une sottise. Rêveries humanitaires, stupidité. Le partage des bienfaits doit commencer par ses compatriotes. La politique est une affaire. La justice et l'injustice sont des notions qui ne sont nécessaires que dans la vie civile.

Le peuple allemand a toujours raison, parce qu'il est le peuple allemand et qu'il compte 87 millions de nationaux. Nos pères nous ont encore laissé beaucoup à faire.

De quelle manière pourront se réaliser mes projets ?

CHAPITRE VII

Guerre du peuple allemand contre la Russie et la France.
Traités de paix de Bruxelles et de Riga.

Quand et dans quel ordre se produiront les transformations et remaniements que j'ai esquissés ?

Il est très difficile, presque impossible, de donner une réponse. Ils peuvent commencer demain, déterminés par la tournure que prendront les affaires allemandes. Il se peut aussi qu'il faille attendre quelques années. Pour moi, l'essentiel est que le peuple allemand tout entier se familiarise avec les diverses éventualités liées aux événements qui s'approchent. C'est le but que j'ai poursuivi en composant mon livre. Nous ne voulons pas, après besogne faite, nous retirer comme des enfants sages dans notre ancienne propriété, et nous conduire par la suite comme si nous demandions pardon à nos ennemis d'avoir eu la hardiesse de remporter la victoire. La victoire de 1870 a décidément surpris notre peuple ; autrement, nous ne nous serions pas contentés d'une si modeste indemnité : cinq milliards... Notez, de misérables francs, à 80 pfennig la pièce, et le lopin d'Alsace-Lorraine : c'était pour la France, le pays le plus riche du monde, infiniment trop peu. Nous ferons des progrès et, à l'étonnement des vaincus, nous parachèverons notre œuvre, jusqu'à les faire trembler d'effroi.

Il s'en est peu fallu, en 1909, que ne commençât l'œuvre d'édification de la nouvelle grande Allemagne, quoique, en somme, il soit entendu qu'on ne l'entreprendra pas du vivant du vieux François-Joseph. Mais il peut venir d'autres occasions pareilles à celle-là. Deux ou trois années suffisent pour que ceux qui, en 1909, n'eurent pas le courage de marcher contre l'Autriche, aient conscience que les armements actuels leur assureront cette fois la victoire.

A titre de comparaison, je rappellerai seulement que, après 1866, Napoléon et ses ministres travaillèrent fiévreusement pendant quatre ans jusqu'à ce que finalement, en 1870, ils crurent leurs préparatifs si complets qu'il n'y manquait pas un bouton de guêtre. Au point de vue purement humain, je ne saurais souhaiter au vieil empereur d'assister encore à la ruée des loups slaves sur la vieille Autriche. Mais qui sait de quoi demain est fait ?

Un jour viendra bien où les petits Etats, désireux de grandir, aspireront à l'indépendance, ne se contenteront plus du tribut annuel que la vieille Autriche leur paie en millions aux dépens de ses sujets allemands et, mécontents du régime de la maison de Habsbourg, voudront avoir le tout.

La Serbie veut devenir grande puissance et conquérir ou l'Herzégovine, ou la Dalmatie, Trieste, Görz, Gradiska, la Carinthie, la Carniole, la Styrie méridionale, la Slavonie et la Croatie. Alors l'Autriche mobilise ses troupes. L'ordre de mobilisation arrive à Prague et à Lemberg. Les Tchèques et les Polonais disent : Non, nous ne voulons pas marcher contre nos frères slaves. Qu'arrivera-t-il alors ?

Les Autrichiens allemands accueillent l'ordre de marche avec enthousiasme et se mettent en campagne contre les Slaves du sud. Les Polonais se tiennent à l'écart, cherchant quelque prétexte commode ; ils ont bien levé leurs troupes, mais ils ne marchent pas. Ils retiennent la garde du drapeau au chaud, au coin du feu, contre quiconque s'aventurerait à dire que les Polonais pourraient maltraiter les Ruthènes. Les Tchèques se jettent sur les minorités allemandes de Bohême et de Moravie, ils mettent tout à feu et à sang. L'Allemagne n'a qu'un parti à prendre : envoyer deux corps d'armée qui occupent la Bohême, la Silésie autrichienne et la Moravie.

A Vienne, les Magyars entament des négociations ; l'heure leur paraît propice pour soutirer quelques avantages : l'emploi du magyar comme langue de commandement, limite douanière intérieure et une banque à eux. Pendant que l'ennemi est à la frontière, ils négocient jusqu'à ce que, finalement, ils aient tant à faire avec leurs propres Slaves, qu'ils oublient le marché. Les Tchèques se lèvent dans le nord de la Hongrie ; au sud, ce sont les territoires appartenant au royaume de Hongrie qui ont à supporter le premier choc.

La France exulte que l'heure du grand règlement ait enfin sonné. L'occupation de Prague par les Allemands est suivie de la déclaration de guerre de la France, et le même jour la Russie décrète la mobilisation. L'Angleterre se tient sur l'expectative. Les affaires ne vont jamais mieux en Angleterre que lorsque les Etats du continent européen guerroient entre eux. Fournir aux deux partis armes et vivres, voilà longtemps qu'une aubaine pareille ne s'est pas présentée. L'Angleterre se gardera bien d'aller perdre — en se déclarant pour un parti ou pour l'autre — une occasion aussi exceptionnelle d'accroître sa richesse. Quand la paix se conclura, elle saura bien se mettre en avant. Elle se souvient que la guerre de 1870-1871 lui a permis de mettre la main sur l'Egypte, et elle espère bien que la fondation de la Grande Allemagne lui vaudra un nouvel accroissement.

En Extrême-Orient, la guerre européenne réveille les instincts belliqueux du peuple du soleil levant. A la déclaration de guerre de la Russie à l'Allemagne répond celle du Japon au pays du tsar blanc. Le peuple japonais mettra tout en œuvre pour serrer enfin en lieu sûr les fruits de la guerre de 1905, que la diplomatie de l'Europe lui a ravis à ce moment-là. Alors ce fut une guerre sanglante et victorieuse, mais sans résultat positif selon l'échelle asiatique : aujourd'hui c'est une avance suivie de conquête sans grands combats.

Le danger de la guerre avec la Russie est considérablement diminué par l'attaque du Japon dans l'Asie orientale. En même temps, la Pologne est le théâtre d'un soulèvement contre la domination russe. Les Polonais de la Galicie unissent leurs forces à celles des Polonais de la Vistule moyenne. L'Allemagne occupe la frontière et abandonne les adversaires en présence aux vicissitudes des armes.

L'Allemagne envoie contre la Russie une armée d'un million de soldats. La lutte se déroule du côté des provinces baltiques, de la Grande-Lithuanie et des régions du Memel, de la Duna, de l'Embach et du Dniepr. Les Russes abandonnent peu à peu ces territoires qui, par leur population, leur sont étrangers, et se retirent sur Moscou. Mais les armées allemandes ne les suivent pas dans les forêts et marais de la Russie ; elles se contentent d'occuper les territoires dont nous pouvons prévoir l'acquisition.

C'est du côté de l'ouest que l'Allemagne envoie le gros de ses forces. Huit jours après la déclaration de guerre de la France, quatre millions de soldats allemands franchissent ce qui a été jusqu'ici la frontière orientale de ce pays. Les nouvelles venues d'Orient, la déclaration de guerre des Japonais, le soulèvement des Polonais, la révolution russe qui relève à nouveau la tête, tout cela brise chez les Français l'élan dont ils firent preuve au commencement de la guerre de 1870, aussi longtemps que l'Empire jouit du prestige traditionnel. Quarante années de régime républicain ont fini par enlever à la jeunesse française le dernier reste d'ardeur guerrière, d'esprit de sacrifice et de subordination. Personne ne veut soumettre son « moi » aux exigences du devoir. La bêtise et la lâcheté rivalisent. La croyance en la trahison vient de nouveau hanter l'âme du soldat français. Les forteresses, dont les Français attendaient tant, ne peuvent rien contre les attaques des ballons allemands : ce ne sont qu'attrape-bombes pour les pauvres soldats qui y sont entassés.

La France du Nord et celle de l'Est sont occupées. Après les succès remportés par la flotte aérienne allemande dans la destruction de la frontière orientale, Paris ne tente pas même de se défendre.

Les nouvelles de l'Asie orientale, la conquête de la région de l'Amour par les Japonais, la marche en avant de ces derniers vers le lac Baïkal, les victoires des Polonais sur le Bug, l'occupation des provinces baltiques et lithuaniennes par l'Allemagne, la conquête de la Serbie par les Allemands d'Autriche, en voilà assez pour montrer clairement aux Français que leurs milliards ont passé aux mains des Slaves en pure perte.

A ces mauvaises nouvelles s'en ajoute encore une : l'Italie a déclaré la guerre à la France. Puis c'est la certitude que l'Angleterre ne songe aucunement à prendre une part active au conflit. Des marchandises contre espèces sonnantes, et des canons, des fusils et des munitions, oui, mais des soldats, non. Du reste où les prendrait-elle? L'Inde ne guette que le moment propice pour secouer le joug anglais. Les étudiants hindous du Bengale assassinent les hauts fonctionnaires anglais. En Egypte il y a crise pareillement; le cri des derviches retentit : l'Egypte aux Egyptiens! Dans les journaux de l'Australie, on discute pour savoir lequel vaut le mieux en cas de défaite de l'Angleterre : grouper les Etats australiens en confédération autonome, ou se rattacher aux Etats-Unis de l'Amérique du Nord en raison des menaces non déguisées du Japon. Le Canada enregistre des faits analogues, et les journaux donnent chaque jour des détails sur l'augmentation inquiétante du nombre des Mongols établis à Vancouver et dans la Colombie britannique. Le roi et le parlement anglais se félicitent de ne pas avoir à prendre position.

Un profond découragement s'empare de la nation gauloise. Toutes ses espérances s'effondrent. La Russie a flanché; le lion tchèque gît à terre, garrotté, surveillé par les hommes de la landwehr allemande. Le Serbe a été pitoyablement vaincu, le roi Pierre s'est enfui, le prince royal George est mort. L'Italie a occupé la Savoie, Nice et la Corse; l'Angleterre et l'Amérique parlent d'affaires, mais pas de livrer des batailles. Les événements se précipitent.

Les Allemands assiègent Pétersbourg et proclament l'annexion des régions du Niemen, de la Duna et de l'Embach. Les Allemands ont occupé Paris et s'avancent vers la ligne de la Loire. La Hollande et la Belgique ont demandé à être reçues dans l'Empire allemand à titre d'Etats confédérés, avec toutes leurs colonies. L'offre est acceptée sous réserves. Qui songerait à empêcher l'Allemagne victorieuse de déclarer ces pays terres d'Empire sans conditions? Les questions de détail relatives à leur admission feront l'objet de discussions ultérieures à Berlin. Une seule chose est certaine, c'est que les colonies des deux Etats, pour des motifs de droit général, doivent devenir non pas la propriété privée d'un Etat confédéré, mais une terre coloniale de l'Empire tout entier.

La France, pauvre en soldats, ne peut résister plus longtemps à l'Allemagne, riche en soldats. L'approche des troupes italiennes, jusque-là soigneusement retenues dans le sud, fait comprendre aux Français que toute nouvelle bataille ne serait qu'une stérile effusion de sang. La guerre, qui a été courte mais féconde en événements, est suivie d'une paix de l'importance la plus décisive pour le monde entier. Les négociations de paix avec la France ont lieu à Bruxelles. Cette ville s'appelle du reste maintenant « Brüssel » : l'ancienne « Bruxelles » a disparu pour l'éternité.

La guerre ne doit laisser au vaincu que les yeux pour pleurer. Modestie de notre part serait pure folie.

Des jours comme ceux-là font penser de manière toute spéciale à l'année où l'amitié franco-russe brillait de son plus vif éclat — éclat d'emprunt — alors que la fraternisation de Cronstadt préparait tout le monde à voir la France prendre sa revanche sur l'Allemagne au bout de quelques mois. Dans leur joie anticipée, les journaux français nous racontaient qu'au fond on s'était étonné en France, en 1871, de la modestie des exigences de l'Allemagne. Dans les sphères dirigeantes de

Paris, il était généralement admis que l'Allemagne se ferait encore livrer la flotte française et les colonies françaises. Les vaisseaux français étaient alors les meilleurs du monde. Les colonies étaient d'étendue restreinte, il est vrai : l'Algérie, le Sénégal, le Cambodge et Cayenne. Ce n'était pas beaucoup, mais elles se sont, entre-temps, accrues d'une façon qui n'est pas à dédaigner.

Ces articles de journaux publiés dans cette période critique, où tout politicien sérieux considérait une déclaration de guerre de la Double-Entente contre l'Allemagne comme imminente, faisaient l'impression que les cercles dirigeants de Paris voulaient annoncer au monde aux écoutes que la France, une fois victorieuse, ne serait pas aussi modeste que l'Allemagne en 1871.

Mais nous voulons nous corriger. Les progrès de la culture, surtout quand ils viennent de Paris, trouvent en Allemagne un public reconnaissant.

Voici les stipulations de la paix de Bruxelles :

§ 1. La France cède à l'Allemagne les départements suivants : 85, les Vosges avec Épinal ; 54, Moselle et Meuse avec Nancy et Lunéville ; la moitié Est du 55 et du 8, Moselle avec la ville de Verdun, et les Ardennes avec Sedan ; en tout environ 17 114 kilomètres carrés. Cette région est actuellement peu peuplée, 69 habitants par kilomètre carré. C'est à peine la moitié de la densité de l'Allemagne. Le pays qui sera ainsi cédé à l'Allemagne, dans le bassin supérieur de la Meuse et de la Moselle, n'a que 1 192 453 habitants. Cette nouvelle province reçoit le nom de Franconie occidentale. Elle aura Nancy pour chef-lieu et sera résidence des autorités supérieures, du nouveau corps d'armée et d'une université. Les chefs-lieux de district seront : pour le nord, Verdun sur la Meuse ; pour le sud, Épinal sur la Moselle. La nouvelle frontière occidentale sera formée par la ligne de partage des eaux entre la Meuse et les affluents de la rive droite de la Seine.

§ 2. La France donne asile aux habitants de ce territoire et les établit ailleurs. L'évacuation doit se faire dans l'espace d'un an à partir du jour de la signature du traité de paix. Le terrain est réparti en domaines de 40 à 60 arpents, suivant qualité, et distribué comme don d'honneur aux soldats qui se sont distingués pendant la guerre. Les immeubles des villes sont également répartis en immeubles de valeur approximativement équivalente. Ont aussi droit à ce partage les soldats qui ont fait la campagne de 1870-1871. La création de la nouvelle province de Franconie occidendate s'impose pour corriger les fautes commises en 1871 ; nous avons été assez fous, alors, pour traiter sur le pied d'égalité avec les Allemands les habitants de ces régions parce qu'ils parlaient l'allemand, et pour apprécier trop bas l'influence de la France. Il nous faut avoir à l'ouest de l'Alsace-Lorraine une province purement allemande, de façon à résoudre une fois pour toutes la question de l'Alsace-Lorraine.

§ 3. La France déclare être d'accord quant à l'entrée de la Hollande et de la Belgique dans l'Empire allemand. Ainsi se trouve presque rétablie dans l'ouest de l'Allemagne la frontière de l'Empire au temps de Charles-Quint. Pas tout à fait pourtant, car il y manque quelques territoires près des sources de l'Escaut. Mais comme nos frontières du sud et de l'est nous imposent d'autres devoirs plus pressants encore, il nous faut nous contenter de ce que nous avons obtenu à la frontière occidentale, étant données les circonstances actuelles. La Hollande entre avec sa maison royale dans l'Empire, à titre d'Etat confédéré jouissant de l'égalité des droits; proportionnellement à sa population, elle fournit deux corps d'armée. L'un est à Rotterdam, l'autre à Groningue, dans le nord. Les universités hollandaises sont reconnues et adoptent l'organisation des universités allemandes. La Hollande entre dans l'Union douanière allemande sans payer d'indemnité et sans assumer d'obligations spéciales pour cela ; ce traitement privilégié a une portée immense pour toutes les branches de l'activité économique, spécialement pour l'horticulture, que le climat favorise si heureusement, et pour l'agriculture près des bouches du Rhin. La Hollande garde Java comme propriété privée. Ses autres colonies de l'Insulinde, Surinam et celles de l'Australie deviennent propriétés générales de l'Empire allemand. Dans les écoles hollandaises, on enseignera le haut allemand comme seconde langue nationale, cela non seulement dans les écoles supérieures, mais aussi dans les écoles primaires. Le dialecte néerlandais continue à faire règle pour les affaires intérieures hollandaises ; pour les relations avec l'Empire allemand et l'étranger, le haut-allemand est de rigueur. Les mêmes conditions sont accordées à la Belgique ; elle fournit deux corps d'armée, l'un à Anvers, l'autre à Liége sur la Meuse. La Belgique ne réclame pas de privilèges spéciaux au point de vue colonial ; elle envisage au contraire comme un avantage que l'Etat du Congo, trop grand pour un si petit pays, passe dans les mains et reste sous la protection du grand Empire allemand et de sa nation.

§ 4. La France se charge d'établir les Wallons venant de Belgique dans les régions encore désertes de son territoire. L'opération doit se faire dans l'espace de trois années. Les biens-fonds et bâtiments des Wallons et des habitants de la nouvelle province de Franconie occidentale, sur la Moselle et la Meuse supérieures, sont taxés par des experts et payés en bons sur l'indemnité de guerre due par la France à l'Allemagne et qui seront remboursés par la République. Les terrains ainsi évacués sur la Meuse moyenne seront occupés par les soldats allemands qui ont accompli des actions d'éclat pendant la guerre ; ainsi, au bout de quelques années, cette province-frontière aura une population purement allemande.

La barrière douanière contre nature entre l'Empire allemand et ses ports de mer sur la Meuse et le Rhin tombe par le fait de l'annexion de la Hollande et de la Belgique.

§ 5. La France cède à l'Allemagne la propriété des douze milliards de marcs prêtés à la Russie.

Nous ne pouvons pourtant pas faire grâce de cette belle somme à la sainte Russie, car elle fait de ces beaux milliards un si piètre usage qu'il n'en reste plus rien aujourd'hui. Pas question de se les faire rembourser. La Russie n'est pas un domaine hypothéqué dont on attend les intérêts et que l'on met en vente forcée quand l'argent n'est pas apporté ponctuellement le jour de l'échéance. Mais nous saurons faire rentrer notre argent d'une autre manière, en rachetant au moyen d'assignations sur nos créances les domaines des Polonais de la Posnanie, de la Prusse occidentale et de la Haute-Silésie ; des Lithuaniens des bords du Niemen ; des Lettes de la Duna ; des Esthoniens de l'Embach et des régions avoisinant les fleuves des côtes septentrionales ; des Tchèques de la Bohême, de la Silésie autrichienne et de la Moravie ; des Slaves du sud de l'Ukraine, de la Carinthie, de la Styrie, de la Croatie, de la Dalmatie, de Görz et de Gradiska, pour autant qu'ils habitent à l'intérieur des limites méridionales et orientales de la Grande Allemagne.

Ce procédé nous permet de faire d'une pierre trois coups : la Russie se débarrasse du fardeau de dettes et d'intérêts qui l'accable, les Slaves de l'ouest et du sud deviennent citoyens d'un pays slave, et nous, Allemands, obtenons francs de dettes et de servitudes les pays à coloniser dont nous avons besoin.

§ 6. La France paie à la Grande Allemagne trente-cinq milliards de marcs comptant : c'est la moitié de l'argent comptant que la France se vante de posséder. Cette perte atteindra la France au point où elle est le plus sensible et où ses capacités sont les plus grandes. Depuis la chute du premier empire l'argent est l'idole des Français et leur perte. Si la France n'avait pas, sur cette terre, le plus d'argent comptant, elle ne se serait jamais laissée aller à adopter le système des familles à un enfant ; jamais non plus elle n'aurait réussi à devenir le banquier complaisant, insinuant de nos ennemis. Enlevons à la France son maudit argent, nous pourrons alors enfin jouir de la tranquillité nécessaire à notre développement pacifique, et nous nous trouverons très bien de notre système de familles à six enfants.

Nous nous ferons payer les trente-cinq milliards de marcs, — pas de francs — en cinq ans, et notre armée d'occupation sera retirée de France par étapes successives au fur et à mesure des payements. Pendant ce temps, la République devra payer les frais qu'occasionnent les mesures prises pour notre sécurité. Le pays est occupé jusqu'aux frontières espagnole et italienne, afin que les Français du Midi apprennent eux aussi à connaître le sérieux de la guerre ; la campagne de 1870-1871 les avait épargnés, et cela explique jusqu'à un certain point pourquoi c'est parmi eux que se sont recrutés les éléments les plus violents et les plus tapageurs des menées antigermanistes. Il nous sera très agréable que l'Angleterre vienne en aide à sa chère amie la France pour activer le payement de sa dette. Trente et un milliards devront être payés comptant en or monnayé ou en barres et quatre milliards en bons. Nous saurons faire un emploi judicieux des trente-cinq milliards ; ils nous sont absolument indispensables pour la création de la Grande Allemagne. Nous consacrerons *quinze* milliards à l'extinction des dettes de l'Empire et de ses Etats constitutifs. Il ne restera plus alors qu'un solde de 2,4 milliards de dettes. D'où provient la lourde dette de l'Empire, sinon de l'obligation dans laquelle nous sommes depuis quarante ans de supporter des armements ruineux dirigés contre la France et les Etats qu'elle a attirés à sa suite ? Aussi est-il de la justice la plus élémentaire de profiter de l'occasion pour nous libérer. En même temps, nous atteignons un but de la plus haute importance : des sommes colossales passent entre les mains du peuple allemand, son esprit d'initiative voit s'ouvrir, avec l'ère nouvelle, des horizons magnifiques, et la réalisation de ses entreprises demandera de l'argent et encore de l'argent.

Deux milliards alimenteront la caisse de secours aux blessés et aux familles privées de leurs soutiens. L'argent consacré aux vétérans sera pris ailleurs.

Un milliard servira à agrandir notre flotte, dont nous aurons un pressant besoin pour protéger notre empire colonial, considérablement étendu.

Deux milliards sont destinés aux entreprises d'expansion civilisatrice, spécialement à la construction de ports et de chemins de fer dans l'ensemble de nos colonies.

Quatre milliards seront nécessaires pour l'achat des maisons et du sol dans la Franconie occidentale et la Wallonie, dont les habitants actuels ne doivent subir aucun dommage matériel. Le sort qui les atteint est une nécessité supérieure. Ils seront indemnisés, non pas en argent comptant, mais au moyen des bons fournis par la France. Les biens de l'Etat en Franconie occidentale deviennent, sans indemnité, propriété de l'Empire allemand. En Belgique, rien n'est changé à l'ancien régime à cela près que l'Etat, à la suite de l'immigration allemande, se germanise. Comme il s'agit là de trois millions et demi d'hommes, quatre milliards suffisent amplement pour les indemniser, d'autant plus que les évacués emporteront avec eux leurs biens mobiliers.

Trois milliards sont alloués à la nouvelle Autriche allemande pour liquider ses dettes. Comme la vieille Autriche en a pour six milliards et que, au moment de la séparation, les pays polonais et ruthènes prendront leur part de la dette d'Empire, part calculée au prorata de leur population, cela pourra bien permettre d'éteindre les deux tiers de cette dette. Le peuple allemand d'Autriche se trouvera ainsi en possession d'une somme assez rondelette, qui trouvera son emploi dans les exigences de l'ère nouvelle.

Un milliard sera employé pour racheter leurs maisons aux Tchèques de la région des Sudètes, aux Slovènes et aux Serbo-Croates à la frontière méridionale de notre territoire national. Quant au terrain, il leur sera payé en bons à valoir sur nos créances russes. Cette somme est si largement mesurée que chaque émigrant y trouvera son compte. Comme il s'agit d'environ 5 millions de Tchèques et de 2 millions de Serbo-Croates, il revient à chaque famille, comptée à six ou sept personnes, plus de 1000 marcs comme compensation pour la perte du droit de domicile. Celui qui connaît les demeures des paysans slaves de l'ouest et du sud dira que 1000 marcs représentent pour eux une forte somme.

Un milliard sera mis à la disposition de la Commission de colonisation de la Pologne, de la Prusse occidentale et de la haute Silésie pour l'acquisition des maisons des habitants de l'Allemagne orientale parlant le polonais. Les terres leur sont payées en bons de garantie qu'ils échangeront dans la vallée moyenne et supérieure de la Vistule. Leur nombre s'élevant seulement à trois millions d'individus, c'est-à-dire à un demi-million de familles, chacune reçoit un dédommagement de 2000 marcs. C'est une très grosse somme pour un manant polonais de l'est.

Un milliard permettra le rachat du droit de domicile des Lettes, des Lithuaniens, des Esthoniens et des Blancs-Russiens dans les territoires nouvellement acquis.

Enfin, la guerre elle-même coûtera *cinq* milliards.

Ainsi les 35 milliards d'indemnité de guerre payés par les Français seront utilement répartis pour le bien de la nation allemande.

§ 7. La France déclare adhérer à l'entrée du Luxembourg et de la Suisse dans l'Empire allemand.

§ 8. La France est d'accord avec les modifications apportées par l'Allemagne à ses frontières méridionales et orientales.

§ 9. La France renonce à sa flotte, dont l'Empire allemand devient propriétaire.

§ 10. La France renonce à ses colonies, à l'exception de l'Algérie, en faveur de la Grande Allemagne.

§ 11. La France adhère aux traités signés entre les grandes puissances : l'Allemagne, l'Angleterre, les Etats-Unis de l'Amérique du Nord, le Japon et la Russie.

§ 12. La France signe le nouveau traité de commerce avec l'Allemagne, traité approprié au déplacement des forces que les événements ont déterminé.

Ce sont là les douze articles principaux de la paix conclue à Bruxelles entre l'Allemagne et la France. C'est la consécration définitive de la supériorité du peuple allemand riche en enfants, sur la France pauvre en enfants. La course aux armements qui a suivi le traité de Francfort est enfin terminée.

L'Italie conclut la paix avec la France à Nice et reçoit la Corse et la région des Alpes maritimes ; ces pays représentent ensemble 12 460 kilomètres carrés et 550 000 habitants, la plupart de langue italienne. Les villes bien connues de Menton, Monaco, Nice et Cannes deviennent italiennes. La maison de jeu de Monaco est supprimée. La paix de Nice assigne à l'Italie la première place parmi les peuples romans.

La paix entre l'Allemagne et la Russie est conclue à Riga.

Les milliards français n'ont pas porté bonheur aux Russes. L'idée russe populaire est que le bonheur est ce qu'il y a de mieux, de plus important dans toute activité humaine sur la terre. Le bonheur a abandonné les Russes depuis le jour où les Vieux-Russes ont réussi à briser l'influence allemande. Depuis l'avènement du tsar Alexandre III, rien ne leur réussit plus. Tout d'abord les défaites dans la première guerre de l'Asie orientale en 1905, puis la révolution des nihilistes, aussi ridicule que dangereuse. Ensuite la dépendance financière à l'égard des Français, qui se sentaient tellement les pourvoyeurs et maîtres qu'ils élevèrent des protestations quand le petit père tsar, autocrate de toutes les Russies, se hasarda, en mai 1910 et en janvier 1911, à transporter des corps d'armée de la rive gauche de la Vistule à Wologda à l'est de Pétersbourg. Aujourd'hui on commence à s'apercevoir en Russie qu'il aurait mieux valu entretenir avec l'Allemagne les traditionnels rapports d'amitié, qui avaient fait leurs preuves et étaient un bienfait pour la Russie, comme cela avait été le cas entre 1812 et 1870. La Russie est un pays si extraordinairement riche en ressources naturelles que les Tchèques et les Croates bien pourvus d'argent ne peuvent que contribuer à sa prospépérité. La Russie est si immense qu'elle peut facilement répartir en les disséminant à droite et à gauche ces gens, qui, en Autriche, n'ont appris qu'à se montrer impatients et à émettre les plus sottes prétentions ; ainsi ils disparaîtront tout comme, il y a cent vingt-cinq ans, les colons serbes du Dniepr moyen, dont il n'est plus rien resté que le nom de Nouvelle-Serbie dans les atlas historiques. L'ambassadeur de Napoléon III faisait un jour au tsar Nicolas — c'était avant la déclaration de guerre de la Crimée — de merveilleuses descriptions de la grandeur et de la magnificence de son pays. En guise de réponse, le tsar lui demanda si c'était tout ce que l'Empereur possédait ; lui-même possédait dans la Haute-Asie, ajouta-t-il, un domaine, l'oasis de Merw, qui était plus grande, à elle seule, que toute la France tant vantée !

Le § 1 du traité de paix de Riga précise les dispositions relatives aux cessions de territoires, déjà mentionnées, de 202 000 kilomètres carrés en Lithuanie et dans les provinces baltiques.

Le § 2 fixe les conditions auxquelles la Russie accueille les Slaves immigrés, Lithuaniens et Esthoniens.

Le § 3 stipule que la Russie consent à la création d'un nouveau royaume de Pologne, auquel elle cédera la portion qu'elle possède du bassin de la Vistule. La Pologne prend à sa charge une partie des dettes de l'Etat russe proportionnée au chiffre de sa population, et en outre deux milliards de la créance russe de douze milliards due à l'Allemagne. Elle s'acquittera de ce montant en donnant asile aux Polonais qui seront forcés de quitter l'Allemagne et iront coloniser la région du Bug, affluent oriental de la Vistule.

Le nouveau royaume de Pologne est formé de l'ancienne portion russe du bassin de la Vistule et de la Galicie et fait partie de la nouvelle Autriche.

§ 4. La Russie contre-signe le traité de paix conclu à Bruxelles entre la France et l'Allemagne.

§ 5. La Russie se déclare d'accord avec le traité politique conclu entre la maison de Hohenzollern et la maison de Habsbourg, traité qui règle le sort du ci-devant Etat d'Autriche-Hongrie.

§ 6. La Russie cède à l'Allemagne, dans l'espace d'une année, les colons allemands disséminés dans le grand empire russe, surtout sur la Volga moyenne et dans le sud du pays ; on peut apprécier leur nombre à 1 250 000 ; ils iront coloniser les nouvelles provinces.

§ 7. La Russie et l'Allemagne s'accorderont réciproquement à l'avenir, en matière de douanes, le traitement de la nation la plus favorisée.

§ 8. La Russie donne son approbation aux traités conclus par l'Allemagne avec l'Angleterre, les Etats-Unis de l'Amérique du Nord et le Japon.

§ 9. La Russie fait cession de la Finlande (Viborg excepté) à la Suède.

§ 10. La Russie contre-signe les traités politiques entre l'Allemagne et la Suède, la Norvège et le Danemark.

Telles sont les clauses essentielles de la paix conclue à Riga entre l'Allemagne et la Russie. Cette paix procure à l'Allemagne, exempts de toute servitude et de toute dette, les territoires de colonisation dont elle avait besoin ; elle délivre la Russie de la tendance antigermanique qui a inspiré sa politique extérieure depuis 1875, et aussi de sa dette d'Etat envers la France ; la Russie des tsars ne se fera plus l'humble suivante de la France républicaine et prodigue, dont les désirs étaient parfois difficilement conciliables avec les traditions de l'aristocratique empire des tsars.

La paix conclue avec le Japon sera plus douloureuse à la Russie que la paix avec l'Allemagne. Les négociations se feront à Irkoutsk sur l'Angara, à l'ouest du lac Baïkal. La Russie cède au Japon la région du fleuve Amour et de la Léna, avec les terres qui s'étendent au nord et à l'est. Elle accepte l'annexion de la Mandchourie au Japon. Par ce traité, la Russie cesse de faire partie des pays intéressés à l'Océan Pacifique.

CHAPITRE VIII

Traités entre l'Allemagne et l'Angleterre ; entre l'Empire allemand et la maison de Habsbourg. — La Grande Allemagne.

Le traité conclu entre la maison de Hohenzollern et la maison royale anglaise de Hanovre-Cobourg est conçu comme suit :

§ 1. L'Angleterre déclare être d'accord avec les modifications que l'Allemagne s'est vue forcer d'apporter à ses frontières orientale, méridionale et occidentale, comme aussi avec celles dont la nécessité pourrait ne se manifester que plus tard.

§ 2. L'Angleterre signe le traité politique conclu entre les maisons de Habsbourg et de Hohenzollern touchant la réorganisation de l'empire des Habsbourg au moyen des royaumes de Hongrie, de Pologne, de Serbie, de Bulgarie et de Roumanie.

§ 3. L'Angleterre consent à l'entrée, dans l'Empire allemand, de la Hollande et de la Belgique avec leurs colonies.

§ 4. L'Angleterre se rallie aux clauses du traité de paix conclu par l'Empire allemand avec la France, spécialement à la cession à l'Empire allemand de la Franconie occidentale et des colonies françaises.

§ 5. En sa qualité de grand banquier, l'Angleterre servira

d'intermédiaire pour le payement de l'indemnité de guerre de la France à l'Allemagne, du montant de 35 milliards de marcs ; le payement s'effectuera au comptant et en bons.

§ 6. L'Angleterre consent à ce que la France transfère à l'Allemagne sa créance de 12 milliards de marcs sur la Russie.

§ 7. L'Allemagne partage avec l'Angleterre les colonies françaises.

a) L'Allemagne prend pour elle le Congo français, 3 500 000 kilomètres carrés et dix millions d'habitants, pour relier le Cameroun avec l'Etat du Congo cédé à l'Empire allemand par la Belgique. Les rives méridionale et orientale du lac Tschad limitent le territoire allemand au nord.

b) L'Allemagne reçoit Madagascar, les Comores, la Réunion et Obok, avec 619 000 kilomètres carrés et 2 898 000 habitants.

c) L'Allemagne occupe la moitié méridionale des colonies françaises de l'Indo-Chine, du Cambodge, de la Cochinchine et de l'Annam, ainsi que Kwangtschou-Wan sur la côte sud de la Chine, avec 289 500 kilomètres carrés et 9 828 000 habitants.

d) L'Allemagne reçoit les îles situées à l'ouest de l'Inde, 3100 kilomètres carrés et 393 000 habitants.

e) L'Allemagne réunit à ses possessions australiennes celles de la France, qui ont 24 225 kilomètres carrés et 89 000 habitants.

§ 8. L'Angleterre reçoit des colonies françaises :

a) Dans l'Indo-Chine, le Tonkin et le Laos, le prolongement oriental de la Birmanie britannique, et, dans l'Inde, les restes des possessions dont la France était fière, au total 374 300 kilomètres carrés et 6 308 000 habitants.

b) L'Angleterre ajoute à ses possessions de l'Afrique occidentale : la Sénégambie, le bassin du Niger, la Guinée, le Dahomey, les côtes occidentale et septentrionale du lac Tchad. Ce vaste territoire est limité au nord par le 25ᵉ degré de latitude et touche à l'est au Soudan anglais. La limite entre la Nigéria et le Cameroun subsiste. Modifications ultérieures réservées, la limite méridionale du territoire anglais, qui est en même temps la limite septentrionale du territoire allemand à l'est du lac Tchad, est formée par le 16ᵉ degré de latitude à l'est du point où cette ligne coupe le 15ᵉ degré de longitude. La frontière est du territoire allemand est formée par la ligne de partage des eaux du bassin du lac Tchad et celui du Bahr el Arab à l'est. Ce grand territoire a une superficie de 4 millions de kilomètres carrés et 12 millions d'habitants.

c) L'Angleterre reçoit dans l'Amérique du Sud Cayenne, qui a 78 900 kilomètres carrés et 33 000 habitants.

Le partage des colonies françaises est ainsi réglé. L'Allemagne reçoit 4 435 825 kilomètres carrés avec 23 208 000 habitants, et l'Angleterre 4 453 200 kilomètres carrés avec 18 341 000 habitants.

§ 9. L'Allemagne et l'Angleterre cèdent Tunis à l'Italie. La frontière sud est formée par le 25ᵉ degré de latitude.

Bizerte, ville et port, échoient à l'Allemagne.

§ 10. L'Algérie reste possession française.

§ 11. L'Allemagne et l'Angleterre s'entendent au sujet des colonies portugaises :

a) L'Allemagne réunit Timor et Kambing à ses possessions hollandaises de l'Insulinde et occupe Macao dans un intérêt commercial. Cela représente 16 260 kilomètres carrés et une population de 278 627 âmes. Elle garde également, comme stations intermédiaires, les îles de Saint-Thomas et du Prince, et les îles du Cap-Vert, en tout 4931 kilomètres carrés et 18 527 habitants.

b) L'Allemagne reçoit l'Afrique occidentale portugaise, l'Angola qui mettra en relation le Sud-Ouest africain avec l'État du Congo cédé par la Belgique. Elle se réserve le droit de faire plus tard certains échanges commandés par les circonstances : par exemple celui de la région des sources du Congo, au sud du lac Meru, contre la portion anglaise du Haut-Zambèze en amont des chutes Victoria. L'Angola a 1 315 460 kilomètres carrés et 1 500 000 habitants.

c) L'Angleterre reçoit l'Est africain portugais, les côtes de Mozambique et de Sofala. Le pays a 768 740 kilomètres carrés, avec 3 120 000 habitants.

d) L'Angleterre occupe Diu, Daman et Goa, derniers débris de possessions étrangères dans l'Inde britannique. Ainsi l'Inde se trouve occupée d'une manière uniforme, et aucun autre État européen n'y a de possessions. Il ne s'agit que d'une cession de 3658 kilomètres carrés, avec 572 290 habitants. Les ports français et portugais étaient comme un grain de beauté déparant l'empire britannique des Indes. L'Angleterre consent à ce que le Maroc, étendu au sud jusqu'au 25e degré de latitude, soit placé sous le protectorat allemand.

e) L'Angleterre reçoit, pour arrondir et compléter son nouvel empire mondial, dans le Nord-Ouest africain : Port-

Guinée, avec 37 000 kilomètres carrés et 200 000 habitants, et la république nègre de Libéria, pays encore sauvage qui mesure 85 380 kilomètres carrés, avec 2 millions d'habitants.

§ 12. L'Allemagne et l'Angleterre s'entendent sur la délimitation de leurs sphères d'influence en Chine. L'Angleterre choisit le Thibet, le Turkestan, le cours supérieur du Yang-Tsé-Kiang et le bassin du fleuve Jaune, qui a son embouchure près de Canton. L'Allemagne choisit le cours inférieur du Yang-Tsé-Kiang et le Hoangho. La Russie reçoit à titre d'indemnité la Mongolie occidentale. Le Japon obtient la Mongolie orientale, et la possession de la Mandchourie lui est confirmée.

§ 13. L'Allemagne et l'Angleterre s'entendent quant à leurs sphères d'influence dans l'Amérique du Sud.

L'Allemagne prend sous sa protection les républiques de l'Argentine, du Chili, de l'Uruguay et du Paraguay, le tiers méridional de la Bolivie pour autant qu'il appartient au bassin du Rio de la Plata, et la partie méridionale du Brésil pour autant qu'y règne la culture allemande. L'Angleterre occupe pour sa part les Etats du Pérou, de l'Equateur, le nord de la Bolivie et le reste du Brésil. Ces pays comprennent le bassin du plus grand fleuve du monde, l'Amazone, ainsi que les côtes qui en dépendent sur l'océan Pacifique et l'Atlantique. Ce mode de partage est motivé par le fait que l'Allemagne ne peut recevoir en Asie et en Afrique que des territoires tropicaux, qu'elle tient à avoir la région non tropicale encore inoccupée et propre à la colonisation, dans l'Amérique du Sud.

§ 14. L'Allemagne et l'Angleterre sont d'accord pour maintenir en toutes circonstances cette décision relativement à l'Amérique du Sud contre les protestations éventuelles des États-Unis de l'Amérique du Nord. L'Allemagne et l'Angleterre ont engagé dans l'Amérique du Sud des valeurs si importantes — plusieurs milliards de marcs — qu'elles ne peuvent agir autrement dans l'intérêt de leurs populations. Même au point de vue géographique, cette répartition se justifie pleinement. L'embouchure de l'Amazone et tous les ports situés plus au sud sont atteints en moins de temps du nord de l'Europe que de New-York. Les États-Unis le savent fort bien, puisque les courriers de New-York ne sont pas dirigés directement sur Rio de Janeiro, mais d'abord sur Hambourg et de là sur le Brésil. L'Allemagne et l'Angleterre doivent, en tant que grandes puissances industrielles, se réserver des régions qui, en dehors des chefs-lieux, n'ont pas encore tiré grand parti des conquêtes de la civilisation moderne : chemins de fer, postes, télégraphes, téléphones et navigation à vapeur. Pour leurs approvisionnements en produits de l'industrie, ces pays doivent dépendre uniquement de l'Allemagne ou de l'Anterre. La concurrence d'autres États est écartée par un droit d'entrée de 100 pour cent de la valeur des objets, comme c'est le cas dans l'Amérique du Nord. L'Allemagne et l'Angleterre seules sont autorisées à émettre des emprunts d'État dans leurs territoires. Aucun ressortissant d'un État étranger ne peut faire l'acquisition d'immeubles, de mines, d'établissements industriels, de maisons ou d'autres propriétés quelconques. Ces États gardent leur ancienne autonomie pour ce qui concerne leur administration intérieure. Ce sont les deux États protecteurs qui les représentent à l'extérieur et qui, comme compensation, assurent la protection militaire de leurs territoires au dehors.

§ 15. L'Allemagne et l'Angleterre offrent aux Etats-Unis de l'Amérique du Nord, en échange de leur consentement, le protectorat sur : le Mexique, le Nicaragua, Costa Rica, Honduras, Saint-Salvador, Haïti, la Colombie, le Vénézuéla et Saint-Domingue.

Le protectorat allemand dans l'Amérique du Sud comprend 6,5 millions de kilomètres carrés avec 12 millions d'habitants. Le protectorat anglais est considérablement plus étendu : 9 720 738 kilomètres carrés avec 24 186 000 habitants. La part offerte aux Etats-Unis est de 4,58 millions de kilomètres carrés et compte 20 millions d'habitants.

§ 16. L'Allemagne et l'Angleterre conviennent que l'Asie Mineure, la Syrie, la Mésopotamie, la Palestine, la Perse occidentale et la partie de l'Arabie située au nord du tropique, avec 3,2 millions de kilomètres carrés et 16,5 millions d'habitants, constitueront un protectorat de l'Empire allemand. Il en sera de même pour Siam, avec 634 000 kilomètres carrés et 6 390 000 âmes. L'Angleterre et l'Allemagne décident que la partie de l'Arabie située au sud du tropique, l'Afghanistan et la Perse orientale, seront protectorat anglais. Le territoire s'étend sur 2 977 000 kilomètres carrés et sa population est de 15 millions d'hommes.

§ 17. L'Allemagne cède à l'Angleterre, par raison d'opportunité, le bassin du Kagera entre l'Ukereve et le lac Tanganyika; l'extrémité nord de ce lac africain devient ainsi anglaise et permet la jonction du Sud-africain britannique avec le Soudan britannique de l'Afrique septentrionale. La rive ouest et la rive est de Tanganyika restent allemandes, comme le lac lui-même, mais le trafic du nord au sud est libre.

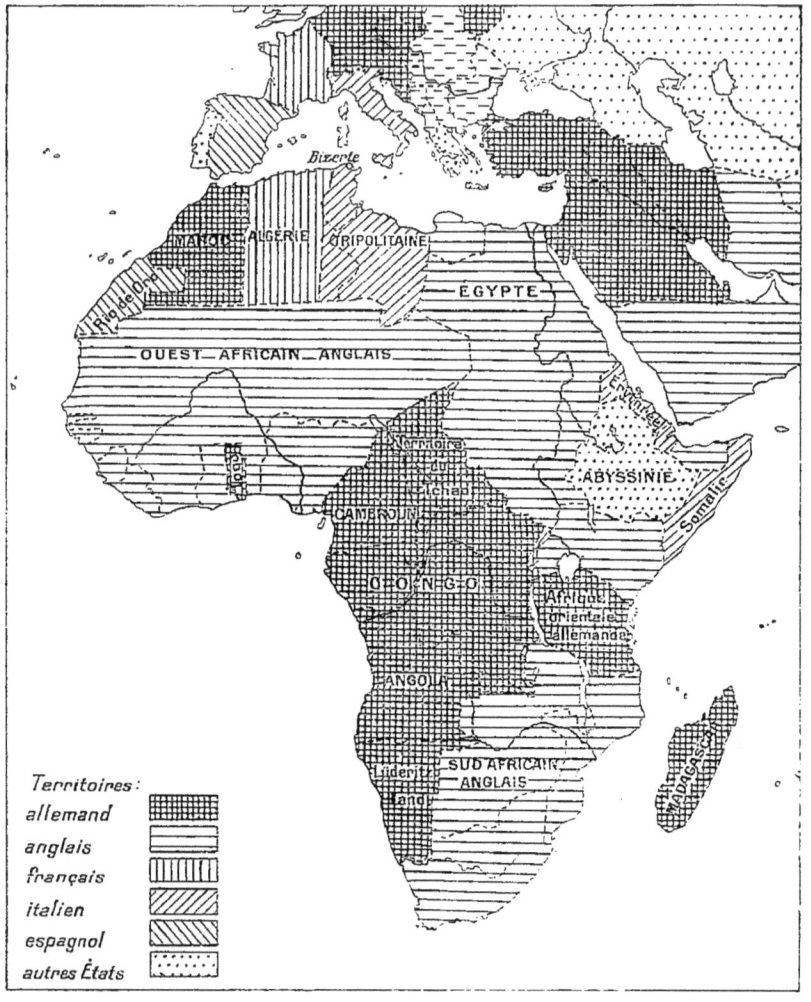

L'Afrique en 1950.

§ 18. L'Angleterre cède à l'Allemagne à titre de compensation les îles de Zanzibar et de Pemba près de la côte orientale de l'Afrique, la baie des Baleines dans le Sud-ouest africain, et comme station intermédiaire entre Obok, Zanzibar et Sumatra, la moitié sud des Maldives.

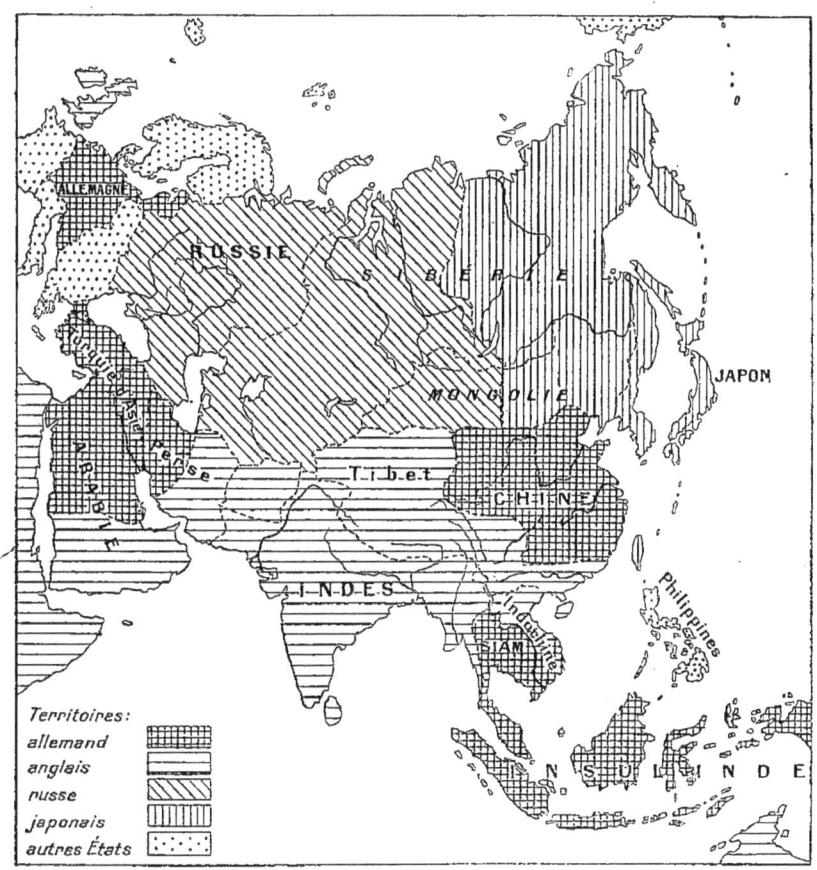

L'Asie en 1950.

Grâce à ce traité politique en dix-huit articles conclu entre les deux États contractants, la paix est à jamais assurée entre l'Angleterre et l'Allemagne.

* * *

Le cours des événements des dernières dizaines d'années dans l'Autriche allemande et les péripéties de la guerre de

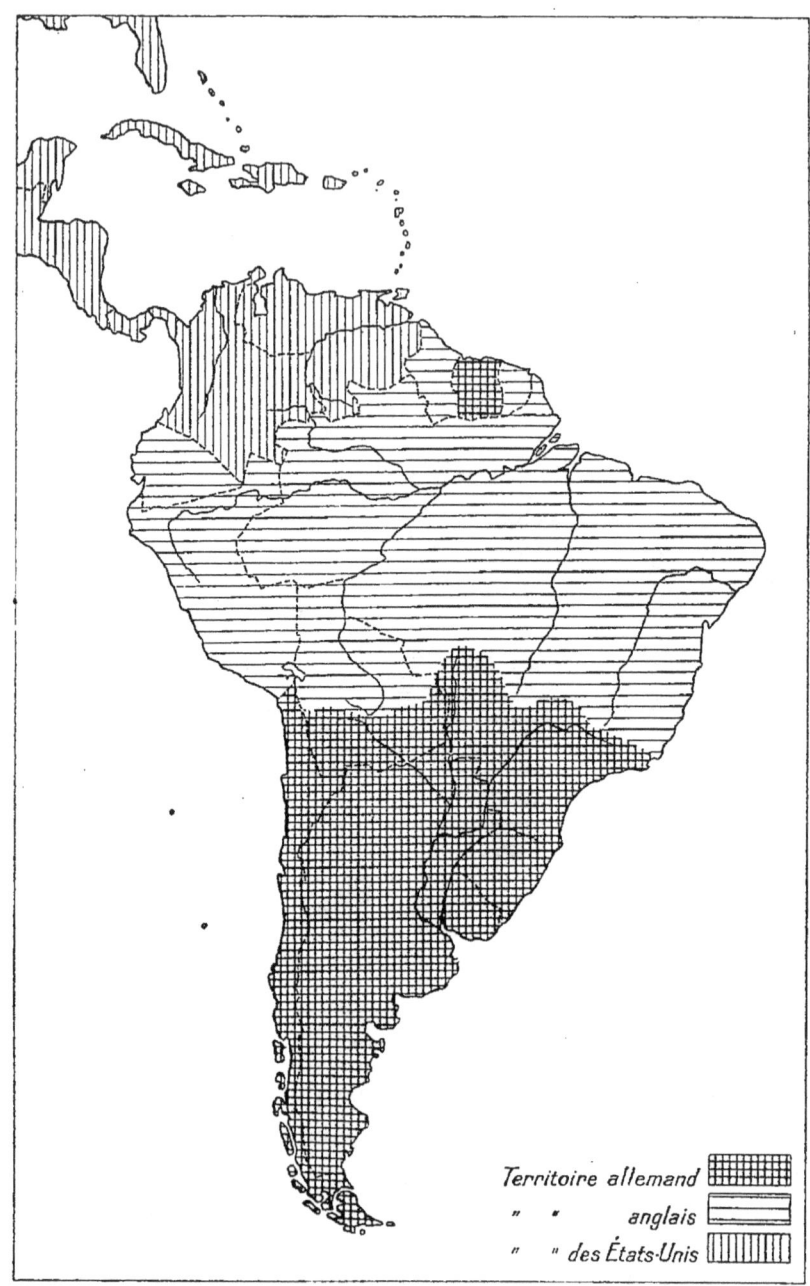

L'Amérique du Sud en 1950.

l'Europe centrale amènent la conclusion du traité suivant entre la maison de Habsbourg et l'Empire allemand :

§ 1er. La maison de Habsbourg cède à l'Empire allemand tous les territoires situés à l'ouest de la ligne nord-sud décrite ci-après. Le traité laisse intacte l'ancienne limite entre la Silésie orientale et la Galicie ; puis la frontière suit au sud la ligne de partage des eaux entre la Waag et la March, touche le petit Danube à 40 kilomètres en aval de Presbourg, traverse l'île de Schütt et atteint le grand Danube 15 kilomètres à l'est de la ville de Raab. La rivière Raab, avec ceux de ses affluents qui viennent de l'ouest, se trouve à l'occident de la nouvelle frontière. La rivière Merkal reste à l'est. A la source de la Zala, qui coule dans le lac Balaton, elle prend la direction du sud-est, atteint la Drave à son confluent avec la Mur, qui vient de Styrie, suit la Drave jusqu'à 10 kilomètres en aval de Barsch et coupe la Save à son confluent avec l'Una, dont le bassin reste à l'ouest. La ligne frontière suit au sud-est la ligne de faîte des Alpes dinariques et atteint la mer Adriatique à 20 kilomètres au nord de l'embouchure de la Narenta. Le territoire ainsi cédé mesure 242 351 kilomètres carrés.

§ 2. L'Empire allemand donne son consentement à la fondation du nouvel empire de Habsbourg, formé des royaumes de Hongrie, de Pologne, de Roumanie, de Serbie et de Bulgarie.

§. 3. La capitale du nouvel empire de Habsbourg est Ofen-Pest, et le magnifique château royal en forme la résidence tout indiquée.

§ 4. Le royaume de Hongrie se compose de la Hongrie et de

la Transylvanie, avec 267 337 kilomètres carrés et 16 millions d'habitants.

§ 5. Le royaume de Pologne est formé de la Galicie, de la Bukovine et des territoires de la Vistule moyenne en amont d'Ottlotchin, cédés par la Russie à l'Allemagne pour être rétrocédés ensuite à l'empire de Habsbourg. L'ancienne limite du côté de l'Allemagne reste la même. Le pays est augmenté à l'est, par delà la limite polonaise des langues, du bassin du Bug supérieur et de ses affluents de l'est. Cet accroissement est d'environ 50 000 kilomètres carrés. La région du Bobr, affluent de droite de la Narew, le district de Suwalki, de 12 000 kilomètres carrés, reste à l'Allemagne comme trait d'union entre la Prusse orientale du sud et les nouvelles provinces prussiennes du Haut-Memel. Le royaume de Pologne s'engage à accepter les 3 millions de Polonais qui quitteront l'Allemagne. La capitale du royaume est Varsovie. Son étendue est de 238 937 kilomètres carrés, avec 18 146 000 habitants, chiffre qui s'élèvera à 21 millions par l'émigration de l'ouest. Les 750 000 Allemands qui demeurent dans le royaume de Pologne émigrent en Allemagne et sont établis dans la Haute-Silésie, dans la province de Posen et dans la Prusse occidentale.

§ 6. Le royaume de Serbie est formé de la Bosnie, de l'Herzégovine, de la Slavonie, de la Dalmatie méridionale et de la Serbie conquise. Son littoral va d'Antivari au sud jusqu'à 20 kilomètres au nord de l'embouchure de la Narenta et mesure environ 200 kilomètres. Les ports du royaume sur la mer Adriatique sont Cattaro, Raguse et Antivari. Serajevo, situé au centre, devient capitale. Le royaume mesure 118 871 kilomètres carrés et a pour le moment 5 562 000 habitants. Les Allemands établis dans la Bosnie du nord émigrent vers la côte. Les vœux justifiés du peuple serbe tendant à s'étendre vers le sud trouvent les plus brillantes perspectives d'avenir par la formation du puissant empire de Habsbourg. L'ambition des Serbes reste la possession de Salonique et du bassin du Vardar, fleuve tributaire de la mer Égée ; de cette manière la Serbie égalerait en étendue les autres royaumes appartenant à l'empire des Habsbourg.

§ 7. Par l'intermédiaire et avec l'aide de l'Empire allemand, le royaume de Roumanie est cédé par la maison royale de Hohenzollern-Sigmaringen à l'empire de Habsbourg. Des pays cédés par la maison de Habsbourg à l'Allemagne, on forme pour la maison royale de Roumanie un royaume d'Autriche comprenant les provinces de la Haute-Autriche, de la Basse-Autriche, de Styrie et du Tyrol. Le royaume de Roumanie est agrandi du bassin du Dniestr ; ainsi la Bessarabie qui, jusqu'à la guerre russo-turque, en 1877, appartenait à la Roumanie, devient de nouveau roumaine. La population de ces territoires est composée de Roumains. L'étendue du royaume monte par là de 131 353 kilomètres carrés avec 5 960 000 habitants à 196 985 kilomètres carrés avec 9 393 436 habitants.

Il faut excepter de cette cession l'île de Dranowa à l'embouchure du Danube avec la montagne de Besch Tepe, haute de 242 mètres. La navigation sur le Danube, de Presbourg jusqu'à cette île, est libre de droits, mais reste sous le contrôle douanier des Habsbourg. On y établira un port libre allemand pour le commerce de l'Allemagne avec les pays du littoral de la mer Noire. Bucarest devient la capitale du royaume de Roumanie.

Entre les deux familles régnantes a lieu un échange de propriétés.

§ 8. Le royaume de Bulgarie se joint à l'empire de Habsbourg avec la perspective de voir se réaliser ses espérances d'extension vers le sud. Les vœux des Bulgares tendent à posséder le bassin de la Strouma et du Karasu, et la côte de la mer Egée. L'étendue du royaume est maintenant de 96 345 kilomètres carrés avec 4 035 000 habitants, l'extension possible lui donnerait 30 000 kilomètres carrés de plus et réunirait dans ses limites tous les Bulgares.

§ 9. L'Empire d'Allemagne reconnaît l'expectative de l'empire de Habsbourg sur la principauté d'Albanie.

§ 10. L'empire de Habsbourg reconnaît le protectorat éventuel de l'Allemagne sur la Turquie, c'est-à-dire sur Constantinople, avec la vallée de la Maritza, au sud de la frontière bulgare actuelle près de Mustapha Pacha, l'Asie Mineure, la Mésopotamie, la Syrie, la Palestine, l'Arménie, le Kurdistan et l'Arabie du Nord.

§ 11. L'empire de Habsbourg adhère aux traités de paix de l'Empire allemand avec la France et la Russie.

§ 12. L'empire de Habsbourg signe le traité entre l'Allemagne et la maison de Cobourg-Hanovre.

§ 13. Allemagne et Habsbourg s'entendent sur leurs relations avec la Russie et le Japon, en particulier sur les tendances à l'émancipation qui se manifestent dans la Petite-Russie après les victoires du Japon.

§ 14. Allemagne et Habsbourg se concertent au sujet de leur attitude vis-à-vis de la révolution russe menaçante.

§ 15. Allemagne et Habsbourg concluent un traité de commerce sur la base d'un traitement de faveur mutuel. L'Allemagne obtient des conditions spéciales pour l'entrée des

La presqu'île des Balkans en 1950.

produits de son industrie, et Habsbourg de même pour l'entrée de son excédent en bétail et en céréales. Comme l'Allemagne doit acheter chaque année à l'étranger pour un milliard de produits alimentaires, il y a possibilité d'établir un échange très considérable avec l'Empire de Habsbourg, qui est pauvre en industrie.

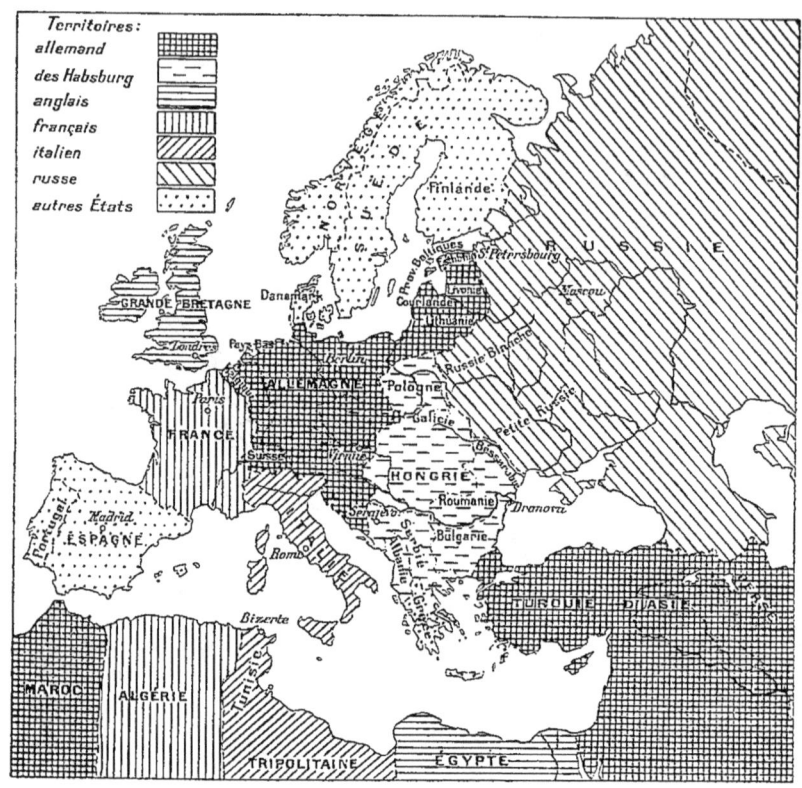

L'Europe en 1950.

L'Empire de Habsbourg se compose des royaumes suivants :

	Kilomètres carrés	avec habitants
Hongrie	238 937	18 146 000
Pologne	267 337	16 000 000
Roumanie	196 985	9 393 436
Bulgarie	96 345	4 035 000
Serbie	118 871	5 562 000
Par l'immigration		6 000 000

L'Empire de Habsbourg mesure 919 475 kilomètres carrés avec 59 136 000 habitants.

Par l'émigration des Allemands de Pologne et de Hongrie, ce chiffre diminuera de quelques millions. En comparaison avec l'état actuel, l'Empire enregistre un accroissement de 243 559 kilomètres carrés et d'environ 10 millions d'âmes. Les perspectives d'agrandissements futurs sont très belles.

* * *

Pour terminer mon travail, je donne un tableau d'ensemble des changements de frontières obtenus par les paix de Bruxelles, de Riga et d'Irkoutsk, ainsi que des agrandissements de l'empire allemand obtenus par les traités entre l'Allemagne et l'Angleterre d'une part, et l'Allemagne et Habsbourg d'autre part.

Colonies allemandes et protectorats.

	Kilomètres carrés.	Habitants.
1. Possessions africaines : Togo, Cameroun, Congo, territoires du Tchad, Afrique orientale, Angola, Pays de Luderitz, Madagascar, les Comores, la Réunion, Obok, les îles du Cap Vert, St-Thomas et l'île du Prince.	8,870,920	44,224,627
2. Possessions de l'Asie occidentale : Asie Mineure, Syrie, Mésopotamie, Arménie, Kurdistan, Arabie du Nord, Perse occidentale.	3,204,399	18,092,661
A reporter.	12,075,319	62,317,288

Report.	12,075,319	62,317,288
3. Asie du sud-est et Océanie : Insulinde, Annam, Cambodge, Cochinchine, Macao, Kwangtchou-Wan, Nouvelle-Guinée et îles océaniennes.	2,489,222	48,378,627
4. Iles de l'Amérique centrale et Surinam	133,330	538,000
5. Protectorats :		
en Afrique, le Maroc	1,000,000	7,000,000
en Asie, le Siam	634,000	6,320,000
6. Amérique du Sud :	6,500.000	12,000.000
Colonies allemandes et protectorats :	22,831,871	136,553,915

Cela représente pour l'Allemagne un accroissement d'environ 20 millions de kilomètres carrés et de 124 millions d'habitants.

Le nouvel ordre de choses apporte à l'Angleterre, étroitement unie à l'Allemagne, un accroissement semblable.

Anciennes possessions.

	Kilomètres carrés.	Habitants.
Afrique du Sud	3,080,380	8,054,000
Afrique du nord, de l'est et de l'ouest Egypte, Soudan, Afrique orientale, Berbera, Nigéria, Côte d'Or, Sierra-Leone.	6,183,479	52,391,445
Asie du Sud : Les Indes, Ceylan.	5,227,500	301,742,000
Australie :	8,258,000	5,683.000
A reporter.	22,749,359	367,870,445

	Report,	22,749,359	367,870,445
Canada, Amérique arctique, Terre-Neuve,		10,751,180	5,035,000
Amérique du Centre et du Sud, Indes occidentales.		298,157	1,835,000
Anciennes possessions		33,798,696	374,740,445

Nouvelles possessions et protectorats.

	Kilomètres carrés.	Habitants.
Afrique du Sud : Mozambique et Sofala.	768,740	3,120,000
Afrique du Nord, de l'Est et de l'Ouest : Sénégambie, Dahomey, Pays du Niger, Région nord et ouest du Tchad, Guinée et Libéria.	4,122,380	14,200,000
Asie du sud : Arabie du sud, Perse orientale et Afghanistan, Diu, Daman, Pondichéry, Goa, Laos, Tonkin.	3,354,985	21,880,290
Amérique centrale et méridionale, Indes occidentales : Cayenne, Equateur, Pérou, Bolivie septentrionale et Brésil du Nord.	9,799,638	24,219,000
Nouvelles possessions	18,045,743	63,419,290

Les possessions anglaises s'élèvent à 51,844,439 kilomètres carrés, avec 438,159,735 habitants.

Par leur adhésion au traité anglo-allemand, les Etats-Unis

de l'Amérique du Nord voient leur territoire monter de 9,727,036 à 14,307,036 kilomètres carrés et leur population de 90 à 116 millions d'habitants.

L'Italie obtient Tunis et Tripoli, si longtemps convoités, avec 1,200,000 kilomètres carrés et 2,820,000 habitants.

Le partage de la Chine reste réservé pour des temps ultérieurs, les Etats intéressés étant suffisamment occupés par leurs nouvelles acquisitions.

Par ces combats et ces traités, le peuple allemand a conquis la place au soleil qui lui revient d'après le nombre, d'après ses capacités guerrières, son importance dans le commerce du monde et sa culture générale. Il obtient, après l'Angleterre, la seconde place comme puissance coloniale et dépasse la Russie, les Etats-Unis et la France.

Le peuple allemand possède quatre empires coloniaux: l'Afrique centrale, l'Asie occidentale, l'Asie sud-orientale et l'Amérique du Sud. Un cinquième en Chine est assuré par les contrats.

L'Afrique centrale est un pays tropical d'une fertilité extraordinaire dans la région des grands fleuves; elle nous donne l'assurance que nous serons indépendants des Etats étrangers pour nos approvisionnements en coton. L'Allemagne sera prépondérante dans le commerce de l'ivoire et du caoutchouc.

L'Asie occidentale, le pays le plus productif de l'antiquité, le grenier de Rome, retrouvera son ancienne gloire. Elle est précieuse pour nous comme trait d'union entre l'Allemagne et ses possessions africaines, asiatiques et australiennes. L'Asie sud-occidentale, la Nouvelle-Guinée et l'Océanie forment le domaine colonial le plus riche du monde. L'Archipel malais nous procurera dans le commerce colonial la place la plus avantageuse. Ce qu'une fois la Hollande était pour nous, nous le serons pour le monde entier.

L'Amérique méridionale allemande nous procurera, dans la zone tempérée, un terrain de colonisation où nos émigrants pourront se fixer comme agriculteurs. Le Chili et l'Argentine conserveront leur langue et leur autonomie. Mais nous exigeons que dans les écoles l'allemand soit enseigné comme seconde langue. Le Brésil du sud, le Paraguay et l'Uruguay sont des pays à culture allemande. L'allemand y sera langue nationale. L'Amérique méridionale allemande nous délivrera de la tyrannie douanière de l'Amérique du Nord en nous livrant tous les produits que nous devions demander autrefois à cette partie du monde. L'avantage ne sera pas tout de notre côté. Des perspectives s'ouvriront, qui rempliront ces Etats d'enthousiasme pour nos plans. En dix années un chiffre d'affaires de deux milliards sera atteint.

La côte marocaine occidentale et les îles du Cap Vert forment un point d'appui pour notre commerce entre l'Allemagne et l'Afrique occidentale. Dans la mer Méditerranée, nous avons à notre disposition la côte nord du Maroc, Bizerte et la côte de l'Asie Mineure et de la Palestine.

Sur le chemin plus éloigné de l'Insulinde, nous avons la côte occidentale de l'Arabie, Obok et les Maldives méridionales. Entre l'archipel malais et l'Asie orientale il y a l'Annam, la Cochinchine, le Kwangtchou-Wan et Macao. Les îles du Grand Océan forment un pont entre l'Insulinde et l'Amérique méridionale allemande. La ville libre de commerce à l'embouchure du Danube est un point d'appui pour les relations avec l'Asie Mineure.

Pour le peuple allemand, le traité avec la maison de Habsbourg a peut-être une plus grande importance encore que celui qu'il conclut avec l'Angleterre; il amène enfin la réunion de tous les Allemands habitant l'Europe centrale en un empire d'une puissance formidable; il assure la sécurité des Allemands habitant en dehors des limites de l'empire de 1871 et augmente d'une façon considérable le territoire national. Dans la lutte avec les Français, l'ancienne limite du temps de Charles Quint est rétablie à l'ouest. Au sud l'accès à la mer Méditerranée est assuré pour tous les temps par la colonisation de la Marche méridionale et du littoral. Dans le nord-est toutes les possessions de l'ordre des chevaliers Teutoniques nous reviennent à nous, leurs successeurs.

Voici encore des chiffres pour terminer le tableau :

Empire allemand	540 777 km. carrés.
Hollande, Belgique, Luxembourg et Suisse	105 924 »
Autriche	114 000 »
Franconie occidentale	17 114 »
Région des Sudètes	79 351 »
Littoral et Marche méridionale	49 000 »
Provinces baltiques	160 000 »
Lithuanie	82 000 »

La plus grande Allemagne, avec 1 148 166 kilomètres carrés est le but du peuple allemand au XXe siècle.

TABLE DES MATIÈRES

	Pages
Préface.	VII
Chapitre Ier. — Le droit a l'unité	1
II. — La colonisation allemande dans la Prusse Occidentale et dans la province de Posen.	17
III. — Le peuple allemand et la maison de Habsbourg.	43
IV. — Situation précaire de la Hollande.	116
V. — Nos adversaires.	142
VI. — Le peuple allemand et la lutte pour l'empire du monde.	253
VII. — Guerre du peuple allemand contre la Russie et la France. Traités de paix de Bruxelles et de Riga.	298
VIII. — Traités entre l'Allemagne et l'Angleterre, entre l'Empire allemand et la Maison de Habsbourg. La plus grande Allemagne.	317

www.ingramcontent.com/pod-product-compliance
Lightning Source LLC
Chambersburg PA
CBHW060322170426
43202CB00014B/2636